■ "北京世界一流旅游城市建设与管理"创新团队项目成果
■ 北京市科技创新平台"公司治理与现代服务企业发展战略"项目成果
■ 北京市教委市属高校创新能力提升计划项目"北京旅游形象国际整合营销
  创新传播战略研究"成果

城市营销经典案例

（第一辑·国内城市篇）

陈倩　李凡　主编

City Marketing Cases （NO.1）

经济管理出版社
ECONOMY & MANAGEMENT PUBLISHING HOUSE

图书在版编目(CIP)数据

城市营销经典案例(第一辑·国内城市篇)/陈倩,李凡主编.—北京:经济管理出版社,2013.12
ISBN 978-7-5096-2872-0

Ⅰ.①城…　Ⅱ.①陈…②李…　Ⅲ.①城市管理-市场营销学-案例　Ⅳ.①F293

中国版本图书馆 CIP 数据核字(2013)第 295424 号

组稿编辑:王光艳
责任编辑:杨国强
责任印制:黄章平
责任校对:李玉敏

出版发行:经济管理出版社
　　　　(北京市海淀区北蜂窝 8 号中雅大厦 A 座 11 层　100038)
网　　址:www.E-mp.com.cn
电　　话:(010)51915602
印　　刷:三河市延风印装厂
经　　销:新华书店
开　　本:720mm×1000mm/16
印　　张:16.75
字　　数:310 千字
版　　次:2014 年 7 月第 1 版　2014 年 7 月第 1 次印刷
书　　号:ISBN 978-7-5096-2872-0
定　　价:58.00 元

总　序

　　"城市营销"的概念最早来源于西方的"区域营销"和"国家营销"理念。菲利普·科特勒在《国家营销》中认为，一个国家，也可以像一个企业那样用心经营。他认为，在剧烈变动和严峻的全球经济条件下，每个地区或城市都需要通过营销手段来整合自身资源，使地区或城市形成独特的风格或理念，以满足众多投资者、新企业和游客的要求与期望。城市形象影响城市顾客对该地区投资、办厂、移民、旅游、就业以及地区外市场消费者对该地区产品的态度和购买行为，因此，可通过在研究城市目标顾客群体的基础上进行市场细分、确定目标市场、进行市场定位以及通过形象传播等连续不断的过程营销城市，塑造城市形象。

　　因此，城市营销就是运用市场营销的方法，将具体城市的产品、企业、品牌、文化氛围、贸易环境、投资环境、人居环境及城市形象等在内的各种政治、经济、文化、自然资源进行系统的策划与整合，通过树立城市品牌，提高城市综合竞争力，广泛吸引更多的可用社会资源，以推动城市良性发展，满足城市居民物质文化生活需求。

　　科特勒（1993）将城市营销分为五个部分：一是地方审核（Place Audio），即营销学中所指的经营环境分析，具体分析社区现状、优势劣势、机遇威胁以及主要问题等；二是愿景与目标（Vision and Goals），即居民对于城市发展的期待是什么；三是战略框架（Strategy Fomulation），确定通过什么样的战略组合来实现目标；四是行动计划（Action Plan），即确定执行战略所需要采取的特定行动；五是执行与控制（Implementation and Control），指为保证计划成功地执行社区所要采取的行动。其实这就是营销学中所提及的"分析营销环境、确定战略目标、制定营销战略、执行营销方案、管理营销行动"的整个营销规划流程。

　　进入21世纪以来，在经济全球化、区域一体化的大背景下，资本、科技、文化、人才等资源，一方面实现了全球流动和全球配置，另一方面则呈现出向特定区域集聚，特别是向中心城市集聚的态势，从而推动了城市产业集群和企业集群的发展，导致了城市间在资金、技术、人才、形象等方面的激烈竞争。城市的活动已经从国内竞争扩展到国际领域，城市开始通过创新理念以及系统规划来拟定自身长期发展战略，而通过城市营销有效整合城市包括产品、企业、品牌、文化氛围、贸易环境、投资环境、人居环境及城市形象在内的资源，以促进自身的健康发展，成为诸多城市提升自身竞争力的必然选择。为了获得更大的经济效益和增长潜力，以及更广阔的发展空间和更大的成长平台，我国许多城市开始探寻城市品牌的发展道路，越来越多的城市纷纷塑造自己的城市品牌，城市经营、城市营销、品牌战略逐步成为诸多城市发展的新思路。

近年来，我国城市营销实践取得了很大发展，一些城市由于自身雄厚的经济实力增加了城市的吸引力，一些城市在历史进程中缓慢地形成了自己的城市特色，这些城市通过人为的策划和包装树立了城市品牌的新形象。北京、上海、大连、青岛、深圳、广州、成都、重庆、杭州、昆明、西安等城市通过一系列城市经营战略策略，逐渐形成了各具特色的城市品牌价值、品牌形象和品牌个性。这些不同的品牌形象构成了这些城市发展的无形资产，吸引了越来越多城市顾客的进驻，提高了城市的综合竞争能力。

但是在这一过程中也暴露出了许多问题，例如有一些城市仍然在城市营销和城市品牌塑造方面刻意模仿、盲目攀比，缺乏相关资源和产业支撑，缺乏科学的规划与管理，反而使得城市的品牌定位和形象模糊，进一步束缚了城市的可持续发展；有些城市的营销战略缺乏系统性、统一性，形象塑造和宣传朝三暮四，反而混淆了城市本身的特色品牌形象。如何基于城市的资源特色和发展定位，选择合适的、系统的营销战略策略和品牌建设规划，挖掘城市的核心特性，塑造独特的品牌形象并持续不断地传播和维护，不仅是城市营销实践中急切需要解决的难题，也是目前城市营销理论中尚待深入研究的问题。

在多年的营销研究和教学的基础上，我们推出这套"城市营销丛书"，通过系列专著、教材、案例分析等陆续发表我们的研究成果。如果这套著作中的某些观点或思路能对城市营销理论研究增砖添瓦，或者能对城市营销实践有所启迪、有所帮助，那么对我们而言就是莫大荣幸、莫大欣慰。

城市营销学是一门发展中的学科，丰富的理论内涵和综合的知识结构，以及飞速发展的社会实践，均需要对此进行不断深入研究和精心归纳。我们希望这套丛书的出版，能推进与提高城市营销理论的研究水平，为中国城市发展贡献绵薄之力。

当然，丛书中尚有许多不尽如人意的地方，希望各位读者多提宝贵意见和建议，以便于我们不断修订、完善。

是为序。

王成慧

2013 年 12 月于北京第二外国语学院

前 言

随着城市化进程不断加快，城市间的竞争日益激烈，为了凸显城市特色、提升城市的吸引力，城市间各出奇招：法国将巴黎打造成为"时尚之都"，使之成为引领世界时尚的标志；"动感之都"香港推广了"飞龙在天"城市形象，将香港发展成"亚洲国际都会"；新加坡享有"花园城市"的盛名，吸引了大量的游客和投资者，在亚太地区城市品牌中名列前茅。

伴随着经济与社会平稳、较快地发展，我国的城市建设也取得了突飞猛进的进步，在注重城市硬件建设的同时，城市品牌的建立、城市形象的塑造、城市的宣传和推广等一系列与城市营销相关的话题，逐渐成为各城市所关注的另一个重点。从"东方明珠"到"浪漫大连"、从"千年羊城"到"休闲之都"、从"历史古都"到"彩云之南"等等，一个个代表城市的特色符号、口号，不断为人们熟识。党的十八大报告提出，要建设"美丽中国"。2013 年 2 月 5 日，国家旅游局印发了《关于做好中国旅游整体形象"美丽中国之旅"推广工作的通知》，正式提出将"美丽中国之旅"打造成中国旅游核心品牌。因此，对各城市的城市营销实践展开研究，对于提高我国城市在国内、国际的知名度和美誉度，提升城市对人才、投资、游客等资源的吸引力具有重要的意义。

本书立足于各城市对城市营销迫切的需求，对国内城市的营销现状、营销手段和未来发展趋势展开了系统的分析。全书分为十章，分别对北京、上海、重庆、广州、昆明、西安、大连、成都、杭州、青岛 10 个城市的营销实践进行了深入的剖析，同时在对各个城市的营销手段、营销特色进行总结的基础上，本书对各城市所采取的营销措施进行了评价，分别总结了 10 个城市在城市营销方面的成功经验和不足之处，并为今后城市营销的开展提出相关建议，以期为城市未来营销战略的制定、营销方案的实施等提供相应的理论依据和决策支持，进而有利于推进"美丽中国之旅"的中国国家旅游形象战略的实施，有利于推动我国旅游产业升级，有助于提升我国城市整体形象及城市国际竞争力。

　　本书是集体合作的成果，具体写作分工如下：第一章由李凡、章东明执笔，第二章由李凡、王云执笔，第三章由李凡、刘沛罡执笔，第四章由王成慧、杨静雯、朱妍、李梦吟执笔，第五章由陈倩、翁娜娜执笔，第六章由陈倩、姜孝芳、翁娜娜执笔，第七章由陈倩、姜孝芳执笔，第八章由王成慧、杨静雯、颜蒙蒙、梁静执笔，第九章由骆欣庆、刘帅执笔，第十章由骆欣庆、谢国强执笔。最后由陈倩和李凡统稿。

　　在本书的写作过程中，得到了国内很多专家、学者的指导与支持，同时参考了一定数量的国内外相关文献，在此对所有相关人员一并致以衷心的感谢！

　　由于作者水平有限，书中的错误与不妥之处在所难免，恳请读者批评指正！

陈倩　李凡

2013 年 12 月于北京

目 录

第一章 北京营销
——传递首都正能量

北京大力开展城市营销是其提高经济聚集能力、拓展北京特色文化传播空间、汇集全球高端人才、向全球传递北京正能量的必要手段,对北京提升国际影响力有着重要作用。北京通过努力实践多种营销手段的创新方式,提高其在全国乃至全球的知名度,从传统营销手段,如关系营销、形象广告营销、节事营销,到现代营销手段如影视营销、网络营销、体验营销以及文化营销,北京全部有所尝试。下面将对北京采用的营销手段加以梳理,并提出未来北京加强城市营销的几点建议。

一、北京城市营销手段分析

北京在城市营销过程中,将传统营销手段与现代营销手段相结合,从多方面推广北京形象。

(一)北京尝试的传统营销手段

北京尝试过的传统营销手段主要有以下几种:

1. 关系营销

从1973年国家开展友好城市活动以来,北京一直积极与世界各国重要城市建立友好合作关系。1992年3月,中国人民对外友好协会在北京发起成立中国国际友好城市联合会,该联合会旨在促进中国城市与外国城市在经济、科技、文化等方面之间的了解，从而积极地展开两城市间的交流与合作。北京作为该联合会的会员之一，截至 2011 年底，已与全世界 46 个国家的首都城市建立了友好城市关系（见表 1-1），为城市双方的交流与合作搭建了桥梁。

表 1-1　与北京结好城市列表

时间	与北京结好的城市数	城市列举（按结好的时间顺序）
20 世纪 70 年代	1 个	来自日本：东京
20 世纪 80 年代	8 个	分别来自 7 个国家：纽约、贝尔格莱德、利马、华盛顿、马德里自治区、里约热内卢、巴黎、科隆
20 世纪 90 年代	17 个	分别来自 17 个国家：安卡拉、开罗、雅加达特区、伊斯兰堡、曼谷、布宜诺斯艾利斯、首尔、基辅、柏林、布鲁塞尔首都大区、河内、阿姆斯特丹、莫斯科、巴黎、罗马、豪登、渥太华
21 世纪初至今	20 个	分别来自 20 个国家：马德里自治区、雅典、布达佩斯、布加勒斯特、哈瓦那、马尼拉、伦敦、亚的斯亚贝巴、惠灵顿、赫尔辛基、澳大利亚首都地区、阿斯塔纳、特拉维夫-雅法、首都大区（智利）、里斯本、地拉那、多哈、圣何塞、墨西哥城、都柏林

资料来源：中国国际友好城市联合会，http://www.cifca.org.cn/Web/Index.aspx。

2. 形象广告营销

营销学中，形象营销是指基于公众评价的市场营销活动。在市场竞争中，为实现企业目标，通过与现实已经发生和潜在可能发生利益关系的公众群体进行传播和沟通，使其对该营销形成较高的认知和认同，从而建立良好的形象基础，形成营销宽松的社会环境的管理活动过程[①]。广告营销是指企业通过广告对产品展开宣传推广，促成消费者的直接购买，扩大产品的销售，提高企业的知名度、美誉度和影响力的活动。其形式主要以户外广告和媒体广告为主。户外广告通常指在大型的商场、地铁站、电影院等人口密集、人流量比较大的场所投放广告。媒体广告主要

---

① 吴臻，宋云峰. 浅论"形象营销"[J]. 福建学刊，1990(6).

指在包括报纸、广播、电视、网络等媒介上投放广告。企业主要借助这两种方式来宣传品牌形象,从而在激烈的竞争中占据优势地位。这里结合旅游行业的特点,认为北京城市营销实践中,形象营销和广告营销有所融合,故归纳为形象广告营销。

北京历年来通过定期拍摄反映不同主题的形象广告宣传片,向世界展示北京风貌,使北京形象通过荧屏或借助名人效应深入人心。宣传片有两种形式:

(1)直接形象广告宣传

为提升北京旅游目的地的国际知名度和形象,北京市旅游发展委员会(以下简称旅游委)在世界著名城市纽约和伦敦均尝试展开城市推介活动。2012年1月1日,美国纽约时代广场LED显示屏播放了10秒钟的北京旅游宣传片,向全美国乃至全世界人民展示北京城市形象和旅游文化多彩的活动;农历新年期间,林肯中心的"北京旅游之夜"活动更进一步促进了中美文化的交流;北京政府还计划参与美国纽约梅西感恩节的大游行,让更多的海外游客了解北京、走进北京,从总体上提升北京国际旅游城市的品牌形象。而在伦敦,北京旅游发展委员会于2012年3月13日赴伦敦市兰心大剧院举办高端旅游专场推介会,带去以"熊猫神游北京"为主题的大型风情功夫剧,为营造良好的国际、国内舆论环境做好铺垫。

(2)间接形象广告宣传

北京政府还通过名人效应,进行北京形象宣传。如2010年章子怡、濮存昕被委任为北京人形象大使,并一起为北京文明有礼的市民形象拍摄宣传片。不同于以往仅从旅游资源方面介绍北京形象的宣传片,该宣传片更对北京人的精神面貌做宣传,从文化生活方面诠释北京城市生活的内涵。北京市旅游委为加快"国际一流旅游城市"建设,2011年首次聘任艺术界名人中国三大男高音歌唱家——戴玉强、魏松、莫华伦担任北京旅游形象大使,参与北京旅游宣传推介活动,如2012年8月1日,这三位高音艺术家齐身亮相英国爱丁堡国际艺术节"北京之夜"音乐会,极大地推动了北京旅游的海外宣传效果,对北京打造"国际一流旅游城市"起到了良好的促进作用。

3. 节事营销

相关研究中,常常把节日和特殊事件合在一起,作为一个整体来进行探讨,英文称"Festival & Special Events,FSEs",中文译为"节日和特殊事件",简称"节事"①。节事营销是指通过节事活动达到营销目的。北京历年来承办了大量国际

---

① 杨顺勇,丁萍萍. 会展营销[M]. 北京:化学工业出版社,2009.

赛事,接待各类国际会议,并举办了形式多样的节庆活动。

(1)国际赛事

2004 年,北京举办了中国第一届国际网球公开赛即吸引了萨芬、纳达尔、莎拉波娃、小威廉姆斯、达文波特、毛瑞斯莫、辛吉斯等全世界最顶尖的选手参赛,而后这一赛事成为标志性赛事落户北京。随着中国网球国际知名度的提高,每年 9 月底到 10 月初为期 9 天的中网赛事吸引了大量观看网球公开赛的网球爱好者涌入北京。正如中国网球公开赛体育推广有限公司董事长张雅宾介绍,2007 年,中网赛事期间入场观众量达到日均 2.5 万人次,峰值超 3 万人次的水平①。

2008 年,北京举办夏季奥林匹克运动会极大地拉动了北京旅游业。据北京市统计局、国家统计局北京调查总队、北京市旅游局联合对奥运会期间北京市接待情况的统计,奥运会期间北京市累计接待中外游客 652 万人次,其中,接待入境游客38.2 万人次。2008 年全年,北京接待入境游客数为 379.04 万人次;旅游景区实现营业收入 16270.3 万元。

奥运会以后,北京充分利用奥运会的场馆资源和北京的办赛优势继续争取其他机会举办世界水平的国际赛事。除每年如期举办的中国网球公开赛,还有很多其他大型国际赛事。仅 2011 年就举办了斯诺克中国公开赛、北京国际长跑节、北京铁人三项世界锦标赛、北京马拉松赛、首届世界智力精英运动会、首届环北京职业公路自行车赛、世界单板滑雪北京赛等十余项国际体育大赛。

大量国际著名赛事活动的举办,提升了北京的国际影响力,越来越多的国际选手来到北京参赛,他们在了解了北京的同时回国后也会借助自身的影响力宣传北京,吸引本国游客、投资者到北京。

(2)国际交流会议

国际会议举办的数量及规模已成为衡量世界城市的重要指标之一②。北京以其举办国际会议的核心优势和特质成为"中国会展经济的会议之都",《全国会展产业政策法规白皮书(2011)》显示,北京所接待国际会议的数量已排名世界前 10 位、亚洲第二位。

据国际大会及会议协议(ICCA)公布的 2011 年接待国际会议数量的全球城市排名中,北京跃升到第 10 位;北京接待国际会议总量首次破百,达 111 个,这标志

①资料来源:http://sports.sina.com.cn/t/2011-10-09/17495777180.shtml。
②代帆,李娟.衡量"世界城市"的指标体系研究[C].世界城市北京发展新目标——2010 年首都论坛,2010.

着北京已跻身国际会议之都行列,为北京走向世界打开了另一扇门。2011 年,仅北京国际会议中心以及国际展览中心举办的会议就有 9 场,具体如表 1-2 所示。

表 1-2　2011 年北京国际会议中心与国际展览中心举办的会议一览

会议名称	举办场地	举办时间
开放网络应用安全工程(OWASP)2011 亚洲峰会	北京国际会议中心	2011 年 11 月 8~11 日
第十届中国互联网大会(北京)	北京国际会议中心	2011 年 8 月 23~25 日
中国国际智能电网建设及分布式能源展览会暨高峰论坛	北京国际会议中心	2011 年 3 月 28~29 日
第四届中国在线分析仪器应用与发展国际论坛暨展览会征文	北京国际会议中心	2011 年 11 月 9~10 日
第四届中国(北京)国际警用装备及反恐技术装备展览会暨学术研讨会	北京国际展览中心	2011 年 5 月 19~21 日
第九届北京国际安防政府管理及技术应用论坛	北京国际展览中心	2011 年 4 月 26~28 日
第九届北京国际半导体展览会暨高峰论坛	北京国际展览中心	2011 年 8 月 10~12 日
中国国际临床检验及设备展览会暨研讨会	北京国际展览中心	2011 年 4 月 9~11 日
2011 中国国际生物质能展览(CIBEEXPO)暨技术研讨会	北京国际展览中心	2011 年 4 月 8~10 日

(3)大型节庆

每年一度的北京国际旅游节营销效果明显。2011 年,第十三届北京国际旅游节以"美丽北京、欢乐之旅"为活动主题,吸引了来自荷兰、德国、墨西哥、加拿大等 11 个国家和地区的 12 支表演团队盛装加入巡游队伍中。除了 10 月 23 日开幕式引人注目的盛装行表演之外,奥林匹克公园景观大道的表演成为吸引游客的最大亮点。旅游节的一个个精彩瞬间转化为对北京旅游品牌营销最实际的贡献。据统计,为期 3 天的旅游节,"鸟巢"迎接的游客量达到 5.7 万余人次[①]。

北京国际音乐节至今已成功举办 14 届,感染并影响着北京城市的文化生活。据统计,从第一届到第十届,北京国际音乐节吸引观众 34 多万人次,其影响逐渐从

---

①资料来源:http://travel.163.com/09/1026/16/5MIIQ5F000063JSA.html。

音乐界发散到社会各方面。它不仅推动了首都文化市场的繁荣和发展，与此同时，通过民族民间音乐和戏曲艺术的优秀作品力推"中国概念"，推动中国音乐走向世界。

中央商务区（以下简称 CBD）国际商务节，自 1999 年举办以来，向外界充分展示了北京独特的经济活力、浓厚的国际化氛围、良好的政府服务及广阔的发展机会。例如，2011 年北京 CBD 商务节暨世界 CBD 联盟年会以"科学发展，要素聚集，低碳示范，引领创新"为主题，展开为期 6 天的节庆活动。活动结束后发布了《世界 CBD 发展报告（2011）》，有效地提高了商务节的国际影响力，更提升了北京 CBD 在世界范围的话语权和知名度，促进了外资企业入驻 CBD，使之逐渐成为中国的外资集中区。随着外资企业对 CBD 的关注不断升温，流向北京的外资金额也保持了快速发展态势。仅 2009 年上半年，CBD 区域内外资企业增资已达 10 亿美元左右，同比增长 28.41%[①]。

其他节庆活动如北京国际电影节、2005 年首届国际体育电影电视周以及 2012 年天坛举行新年庆典倒计时活动等都是北京向全世界观众展示的机会，让世界更加了解北京。

（二）北京尝试的现代营销手段

北京尝试过的现代营销手段主要有以下几种：

1.影视营销

影视营销是近年来在国内外兴起的一种推广旅游景点的新手段，是以影视拍摄、制作的全过程及与影视相关的事物为吸引物的营销活动。广义的影视旅游面对的客体对象可以是人造景观，也可以是自然景观、人文古迹，与影视相关的任何事物，都可以成为影视旅游资源。

影视营销不仅能有效推广城市的直观形象，还能有效传达城市的文化精神。世界著名城市如伦敦、纽约、东京及巴黎等，都积极运用影视剧拍摄来推广城市形象和旅游。如纽约通过《西雅图不眠夜》等电影展示了其国际大都市的形象，其中帝国大厦便是通过这些电影迅速成为纽约最著名的旅游景点之一。伦敦借助《哈利·波特》等电影，使其许多街区、建筑成为世界游客向往的地方。

---

① 耿诺.CBD 外企上半年增资 10 亿美元[N].人民日报，2009－08－08.

借鉴于此,北京市旅游局2010年通过投资拍摄《非诚勿扰2》,用故事展示慕田峪长城、欢乐谷、潭柘寺、紫竹院公园、798艺术区等多个北京旅游景区特色,从而达到宣传效果。《非诚勿扰2》热播后,北京诸多旅行社推出了以《非诚勿扰2》北京取景地为特色的旅游线路,其中浪漫爱情之旅线路格外引人注意;携程网则推出"带你玩儿·北京潭柘寺新年祈福5日豪华团队游"的旅游路线。这部由北京市旅游局采取旅游广告植入的电影,成为北京市力争在2015年前实现全市旅游总收入达到4000亿元目标的推动力。据统计,仅2011年元旦期间,游览慕田峪长城的游客即增长了20%[①]。可见,电影广告效果明显。

2. 网络营销

网络营销,指为达到一定营销目的,以互联网为主要手段的营销活动。它包括信息收集、信息发布以及网上交易等。网络营销也可以通过两种途径实现:

(1)建立专业网站,直接宣传

北京以及各区县政府利用网络的社会铺盖面广、信息更替及时等特点,纷纷成立本区县旅游网站,及时发布旅游最新消息。除专业的旅游网站以外,北京市政府于2011年初还设立公益性服务网站,以"最美的乡村"为核心内容,宣传北京新农村;同年11月,"北京微博发布厅"正式上线,为宣传北京城市旅游提供新的途径。

(2)借助网络游戏,间接宣传

开发网络游戏,借助网游国际化,为提高北京国际影响力争取更多的机会。北京金山公司开发的《剑侠情缘网络版》和完美时空公司的《完美世界》等均实现大量出口。《剑侠情缘》在越南已占80%的游戏市场份额;《完美世界》已行销近10个国家,2006年,出口合同金额超过了230万美元,占全国游戏出口总额的10%以上。

3. 体验营销

体验营销是指企业通过采用让目标顾客观摩、聆听、尝试、试用等方式,使其亲身体验企业提供的产品或服务,让顾客实际感知产品或服务的品质或性能,从而促使顾客认知、喜好并购买的一种营销方式[②]。城市体验营销是一种战略性的城市经营活动,它从城市的文化和社会特性出发,以城市整体环境(包括硬环境和软环境)为道具,以城市服务为舞台,围绕城市顾客(即城市的居民、访客、投资者等)的

---

① 资料来源:http://www.keyunzhan.com/knews-207467。
② 林云峰.中华5000运用体验营销的构想[J].上海商业,2009(9).

需求,为他们创造出值得回忆的活动①。

北京在其城市营销中也大胆尝试体验营销手段。参考前人对城市体验营销模式的分类,北京体验营销可归纳为以下几种:

(1)娱乐体验营销

北京欢乐谷是北京文化产业的区域龙头,更是中国现代旅游的经典之作,并成为北京体验旅游的重要标志,为北京旅游注入无限内涵和活力。2011年,北京欢乐谷年度接待游客量达345万人次,创收4.36亿元②,仅次于故宫博物院和八达岭长城。北京欢乐谷以其超强的体验感受在打造自身品牌的同时,也提升了北京城市综合竞争力。

(2)产品体验营销

北京作为中国首都和世界知名旅游城市,目前拥有160多家老字号品牌。2008年12月15日,中国银联北京分公司、招商银行信用卡中心以及北京老字号协会联合推出了银联标准"京城老字号信用卡"。信用卡的推出有助于弘扬中华传统文化,让北京老字号的文化与商业底蕴历久弥新,同时更为北京市居民的消费提供了便利。通过银行卡向世界展现了北京老字号企业的风采,"京城老字号信用卡"打造了一张首都北京新的城市名片。

除了信用卡的产品体验方式外,2010年北京旅游局发起了开发"北京礼物"的活动,旨在体现北京文化,拉动北京旅游经济,传递北京情感。同年,北京旅游局还号召依托"北京故事",积极开发卡通产品。

4. 文化营销

在文化营销概念下,营销活动一般会为目标产品赋予丰富、个性化的文化内涵。北京有着三千多年的建城史和八百多年的建都史,历来被称为国家政治、文化中心。得天独厚的历史底蕴给北京赋上古老和神秘的色彩,而丰富多彩、极具活力的现代文化产业发展也为北京注入了国际都市气息。北京注重推动文化产业的国内外发展,实现营销北京的目的,构成城市营销手段之一。

(1)"北京精神"

"北京精神"旨在提炼北京城市特色,展示北京城市文化。2011年11月2日,在290多万民众参与投票选择后,"爱国 创新 包容 厚德"成为了"北京精神"

---

① 黄其新. 基于文化体验的城市营销模式研究[J]. 商业现代化,2006(23).
② 资料来源:http://travel.sohu.com/20110902/n318187625.shtml。

的主题,是北京出示给世界的名片,正如"浪漫之都"巴黎、"永恒之城"罗马、雾都伦敦以及水城威尼斯等世界著名旅游城市一样,这张名片也在试图构建北京鲜明的城市特点。

宣传北京精神,塑造北京城市新形象。"北京精神"的主题被确定后,其群众歌曲《北京精神》也相继推出,如此加深了市民及世界友人对"北京精神"的理解,并且歌曲无国界的特点也有利于"北京精神"在世界范围内传播。同时,北京各区县为宣传"北京精神",开展了大量以"北京精神"为主体的外宣活动,如生产相关外宣品展示北京城市风采,并在对外宣传重点刊物《北京》上将"北京精神"作为专刊出版;北京城市电视大屏幕、CNN以及美国纽约时代广场等具有影响力的媒体荧屏上纷纷播出北京精神宣传片;境外举办的各项文化外宣活动也全面强化北京精神元素。

(2)北京传统文化的国际展示

北京借助国际平台,展示其传统文化的魅力,全面宣传北京形象。2012年7月24日,借伦敦奥运会之际,"北京文化周之多彩北京文化与艺术展"在伦敦上演,艺术展搭建北京特色建筑,如胡同、北京四合院人家、前门大栅栏、老字号商铺、时尚酒吧以及创意特色小店等,并播放时长8分钟的视频介绍老北京特色,用现代技术集影像、声音、实物视觉于一体,让身在伦敦的世界友人都能充分了解老北京。

(三)北京各区县的营销实践

北京市由16个区县组成,各区县也尝试多种营销手段来宣传本区县旅游目的地形象,从而为北京市国际旅游目的地的形象推广做出贡献。依据各区县营销手段及营销实践活动的丰富程度,主要列举以下各区县在营销实践中的尝试。

1. 东城区

目前,东城区尝试了形象广告营销、节事营销、网络营销及体验营销等手段来推广东城区旅游。

(1)形象广告营销

2012年3月,东城区旅游工作者在中外游客集中的区域,发放多语种旅游宣传折页、官方旅游指南共20000余份,旅游局借助日报"旅游资讯版"宣传区域旅游资源,吸引游客,并且每年定期拍摄魅力东城形象宣传片。

(2)节事营销

地处北京市中心地带的东城,其地理优势为其在节事活动的开展方面发挥了巨大作用。借此,东城区政府组织开办不同主题的节庆活动来吸引各地游客。

2010 年,第十届世界旅游旅行大会中,东城区成为北京唯一一家区级政府提供赞助的白银合作伙伴,全程参与世界旅游旅行大会的系列活动,并承接北京市旅游项目产业推介会、圆桌会议、闭幕式及与会代表驻地的大会官方酒店。

2011 年,东城区围绕首都建设世界城市和"国际化、现代化新东城"的总体要求,整合东城区内旅游资源举办"皇城文化国际旅游节",树立东城区"国际文化旅游目的地"的品牌形象。此外,还举办了一系列其他活动,见表1-3。

表1-3　东城区创办的主要节庆活动

时间	节庆名称	活动时间
1984 年	龙潭庙会	农历腊月二十九至正月初七
1991 年	东城文化馆新春游乐会	农历正月初二至正月初六
2006 年	南锣鼓巷胡同文化节	9 月 15～16 日
2010 年	南新仓国际美食节	4,5 月份开始,为期两个月
2010 年	五道营创意文化节	8 月 23 日至 9 月 23 日
2010 年	北京孔庙国子监国学文化节	9 月份

东城区不仅在国内举办了多种形式的节庆活动以推广其丰富的旅游资源,更抓住国际交流合的机会,促进东城区与国际化接轨。仅 2011 年上半年,赴日旅游推介会、世界旅游旅行大会、德国柏林国际旅游交易会、"PATA60 周年庆典暨年会"以及"法兰克福世界会议和奖励旅游展"等国际交流会议中都能见到东城区宣传、推广其旅游资源的活动。

2011 年 2 月,为扩大新东城旅游在日本市场的知名度和吸引力,促进中日旅游业界的交流与合作,东城区在"魅力北京"赴日文化交流活动期间,前往东京和札幌两地举办旅游推介和促销活动。活动吸引了中国国旅总社、中青旅、神舟集团海外旅游公司等国内主力旅行社的参与,并与日本政界、旅游、传媒人士进行广泛深入的交流和会谈,发出各类旅游宣传资料上万份,充分展示了新东城"首都文化中心区、世界城市窗口区"的独特魅力。

2011 年 3 月,东城区首次亮相德国柏林国际旅游交易会(ITB)。ITB 是国际公认的规模最大、层次最高、成果最为显著的国际旅游盛会。东城区作为北京市唯一的区县代表队随国家旅游局首次参加 ITB 展会,毗邻北京市旅游局展位,借助世界规模最大的旅游专业展的平台,以"魅力新东城"为主题,宣传推介了东城区丰富的文化旅游资源,发放了最新的精品旅游宣传品《东城区旅游休闲街区导览——旅游地图》、《爱上东城的六大理由》等宣传品 2000 余册,以及东城特色"北京礼品"旅游纪念品 50 余份。

2011 年 4 月,"亚太旅游协会 60 周年庆典暨年会"期间,东城区旅游局作为此次唯一一家区县参展单位,以"融古汇今,魅力新东城"为主题,向与会代表及嘉宾充分宣传展示了东城区丰厚的历史文化底蕴和丰富的文化旅游资源。在参展现场发放宣传品、播放东城旅游形象宣传片,现场 100 幅图片中有 40 余幅是关于东城旅游资源的。

2011 年 5 月,在法兰克福世界会议和奖励旅游展的现场,东城区共发放 300 份集中反映新东城丰富文化旅游资源和旅游设施的英文版宣传品,包括《东城会议策划者手册》、《东城精品旅游手册》、《东城旅游地图》、《皇城脚下的四合院》等。

(3)网络营销

东城区建立电子政府网络平台宣传东城旅游新鲜事,网站分别有东城区旅游发展委员会网、北京皇城旅游网等。2011 年,东城区还发起微博串起皇城中轴线"中轴线的清晨"的微行动;皇城旅游站在 2012 年初增加到中、英、德、日四个语言的版本,网站包括"印象东城"、"京味东城"、"乐享东城"等众多全新栏目。

(4)体验营销

东城区体验营销主要表现在产品体验营销如"北京礼物"的推广方面。2012 年 3 月 16 日召开了"北京礼物"旅游商品推进工作会,通过有形的、可记住的并具有广泛宣传效果的"北京礼物",希望对旅游观光有文化的补充。

2. 西城区

西城区主要尝试形象广告营销和节事营销等手段。

(1)形象广告营销

形象宣传片是各区县普遍尝试的手段。西城区还依托 2011 年首届北京国际旅游消费展的展会平台,宣传区域产品,推广西城旅游形象。

(2)节事营销

西城区举办的文化节、旅游节等节庆活动中影响比较显著的有以下几个:

每年一届什刹海文化旅游节都会吸引众多游客,对西城区的旅游有直接刺激。2009 年的第八届打破了以往仅以"什刹海"为区域的活动范围,而是在整个西城区推出促进消费、推介旅游的系列活动。旅游节期间共发放餐饮、娱乐、购物、旅游等种类的面值总额约 1300 万元的消费代金券,总数达到 55 万张以上。

2007年,西城区举办北京历代帝王庙拜谒活动,吸引海内外同胞参与。9月28日,400余名海内外华侨华人、港澳台同胞代表会聚北京历代帝王庙,参加由北京市旅游行业协会、北京历代帝王庙保护利用促进会等单位联合举办的第四届"相聚历代帝王庙、拜谒三皇五帝"——海内外华侨华人、港澳台同胞拜谒活动。北京历代帝王庙自开放以来,每年参观人数近20万人。

3. 朝阳区

朝阳区以形象营销手段与节事营销手段为主。

（1）形象营销

北京朝阳旅游推介会"关注民生——千万旅游优惠联连送",是朝阳区旅游关注民生、旅游拉动消费和旅游提升城市形象的举措。《北京朝阳旅游推介会优惠手册》分为春、夏、秋、冬四个版本,并定每年在3月15日、6月15日、9月15日、12月15日开始发放的下一季度优惠手册,全年共发放4次,每期发放量约10万册,全年总计发放40万册。

（2）节事营销

1999年开始举办的国际商务节,让世界了解北京的同时,更对朝阳区的形象有了鲜活的认识。2007年开始举办的朝阳区国际旅游文化节旅游效应也非常明显,每年都吸引游客近40万人次。

4. 平谷区

平谷区在已有的形象广告营销、节事营销手段的基础上,还尝试使用现代营销手段中的网络营销来达到宣传的效果。

（1）形象广告营销

"平谷十六景"、"平谷十二果"、"北有桃花、南有梅花"等都是平谷区希望在游客心中留下的形象。其中"十六景"包括神桃峰（神桃天降）、桃花海（桃花漫舞）、金海湖（金海碧波）、大溶洞（溶洞荡舟）、大峡谷（峡谷幽潭）、石林峡（石林飞瀑）、湖洞水（湖洞溪水）、飞龙谷（飞龙卧海）、轩辕台（轩辕求古）、丫髻山（丫髻祈福）、挂甲峪（挂甲山庄）、将军关（将军守关）、玻璃台（玻璃凌峰）、老象峰（老象双成）、文峰塔（文峰宝塔）、青龙山（青龙飞雪）;"十二果"有大桃、大枣、红杏、红果、葡萄、核桃、樱桃、苹果、柿子、李子、栗子、梨。平谷区政府正努力建设平谷,使人们一提平谷就能想起"十六景"、"十二果";一提这些景、果就能想到平谷。

（2）节事营销

1999 年开始举办"平谷桃花节"。每年桃花节吸引八方游客,成功宣传了平谷的风景资源。如 2007 年平谷全年游客达 680 多万人次,仅桃花节一项就带来游客 80 余万人次,创造了 2563.32 万元[1]的经济收入,2011 年的桃花节更是实现节日期间接待游客 149 万人次,旅游收入 6691 万元[2]的经济效益。

自 2007 年开始,平谷区人民政府每年举办"国际冰雪节",共组织举办体验高山滑雪、品乡村美食等 30 余项文化、体育、旅游活动。"国际冰雪节"为来自各地喜爱雪上项目的游客提供了冰雪嘉年华。

（3）网络营销

在网络营销方面,平谷除了建立电子政府以外还单独建立服务网站"易畅网",覆盖平谷区人民生活各方面。

5. 石景山区

石景山区结合传统与现代营销手段,以形象营销、节事营销和网络营销为主。

（1）形象营销

石景山正从理念、行为和视觉上打造石景山区新形象。2009 年 10 月 14 日,石景山启动"中国动漫城",2010 年开工"金融魔方",成为未来京西会展商务区内的北京西部新地标。石景山还申请了八大精品项目,分别是:京西财富大道,数字娱乐体验城,后工业文明体验中心,中国爱国主义教育基地,东部现代主题娱乐体验区,西部历史文化旅游体验区,西五环休闲体育大世界,商务时尚体验空间。承接一系列旅游相关项目使石景山有了更广的平台和更多的机会去宣传石景山形象。

石景山也在大力改善公共旅游服务设施:为 A 级旅游景区改造星级厕所 2 个,增设中、英、俄、韩、日五种文字全景牌 2 块,并配装旅游信息电子触摸屏 5 块。同时,石景山区政府还申请了老山城市休闲公园旅游配套项目,并已申报旅游区 108 块交通标志牌的制作项目。

（2）节事营销

2010 年举办首届"北京 CRD 国际啤酒节",游客在节日中有机会品尝到全世界各国包括奥地利、比利时、德国、捷克、美国等国家以及中国各地区的近百种优质啤酒,本次活动吸引消费者人数达 90 万人。

---

[1] 资料来源:http://nc.mofcom.gov.cn/news/4462044.html。

[2] 资料来源:http://www.nongjiayan.org/pinggu/2011thjlts.html。

（3）网络营销

在网络营销方面，石景山区除建立电子政府或石景山宣传网以外，其信息网站"石景山信息网"还同搜狐等知名门户网站合作宣传石景山的旅游资源信息。

6. 怀柔区

怀柔区以节事营销、影视营销与网络营销手段为主。

（1）节事营销

节庆方面，怀柔区政府 2005 年开始举办中国怀柔虹鳟鱼美食节，2008 年开始举办中国（怀柔）国际食品饮料节。同时，怀柔区还承办了第二届中国（怀柔）国际女性时尚文化节和 2007 年的首届影视文化节大型节庆活动。

会议展览方面，2006 年，北京国际大型商务会展、中国（怀柔）宜居城市论坛、中国（怀柔）汤河国际养生文化交流大会等均落户怀柔。

赛事活动方面，怀柔是 2006 年全国汽车场地越野锦标赛的第五分站赛，也是北方赛区第二分站赛。自 2006 年起，怀柔已连续四年承办全国汽车场地越野锦标赛，经过几年的发展，北京怀柔场地越野赛已经形成汽车赛事品牌。2009 年，怀柔先后举办了越野赛和拉力赛，掀起新一轮汽车运动的热潮。

（2）影视营销

怀柔红螺慧缘谷生态景区，每年客流量近 10 万人。2012 年，怀柔区还参加北京电视台旅游节目《四海漫游》做宣传。

（3）网络营销

怀柔区旅游发展委开通微博，发布怀柔旅游咨询等做景区宣传。截至 2012 年 10 月 13 日，怀柔区旅游发展委的粉丝数量已达 58892 位，通过微博的广大覆盖率、信息传递及时等特点，随时随地向游客介绍怀柔景点特色。

7. 房山区

房山区正在尝试多种营销手段，建设"北京祖源、世界洞天"的旅游整体形象。

（1）关系营销

房山区多家机构包括区县政府已和各大媒体机构建立一定的合作关系。2007 年 6 月，房山区与丰台区合作，举办第四届青龙湖杯龙舟邀请赛。同年，房山还在《北京日报》、《中国旅游报》以及北京电视台天气预报栏目搜狐网等新闻媒体进行专版、专题和广告宣传，在京沪、京广等 117 条铁路干线上播放房山旅游宣传片，与中央电视台合作重新制作《房山旅游风光片》，编制了《房山旅游一册通》（中英文版)、《房山旅游画册》等一批高品质旅游宣传品。

（2）形象营销

2007 年，房山区参加第三届中国景区博览会、唐山旅游宣传周、北方旅游交易会、中国优秀旅游城市论坛等大型推介展会。全区共发放宣传资料 15 万份，与 70 家旅行社签订协议 1200 余份，进一步拓展了周边客源地市场。

（3）节事营销

1995 年，开办房山区旅游文化节，房山区金秋采摘节、佛子庄百年栗王精品板栗拍卖活动、石花洞景区开放 20 周年庆典、大石窝石雕艺术宫开园、上方山金秋红叶观光节、云居寺迎奥运、青龙湖中秋文化之旅等 46 项特色活动。

（4）网络营销

2012 年，全新改版升级房山旅游信息网，增设了节庆活动、景区推荐、精品线路、民俗旅游等 16 个板块内容。

（5）体验营销

房山区注重提高全区旅游商品和纪念品质量，提升各生产企业的产业化水平。2007 年 9 月中旬，房山区旅游局会同有关部门组织各乡镇政府、街道办事处及旅游企事业单位参加了第六届北京旅游商品设计大奖赛活动，调动了市民的热情，提高了对房山的关注度。此外，房山区还推出了旅游区域短信、特色彩铃等互动信息服务。

8. 门头沟区

门头沟区以形象广告营销和节事营销为主要营销手段。

（1）形象广告营销

门头沟区也参加各种推介会，实现形象广告营销。如 2008 年"魅力门头沟，欢乐京西游"旅游宣传推介会在天津举行，门头沟区 20 余家旅游企业和天津 230 余家旅行社参加了推介会，拉开门头沟 2008 年旅游宣传促销活动的序幕。推介会重点展示了门头沟区丰富的旅游资源和活动内容，对年内计划举办的"春季踏青赏花游"、"夏季京西山水文化游"、"秋季走红金秋游"、"冬季银冬冰雪游"等各类旅游活动进行了宣传。推介会期间，门头沟旅游企业与天津 230 多家旅行社共签订合作协议书 4000 余份。

2011 年，门头沟首次组团亮相北京国际旅游博览会。门头沟区旅游局按照该区旅游发展思路，按照发展旅游文化休闲产业为主导产业的要求，充分利用北京国际旅游博览会平台，宣传门头沟区丰富的旅游资源，营造浓厚的旅游宣传氛围，积极拓展国内外旅游市场，从而带动门头沟区旅游业向纵深发展。

2012 年,北京门头沟旅游推介会以"山水相约,绿海畅游"为主题在门头沟区龙泉宾馆举行。借助本次推介会,门头沟区全面拉开了龙年旅游大推介的序幕,全力实施旅游发展跨越行动计划,倾力打造首都西部的休闲度假旅游目的地。

（2）节事营销

2009 年,门头沟开始举办旅游山会,山会包括四个部分活动,跨度为一年:"山之春",重点以文化为主线,打造潭柘寺玉兰节、妙峰山传统民俗庙会;"山之夏",推出京西消夏避暑游、灵山风情节和"玩转炎夏"野外生存探险之旅等活动;"山之秋",以丰收为主要题材,农家特色美食节、灵水秋粥节以及各式的水果采摘节覆盖整个秋天;"山之冬",银冬冰雪节、趣味滑雪比赛以及经典的潭柘寺新年庆典及新年祈福鸣钟活动。2010 年开始举办国际山地徒步大会;2011 年举办京浪音乐节、妙峰高山玫瑰节并展开红色浪漫之旅浪潮,2012 年举办第二届环北京职业公路自行车赛以及首届京西公路自行车比赛、首届定都峰山地自行车越野比赛等赛事。

节庆活动方面,门头沟区依托古老的人文资源,开办戒台寺丁香节、潭柘寺玉兰节、琉璃文化节、灵水秋粥节、灵山西藏风情节、妙峰山庙会、北京永定河文化节等十多个人文文化节。

二、北京城市营销手段评价

北京城市营销实践中仍存在如下不足:

（一）宏观概念宣传和微观产品营销间平衡不够

北京城市营销实践中尝试的营销手段,不论关系营销、影视营销还是网络营销等,均以营销北京及其区县的整体形象为主,注重传递宏观概念形象,以解答"北京是什么"的方式实践营销。

与北京营销城市所不同的是,美国城市营销团队更注重产品营销。具体营销实践中,纽约更加注重具体旅游产品的市场推广,通过与各地旅游市场的旅行社、媒体等紧密合作,把纽约最新的旅游活动和产品及时推广出去。例如,2012 年上半年推出的"酒店第三晚免费"促销活动以酒店入住第三晚免费的优惠条件留住游客,吸引了游客前往旅游的同时,更营销了该酒店的客房。

(二)营销表现元素多,但形象定位不够清晰,缺乏标识

北京宣传城市形象的实践,仍然多以解答"北京是什么"的方式实现,所给出的答案多彩,有些体现了北京的古老文化底蕴,有些彰显了北京的国际包容,有些是在塑造展会之都品牌,有些是在加强商务之都形象。但总体来讲,一提起北京,仍然没有在人们心目中形成清晰的印象,北京究竟是什么样的? 旅游形象的宣传就是城市形象的宣传,虽然北京正在塑造城市品牌形象,但遗憾到目前为止,仍未设计出可以清晰代表北京形象的旅游标识,表现元素多却不够清晰。

相比之下,国外很多城市在城市形象营销中定位较明确。"花园国家"新加坡、"购物天堂"香港、"水城"威尼斯、"音乐之都"维也纳、"世界艺术之都"巴黎、"会议之都"达沃斯、"滑雪胜地"瑞士以及"圣诞老人故乡"芬兰等,这些城市一被提起,鲜明的城市形象便映入心中。纽约同样如此,"大苹果"和"I LOVE NY"(我爱纽约)几乎就成了它的代名词,并被广泛推崇为城市营销的典范。其中所谓"大苹果"是因为并不盛产苹果的纽约却在加州苹果歉收、外销告急的一年里小兵立大功,解救了加州外销苹果的窘境。纽约人引以为傲,从此称纽约为 Big Apple。这个标识后来被美国市民和企业广泛宣传并使用。文艺作品、信笺、T 恤衫、领带、珠宝首饰、围巾、眼镜、明信片、餐具等日常物品上都能见到,"大苹果"便逐渐成为纽约的代称。

(三)营销组织机构多为官方,营销实践缺乏统一策划

北京城市营销工作主要由政府部门承担,常见的营销机构主体组织包括北京市旅游局、北京市发改委、奥组委和奥申委、北京市投资促进局、北京市政府新闻办、CBD 管委会、开发区管委会以及北京市商务局等。主体部门多,彼此间属于平行机构,因而城市营销的各项活动缺乏统一布局和衔接,各项营销活动之间没有逻辑联系,营销中重复投资的现象也有出现。北京营销活动间缺乏衔接的特点还表现在"北京礼物"的开发方面:目前"礼物"的选择只注重从北京城市文化、精神方面寻找,却忽视了从北京举办的有显著影响力的营销活动中选择恰当主题,开发系列产品。

国际上不管是营销组织主体方面,还是涉及具体的礼物设计方面,都有值得借鉴的地方。如美国城市营销工作全由非政府组织(NGO)目的地促进委员会承担,

鲜有政府投资。而它每个城市的营销工作均由 Destination Promotion 的直属分支机构全面负责，各城市的营销活动都要报请总部批准。这样一来，统一策划的理念使各城市的活动别具特色，更具有一定的连贯性，成本还低，具有较高的营销效率。在具体的礼物开发方面，美国的迪士尼同样注重从多角度开发系列产品，产品涵盖了动画、服装、首饰等多个行业。迪士尼系列"礼物"，打造了别具特色的"美国礼物"。

（四）营销效果评估不足

北京营销手段丰富，但对各种营销手段的效果统计方面明显不足。以形象营销为例，北京投入不菲资金拍摄各种宣传片或影视剧，然而对北京旅游客流量的增长到底有多大作用，外资流入到底增加了多少，却并没有相关部门的跟踪统计，营销效率高低无从考证，对营销手段的有效性也就无法评价了。

三、北京城市营销未来发展建议

针对北京城市营销发展现状，从主题、标准、组织机构、媒介手段、营销效率、体验效果等方面提出促进北京市城市营销发展的政策建议。

（一）凝练北京城市营销主题，放大营销活动正能量

比照国际一流旅游城市，北京已经尝试了几乎全部城市营销手段，并取得了一定的成绩。如 2012 年在天坛举办的新年倒计时庆典活动在国际上反响强烈，极大地体现了北京作为中国首都在全球的影响力。未来各项城市国际营销推介活动应着眼于突出活动载体的文化深度，活动辅助技术手段的创新性，活动宣传途径的多样性，放大活动承载的正能量，润物细无声地将"北京精神"传播到全世界。

理清世界城市的不同发展模式。世界城市建设有多种模式：以纽约、伦敦为代表的西方发达国家，其建设世界城市是该城市高度工业化和高度城市化互动的结果，是强化国际化因素和市场力量的一种"自然发育模式"；东京则是依托国家崛起因素和政府力量的"规划推动模式"。而北京目标建设世界城市是在世界经济政治

格局变化和重心东移的趋势背景下提出的,建设中必须依赖于国家的加速发展,有目标地强化国家中心城市功能。

只有找准世界城市的体现主题,才能集中营销手段统一表现。"北京精神"是对北京城市工作、生活、文化等的最好提炼。依托国家宏观环境发展的优势条件,北京应加强对"北京精神"的解读和实践,以"北京精神"为核心,发挥首都政治、经济、文化、科技优势,集中展现对北京特色最具代表性的元素,避免营销表现主题多而无特色的弊端。

借鉴纽约等世界一流旅游城市的做法,尝试依托北京历史文化,设计出代表北京形象的标识,让世界人民看到标识就能想起北京,提起北京就能联想到鲜明的形象特色。

(二)塑造世界一流旅游城市的形象标准

北京城市营销的所有手段已完整解答了"北京是什么"的问题,未来北京须注重以大国首都的高姿态塑造世界一流旅游城市的形象标准,引领全国城市形象的重塑。

通过建立首都功能核心区标志性建筑的路面多语言标识,推广建立北京各主体功能区的标识标准。如参照芝加哥等世界一流旅游城市,北京应逐步将自身打造成"不迷路"的城市。主要景点、街道、地铁站应进行多语言、多符号的标识,并全方位地告知游客到达方式,率先在首都功能核心区设计实现主要景点的直通公交车线路。

通过提高首都功能核心区的全方位、多手段智能导览能力,推广建立北京乃至全国智慧旅游的标准。应逐步从首都功能核心区开始实现全城 WiFi 上网,主要景区导览软件推荐下载等手段,将北京逐步打造成"方便"的城市。

通过加强首都功能核心区服务人员的意识,逐步打造北京旅游业从业人员的服务标准。重点针对北京的窗口行业从业人员(如一线政府工作人员、一线服务业从业人员)的多种语言问候语、着装、服务流程进行系统培训和管理,将北京逐步打造成"满意"的城市。

(三)集中组建北京城市营销组织机构

目前,承担北京营销工作的除北京市旅游发展委员会以外,还有投资促进局及管委会等其他政府机构。这些机构本身并不是专业营销机构,担任营销策划的工作人员专业理论知识和实践经验仍有较高提升的空间。因此,借鉴国外城市营销的经验,成立专门负责城市营销的工作机构,加强营销人员的专业素质,是北京营销工作不可忽视的环节,有助于营销效率的提高。

北京各区县也在为自己的旅游发展进行规划并实践着,但与以美国为例的国外城市营销不同,北京各区县营销活动从总体看,其营销实践仍然是单独的个体,与北京市政府的营销努力并不在统一规划之下。北京建设国际一流城市,并不只是北京市政府及北京市旅游发展委员会单独可以挑起的担子,必须将各区县的营销纳入北京市整体营销中,只有做到统一规划、统一布局,营销效果可能更趋明显。

未来,应由北京市一级机构牵头,对北京各部门进行统筹规划,针对北京市各主体功能区的营销实践活动统一策划。将"向全球推广北京,展现北京文化"作为北京高端旅游发展的目标之一,推进北京各项城市营销活动的无缝连接。

(四)立足传统营销手段的同时,强化新型营销媒介手段的运用

在与优秀旅游城市协会、中国城市协会、市长协会、国际城市协会、友好城市协会等合作中,寻求与其他世界一流旅游城市(如巴黎、伦敦和纽约)开展联合城市营销的机会。2011 年,首尔便在其城市营销中成为第一个与纽约协同开展城市营销的亚洲城市,而除亚洲城市之外还有伦敦、马德里和圣保罗等也都与纽约曾共同开展过城市营销活动。可见,这种建立友好城市、城市之间协作营销的关系营销手段已经成为各城市营销自己的必要手段。

继续传统营销的同时,须迫切利用新型促销工具如网络、各大传媒等的巨大推动作用。美国城市营销组织如纽约目的地促进委员会(New York Destination Promotion)充分借助全球注册用户排名第一、第二的社交网站 Facebook 和 Twitter 的平台来进行网络营销,庞大的注册用户数为纽约目的地促进委员会(New York Destination Promotion)发布的营销信息推广提供保证。可见网络营销低成本、效率高特点凸显。网络营销方式包括在门户网站上发布信息,利用微博与网友互动来营销旅游产品以及邮件营销等多种网络途径。目前,新媒体形式之一的微博已经成为各大旅游城市进行网络营销的首选工具,北京已有所尝试。截至 2012 年 8 月,北京市旅游发展委员会的微博关注人次已达 29.9664 万,及时发布旅游相关信息,甚至与其微博粉丝随时随地进行互动,均是营销北京旅游形象的有效途径。虽然微博提供了营销的新路径,但是相比国外仍略显滞后,有待继续发掘和大

胆实践。未来,北京应在政府微博营销的基础上,加强 Facebook、Twitter 等国际知名媒介平台的运用并增加与上述一流旅游城市的网络互动。

(五)组织专家评估数字化城市营销效果,提高城市营销效率

如何衡量城市营销效率已然成为各城市巨额投资后必须考虑的问题,这关系到如何提高营销效率。虽然北京营销手段多样,营销活动丰富,然而支撑营销效率分析方面的具体数据统计却还不够完善。因此,在专业组织机构的领导下,有关部门加强对有关营销效果指标方面的数据统计分析工作是城市营销工作真正得到落实并高效的有力保障,能对营销效率分析提供可靠路径,从而对不同手段的营销效率有更清晰的把握,也是北京能够继续合理投入营销财力、人力等的可靠依据,避免资源浪费。未来北京应组织专家针对城市营销效率测量方案进行研究,针对所采取的营销手段,分别做好北京城市营销效果的全面统计工作,为提升北京城市营销效率提供依据。

(六)全面推进北京的智慧旅游进程,提高来京游客的舒适体验

实时监测各主要景点、景区的客流量,编制北京游客流量的时间和区域分布图并实时发布。结合上述的旅游导览软件,应方便地将客流分布图发到北京游客的手机上。建立客流预警机制,提醒相关管理部门适时分流游客,提高北京入境旅游者的舒适度。重要景点应采取严格的限流、分流机制,缩短节假日期间游客滞留景点的时间,调整游客在热门景点的不同游览方向,将北京打造为"舒适"的北京。

第一章　上海营销

——兼容并蓄长三角

上海在 20 世纪 30 年代就有"东方巴黎"的美称,又以"东方明珠"享誉世界。上海是我国最大的商业中心和金融中心,也是西太平洋地区重要的国际港口城市。作为长江三角洲的中心城市,上海兼容并蓄的海派风格引领着时代的潮流,尽显时尚之都的繁华本色。同时,上海这座城市显示出其对周边城市强大的辐射力和凝聚力。改革开放之后,以上海为中心形成了举世瞩目的"长三角城市群"。

长久以来,上海市作为中国第一经济强市,给人以浓厚的商业气息,品牌定位于"中国商业之都"、"中国经济中心"。《上海城市总体规划(1999~2020 年)》中指出,上海城市发展定位为:"2020 年,把上海初步建成国际经济、金融、贸易中心之一,基本确立上海国际经济中心城市的地位,基本建成上海国际航运中心,国家历史文化名城,并将逐步建成社会主义现代化国际大都市,国际经济、金融、贸易、航运中心之一。"根据该规划中的"国际大都市"、"四个中心",可以看出上海市城市品牌被定位于"世界级大都市及世界经济中心之一"。

一、上海城市营销手段分析

上海都市旅游资源丰富,市场空间广阔,具有良好的发展基础。改革开放以来,特别是"十一五"以来,上海旅游业在全市经济、社会和文化发展中发挥了重要作用。在上海世博会期间,上海"历史与现代辉映、传统与时尚相融"的旅游魅力得到了充分展现。上海市《"十二五"规划纲要(2011~2015)》明确提出,要建设世界著名旅游城市,计划在 13 个旅游重点项目上投资 400 亿元。

从国际大都市发展实践看,许多国际大都市同时也是世界著名旅游城市,如伦敦将旅游业定位为五大优先发展产业,纽约将旅游业定位为城市的第二大产业,中国香港将旅游业定位为区域经济的支柱产业。借鉴国际经验,上海在推进"四个中心"和社会主义现代化国际大都市建设中,必须要努力建设世界著名旅游城市。

建设世界著名旅游城市,上海有基础、有条件。上海区位优势独特,交通发达,都市旅游资源丰富,截至 2010 年,有 A 级旅游景区(点)61 个,红色旅游基地 30 个,服务设施齐全,现有星级宾馆 307 家,旅行社 1091 家,旅游咨询服务中心 45 个和旅游集散中心 6 个,导游人员 1.8 万余名[①]。上海是中国对外开放的窗口、中西方文化的交会点。国内来沪游客人数在 2007 年首次突破 1 亿人次大关;2010 年,受世博会拉动,突破 2 亿人次大关;入境旅游人数 2010 年突破 850 万人次。每年在沪举办的各类国际会议和国际展览的数量超过 1000 场次。经过多年的发展,旅游业已经成为支撑上海发展的重要产业。特别是上海世博会虽然闭幕,但世博会后续效应仍将对上海旅游业发展产生持续深远的影响,为上海建设世界著名旅游城市奠定了扎实基础。上海市旅游局的统计显示,2011 年,上海的国内游客数达 2.31 亿人次,较 2009 年增长 2.9%;国内旅游收入达 2786.54 亿元,较 2009 年增长 9.6%。入境游客数达 817.57 万人次,持续保持高位;旅游收入达 3231.15 亿元,较 2010 年增长 5.8%。

(一)节事营销

城市营销视野下的事件是指经过事先策划的、受到公众关注和期待的、对城市发展有举足轻重影响的节日和特殊事件,可以称之为"节事"(Festivals and Special Events,FSEs)。[②] 城市节事活动,不仅包括地方民俗节日活动,还包括各种大型会议、论坛、体育及展览等综合性的各类活动。通过举办大型体育赛事、节庆活动、会议及展览等活动宣传城市形象、提升城市知名度,已经成为城市营销中不可或缺的重要渠道。从传播学角度而言,一个有影响力的节事活动所产生的传播效果往往是其他营销手段难以企及的。这不仅是因为节事活动参与人数众多,更重要的是

[①]上海市发展和改革委员会网站,http://www.shdrc.gov.cn/main? main_colid=499&top_id=398&main_artid=19105。

[②]刘源,陈翀. 节事与城市形象设计[J]. 城市设计,2006(7).

城市节事一般会吸引电视、广播直播、报纸、杂志、网络等媒体的大量报道。

1. 国际赛事

上海依托良好的经济社会环境，积极探索政府主导、社会参与、市场运作的模式，精心打造高水平的国际体育赛事。经过多年培育，F1 中国大奖赛、网球大师杯赛（2009 年开始承办上海 ATP1000 大师赛）、国际田径黄金大奖赛（2010 年始升级为钻石联赛）、国际马拉松赛、国际高尔夫球冠军赛（2009 年升级为世界高尔夫锦标赛）和世界斯诺克上海大师赛六大品牌赛事已深入人心，逐步成为上海的城市名片。2011 年，上海开始举办国际自盟女子公路世界杯赛，并将努力把它培育成上海第七大品牌赛事。

近年来，上海平均每年举办的国家级以上赛事基本稳定在 90 场左右。经常性、小规模、多元化投资举办的商业赛事常年不断，各区县积极推进，大力培育并逐步形成"一区一品"①的景观赛事、特色赛事。2000～2010 年，上海总共举办国内外体育赛事 731 次（见图 2—1），其中，举办国际重要赛事为 331 余次，国内重要赛事约为 400 次。如今，上海举办的国际性赛事保持在每年 40 场左右，充分显示出上海承办国际体育大赛的综合实力。

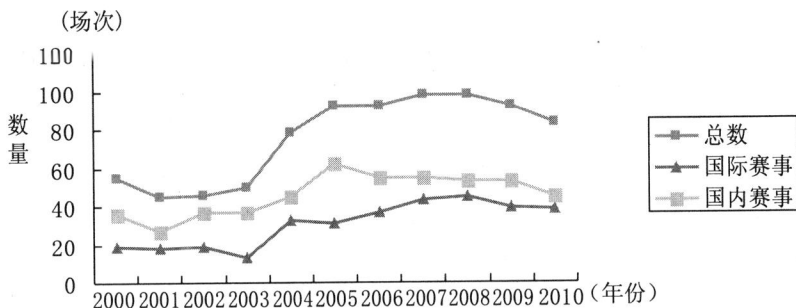

图 2—1　上海市赛事发展（2000～2010 年）

资料来源：根据中国上海体育年鉴（2000～2011）网站资料整理而成。

---

①"一区一品"赛事是指各区县根据自己区县的特点，组织一个或多个特色健身团队与其他区县进行交流、比赛。从而在市体育局和各区县体育部门紧密协作下，促进了上海体育事业全面可协调、可持续发展（上海市体育局官网）。

（1）上海六大品牌赛事

"东丽杯"上海国际马拉松赛,自1996年创办以来成功举办了15届,已正式成为国际田联公路跑委员会中的新成员。比赛规模逐年扩大,2011年赛事有66个国家及地区近26000人报名参赛,其中外籍参赛者5250人,占全部报名人数的21%,同比增长51%,创国内马拉松赛事之最。

世界一级方程式锦标赛中国大奖赛2004年落户上海,并两次获得连续七年的举办权。F1赛事的成功举办有效提升了上海作为国际大都市的影响力,成为对外交流与宣传的时尚平台。据保守估算,7年来,F1中国大奖赛共为上海城市创造了过百亿元的直接和间接经济效益,汽车产业、金融、旅游、酒店、零售、物流、会展、广告等行业都有直接、间接的得益。

2002年11月12日,网球大师杯赛在上海举办,近150个国家和地区的426个电视台对比赛进行了近900个小时的转播,累计观众7000万人次。2005年,网球大师杯赛再次回到上海,并获得了从2009年起一站大师系列赛的永久举办权。上海ATP1000大师赛连续3年被评为ATP世界巡回赛1000大师赛"年度最佳赛事"至高荣誉。

上海国际田联黄金大奖赛自2005年起已经成功举办了八届,2010年更名为国际田联钻石联赛。这项赛事为中国填补了顶级田径赛事的空白,8年来,有几十万名中国观众和上亿名电视观众观看了此项赛事。国际管理集团对前两年上海站的统计显示,中国电视转播收视人数超过760万人,是全球14站大奖赛中,收视人数最多的分站赛事。

斯诺克大师赛自2007年落户上海以来,已经成功举办了六届,2011年获得新一轮的五年举办权。根据斯诺克上海大师赛官方给出的数据(从2008年开始进行数据收集),此前4年,赛事共获得了超过1.5亿元的经济效益,并呈逐年井喷的态势。除了赛事本身及台球业内的经济收益外,赛事的举办也带动了上海交通、餐饮、住宿等行业的发展,仅2011年就给这些行业创造了436.15万元的直接经济效益和479.77万元的间接经济效益。此外,赛事还对上海周边地区人群形成了巨大的辐射,2011年,15.4%的观众来自外地。2008～2011年,全球电视转播的曝光价值合计超1亿元,共计5亿人通过电视观看过上海大师赛,而在欧洲电视台的转播中,则为上海的海外宣传创造了近3000万元的国际电视曝光价值。在中国国内,平面媒体在几年间的报道篇幅达到了1480篇,共为赛事创造接近6000万元的赛事社会效益,电视媒体则创造了6600万元的社会效益……粗略统计,2008～2011年,赛事共获得了近3.6亿元的社会效益,其中2011年的赛事社会效益就超过1.5

亿元。

2005 年举行的首届"汇丰冠军赛"是中国乃至全亚洲水平、规格和总奖金最高的高尔夫球赛事,2009 年正式升级为世界高尔夫锦标赛,并成为 PGA 巡回赛赛程中的一站。四大巡回赛获胜者的参赛令这一赛事云集了世界高尔夫总排名中最优秀的选手,称得上是在中国举办的真正意义上的国际冠军锦标赛。

(2)"一区一品"体育赛事及其他重大赛事

《上海市体育发展"十一五"规划》中明确提出:"发挥区县作用,形成有较大社会影响的'一区一品'景观体育赛事。"经过几年的努力,上海市 19 个区县有一半以上打造了具有区域特色的"一区一品"赛事。除了闵行区的网球大师杯赛、嘉定区的 F1 大奖赛,还有金山区的世界沙滩排球巡回赛、崇明县的环岛公路自行车赛、静安区梅龙镇的世界杯花剑赛、杨浦区的世界极限运动大赛、普陀区苏州河上的国际龙舟赛等等(见表 2-1)。这些景观赛事充分利用城市的自然环境和人文特色,凸显了上海体育的鲜明特色,形成开放型、规模型的发展格局,成为体育产业发展中最具特色、最具开放度的特色产业,通过宣传推广,达到展示城市形象的目的。

表 2-1 上海市部分国际赛事区域分布

上海各区(县)	赛事名称
金山区	世界沙滩排球巡回赛
卢湾区	IDSF 世界杯体育舞蹈比赛暨中国上海国际体育舞蹈公开赛
崇明县	环崇明岛国际公路自行车赛
静安区	国际剑联男女花剑世界杯赛
杨浦区	世界极限运动大赛
黄浦区	F1 摩托艇赛、国际自由式轮滑公开赛
普陀区	苏州河国际龙舟赛
宝山区	国际男子篮球挑战赛
长宁区	体操、健美等国际大赛
闵行区	网球大师杯赛
嘉定区	F1 大奖赛
松江区	汇丰高尔夫球冠军巡回赛

资料来源:根据中国上海体育年鉴(2000～2011)网站资料整理而成。

2011 年 7 月 16 日,第十四届国际泳联世锦赛在上海举行。本届世游赛共有 181 个国家和地区 6232 人注册报名,实际参赛的运动员、教练员 5724 人;刷新两项游泳世界纪录;未发现一起兴奋剂事件;全球 467 家媒体机构的 2196 名记者前来采访,境内外报道达 8400 余篇,近 800 万文字;全球 200 余个国家近 40 亿人次收看了电视转播;赛事期间现场观赛人数累计达 31.5 万人次。国际泳联主席马格里奥尼高度评价本届赛事:"这是迄今最好的一届世游赛。"①

2012 年 3 月 9 日,"2012 国际滑联短道速滑世界锦标赛"在上海东方体育中心举行。这是短道速滑世界最高级别的赛事,也是国家体育总局"北冰南展"的重要赛事,已被列为 2012 年上海市政府重点工作之一,并写进政府工作报告。

上海举办大型体育赛事不仅能够直接拉动经济增长,而且能够带动产业结构的调整和升级,最直接受益的是第三产业,特别是旅游业、商业、餐饮业、社会服务业、体育会展业、文化产业等。上海以体育赛事为重要抓手,推进"大旅游"建设。"十二五"期间,上海将着力推进世界著名旅游城市建设,而互相促进的"大体育"和"大旅游"则是上海递出的"双面名片"。

2. 会展节事

卓越的经济基础、完善的硬件设施、较高的世界知名度等都为上海会议产业的持续发展提供了扎实基础和巨大潜力。2010 年,上海世博会的成功举办,更为上海市会议产业的发展提供了一个实现跨越式前进的巨大历史机遇。此外,上海每年举办的各类艺术节、文化节、电影节等亦为之增光添彩。

(1)国际会议

据 ICCA 发布的《2011 年度国际协会会议市场年度报告》显示,2011 年,上海举办国际协会会议 72 场,位列世界排名第 24 位,较 6 年前提高了 13 位。卓越的经济基础、完善的硬件设施、较高的世界知名度等都为上海会议产业的持续发展提供了扎实基础和巨大潜力。

据不完全统计,2011 年,上海共举办各类国际会议 745 场。其中,公司会议和协会会议同 2010 年相比均有增长,2011 年,上海共举办公司会议 256 场,较 2010 年增长 20.8%;举办协会会议 247 场,较 2010 年增长 1.6%。

公司会议和协会会议的大幅增长,与各类商业会议公司进驻上海以及上海作为商务目的地城市的吸引力密不可分。2011 年,上海的国际会议与会总人数为

---

①资料来源:http://sports.online.sh.cn/sports/gb/content/2011-12/31/content_5052535.htm。

204040 人次。其中,与会外宾总人数达 57980 人次,较 2010 年增加 3143 人次,同比增长 5.7%。

资料显示,全球每年召开的国际会议超过 16 万次,产值 2800 亿美元。面对竞争激烈的国际会展旅游业现状,上海适时实施了聘请"会议大使"这一前瞻性举措,对于推介上海,提升上海的知名度,争取更多的国际性会议到上海举办,起到了不可低估的作用。

表 2-2　上海近 10 年部分重大国际会议及其影响

年份	会议名称	会议影响
1999	99'《财富》全球论坛上海年会	《财富》论坛是全球工商界领袖的高层次聚会,首次将一个国家的经济社会发展前景作为主题,显示中国未来的发展走向举世瞩目;有 60 家跨国公司的 300 多名董事长、总裁、首席执行官以及著名政治家和学者参加,中国有 200 多名企业家与会
2000	美国亚洲协会第十一届企业年会	该协会是致力于促进公众对亚洲了解及美国和亚太区民间交流的非营利性机构,在亚洲地区享有很高的声誉;1100 位来自亚太地区、美国和欧洲的商界人士、政府官员出席会议出席开幕式
2001	世界石油大会亚洲区会议	来自 17 个国家和地区的 560 名代表参加会议
2001	亚太经合组织(APEC)第九次领导人非正式会议	这是新中国成立以来我国承办的一次层次最高、规模最大、影响最为深远的多边国际活动;APEC 经济体领导人云集上海,出席盛会的中外宾客总人数达 1.3 万余人,对促进亚太地区经济繁荣发挥重要作用
2003	《福布斯》全球行政总裁会议	来自世界各地的 450 多名中外企业界重量级人物出席会议
2004	联合国亚太经社会第六十届会议	此次会议是亚太经社会 1947 年在上海诞生后,相隔 57 年重返上海的一次盛会;来自 62 个成员国的国家元首、政府首脑、外交部长等贵宾和联合国高级官员、国际组织负责人及非政府组织、工商界代表共计 800 余人参会
2004	世界银行全球扶贫大会	这是国际性金融组织首次在全球范围内召开综合性扶贫大会;与会人数 1000 人左右,其中外方约 400 人
2005	世界服务贸易论坛	为国内外服务业界企业提供交流、沟通与合作的平台;来自全球 20 多个国家和地区的服务业界高管和服务业组织领导人应邀出席

续表

年份	会议名称	会议影响
2005	全球契约中国峰会	这是联合国首次在中国举办的大型"全球契约"会议;来自联合国契约办公室、开发计划署等的高级官员以及全球中外民营企业高级管理人员共计 800 多人出席会议
2006	国际软件工程大会	此次大会是该国际组织会议创办 30 年以来,首次由发展中国家城市举办;全球 1000 多名软件行业专家学者与会
2007	非洲开发银行集团理事会第四十二届年会	有世界银行、国际货币基金组织及其区域开发金融机构、非政府组织代表等共计 2000 多人与会
2008	首届女性论坛亚洲大会	由世界女性经济和社会论坛主办;来自各个国家的各界重要人士和中外杰出女性代表共 600 多人出席会议
2008	亚太地区城市信息论坛第七届年会	联合国全球公共行政网络在会上首次颁发"知识贡献奖"表彰上海;来自五大洲近百个城市、30 多个国际组织的 300 多名官员、学者、企业家与会
2008	世界管理大会	这是有着"管理学奥林匹克"之称的学界盛会首次在中国举办;来自 30 多个协会联盟成员的教授、学者及知名企业家与会
2008	世界翻译大会	这是国际译联成立 55 年以来首次在亚洲举办的国际翻译界盛会;来自全球 73 个国家和地区的 1800 名专家学者与会
2009	第十三届亚洲化学大会	这是继 1991 年以来中国第二次主办此会;约 1500 名中外化学工作者与会
2010	国际航运上海论坛	400 多位全球知名航运家与会
2010	首届沃特金融峰会	由中国人民对外友好协会和沃特财务集团共同主办;来自欧美主要国家的 300 余家投资机构和证券公司负责人以及部分中外企业代表与会
2010	全球绿色经济峰会	400 余位来自国内外的节能、环保方面的专家、学者以及各国官员、非政府组织代表、跨国公司和中国企业的领导人出席峰会
2010	2010 中国国际友好城市大会	来自 48 个国家的地方政府及外国地方政府组织和全国各省市外办、友协的代表共计 700 余人与会
2010	全球城市信息化论坛	这是 2008 年亚太城市信息化论坛更名为"全球城市信息化论坛"后召开的首届论坛,此前已在上海举办 7 届,累计有 105 个国家和地区、超过 4700 名代表参加;此次论坛有来自五大洲 54 个城市、49 个国际组织的约 350 名代表参会

资料来源:根据中国上海外事年鉴(2000～2011)网站资料整理而成。

"会议大使",是为一个城市招揽会议的专业人士。"会议大使"制度是"争会"的一种有效路径,也是国际"争会竞赛"的流行趋势。在欧美一些国际会议发达的国家和地区,"会议大使"为它们争来了大量层次高、规模大的国际性会议,也带来了滚滚财源。例如,威尔士首府卡迪夫实施"会议大使计划"仅3年,会议旅游就增收200万英镑。

从2006年起,上海在全国率先实施"会议大使"制度,截至目前,共聘请了81名专家担任"上海会议大使"。各位"会议大使"充分发挥自身影响力,积极宣传上海城市形象,推介上海城市接待服务功能,推动了一批具有影响力的国际会议在沪举办。

通过"上海会议大使"及其同行们的努力,有一批国际会议已经确定来沪举办,如"2013年第十六届IPNA国际小儿肾脏病大会"、"2013年亚太消化系统疾病学术周会议"、"2013年第二十六届脑血流和代谢国际研讨会"、"2015年国际小儿神经外科年会"、"2015年第十六届世界系统生物学大会"、"2015年亚太泌尿外科大会"、"2016年世界交通研究大会"等。值得一提的是,2013年11月2~6日,ICCA第五十二届年会将在上海举办,这是该组织成立52年以来第一次将年会移师中国。

(2)上海世博会

拥有150年历史的世界博览会被誉为世界经济的奥运会,已经成为世界经济、科技、文化的集中展现,成为世界各国交流发展经验、展示发展成就、展望发展前景的重要平台。"城市,让生活更美好",2010年上海世博会是城市营销的一个难得契机,也是上海加强城市建设,优化经济、科技、社会与文化发展,进而塑造大上海城市品牌的绝佳机会。

2010年上海世博会,共有190个国家、56个国际组织参展,参观人数达7308.44万人次,中国国家馆累计接待930万人次。其中,共有外国游客400多万人次,单日最大客流量达103.28万人次。共举行2.3万多场文艺演出,18.6万多人次中外新闻记者入园采访报道,创世博会历史新纪录。世博会为上海市带来的经济效益、文化效益和社会效益及城市品牌形象的宣传是其他活动所无法比拟的。

1)媒聚效应。作为全球三大盛会之一,世博会本身就是全球性媒介事件,具有很强的"聚媒效应",主办城市在申办世博会、筹办世博会、举办世博会以及后世博期间,都将吸引全球媒体的关注,成为大众瞩目的焦点。

2)城市建设。为了世博会的成功举办,上海市对城市基础设施、老城区、标志性建筑等均进行了大规模的改造,中心城道路比2008年增加了11%,并新增8条地铁线路。许多老城区以及标志性的百年外滩迎来了有史以来最大规模的一次综合改造,在城市绿化、社区环境等方面也获得了很大的改进。上海在世博会前对苏州河进行了深度治理,并结合沿途景观的重构,在世博会开幕前开通了观光游的线路。经过改造,上海城市整体环境焕然一新,城市形象上到了一个新的台阶,对于城市品牌的建造具有重大的、长久的促进作用。

世博会结束后,世博园区被规划为"世博公园",成为上海的新景点。广受关注的世博"中国馆"等特色建筑也将得到保留成为上海新的标志性建筑物,与东方明珠、外滩一起成为上海城市品牌的一部分。

3)城市品牌塑造。将上海城市品牌"嵌入"世博宣传。上海通过各种世博宣传海报、广告宣传片等方式成功地嵌入"上海市"本身,展示一个全新的上海城市形象,极大地传播和提升了上海城市品牌。由于世博会的国际性,使得上海市在海外媒体频繁曝光,无形中提高了上海城市品牌在国外的品牌渗透率,增加了上海的国际知名度。在上海世博会的宣传海报中,除了熟悉的上海世博会标志和吉祥物"海宝",我们还可以看到上海的市貌和标志性建筑,反映上海改革开放以来的成就,体现出上海市繁华、现代化的一面。

除宣传海报外,上海世博的宣传片《我们的城市,我们的世博会》则通过生动的短片方式,传播上海市繁华、和谐、多元化的一面,塑造了一个既具备浓厚中国文化,又体现了国际化的包容并蓄的上海市,向世界展示上海海纳百川、大气谦和的一面。

宣传海报和广告宣传片共同的作用就是加强上海城市品牌的视觉识别(Visual Identity,Ⅵ),将上海城市品牌中的"现代化"、"商业之都"、"国际化"等抽象的要素生动的展现在人们眼前。

4)旅游推广。上海世博旅游宣传以"中国上海　发现更多·体验更多"为口号。在2007年8月距上海世博会开幕还有整整1000天时,由国家旅游局和上海市政府共同举办的世博会全球旅游推广正式在上海启动,国家旅游局18个海外办事处被命名为上海世博会旅游推广海外工作站。同时,长三角25个城市旅游局、上海19个区县旅游局被命名为上海世博会旅游推广长三角工作站。东方航空16个海外办事处被命名为上海世博会东方航空海外旅游推广工作站。此外,上海世博旅游诚信平台也正式开通。

通过把世博旅游宣传口号和形象标志应用于世博旅游产品整合和旅游线路组合中,以此形成了55条"长三角世博之旅"旅游线路和44个"世博主题体验示范点",共同演绎世博主题。世博会为上海构建大旅游产业链、做大旅游产业群、建设国际会展中心提供机遇,可以借此机会推广上海的人文、自然景点等旅游产品,提升城市旅游品牌。上海市旅游相关部门在世博会举办期间,积极展开营销活动,借助世博会向参与世博会的游客展示更多的旅游产品。

5)网络营销。上海世博会借力虚拟现实技术,首次将具有 159 年历史的世博会以三维游园的形式搬到网上,让世博会成为可体验、可分享、可参与、可互动的网络在线盛会,开创了参与体验世博会的全新方式,给网友们带来了一场精彩的在线之旅,足不出户便可享受视觉盛宴。

据统计,上海世博会实体的参观人次定格在 7308 万人,而虚拟的"网上世博"在 184 天时间里,吸引了超过 6 亿用户访问,网络访问量达到 50 亿次。上海世博会在互联网的成功深度应用,完成了世博会从工业时代向信息时代的转型。国际展览局已决定今后的世博会都要建立网上世博会,并以中国上海的经验作为典范。

如今许多旅游门户网站也都开发了在线旅游的项目,采用 3D 虚拟现实技术对整个景区进行拟真,线上可营销,线下可宣传。未来,这种技术还会与商业结合得更为紧密,比如旅游景区的纪念品、特产等附属产品也将实现在 3D 虚拟景区里实现交易。

3. 大型节庆

节庆的形成与举行,必定是为了某种精神性的共同分享和集体性的公共交流。无论是中国的民俗节日(如春节、清明节、端午节等)和法定节日(如元旦、五一劳动节、十一国庆节等),还是西方的各类宗教性节日(如圣诞节、复活节、感恩节等),其最本质的内涵都是通过节庆,让全社会来分享和传递某些共同的精神遗产与文化、政治传统。而具体到艺术节、电影节、音乐节等,其内在的社会、文化功能亦是如此。

上海国际艺术节自 1999 年以来已连续举办了 13 届,2011 年第十三届国际艺术节来自 46 个国家和地区的数万名艺术工作者齐聚上海,共上演 50 台参演剧目(其中境外 27 台,境内 23 台),演出 120 场,出票 100% 的达到 13 场,总出票率达到 84.1%;举办各类群众性文化活动 2799 场,演绎精彩节目 16452 个,四大洲 21 个国家 42 支外国团队 4984 名外籍演员,5000 余支国内专业和业余团队的风情展示,活动遍及上海市 17 个区县,吸引观众 423 万人次。

上海旅游节起源于上海黄浦旅游节,从 1990 年至今已有 22 年。经过多年的尝试和探索,上海旅游节已有近百项特色鲜明种类丰富的节庆活动,每年吸引 800 余万市民和国内外游客。2012 年,上海旅游节在网络营销方面进行了一些新的尝试。除了官方网站的常规内容宣传之外,在新浪、腾讯微博上实时播报旅游节相关信息,并且与有关网络媒体深度合作,发起了新浪微博同城活动,以"乐美食"、"乐旅游"、"乐摄影"为主题,引发网民的关注与强烈参与。旅游节期间,新华社上海分社的《上海快讯》手机报特别开设了《旅游节快报》,通过手机短信每天发布旅游节活动相关信息,还发布了 23 期互动话题,与读者就上海旅游节和上海旅游发展充分讨论,每条话题都收到了上千条的互动回复。采用这些方式进行旅游节的全面推广,给广大游客了解和参与旅游节提供更多的平台,同时增强了节庆活动的互动性,促进活动的完善。目前,上海正在打造世界著名旅游城市,上海旅游节的蓬勃发展之势将会为此添上浓墨重彩的一笔。

上海国际电影节创办于 1993 年,从第五届(2001 年)起由两年一届改为每年举办一届,已被列入世界九大国际电影节之一。2011 年第十五届上海电影节有 106 个国家和地区 1643 部影片前来报名,400 多名海内外明星、2000 多名记者、1 万多名业界人士相聚上海,100 多个国家和地区的数百部新片参加了展映,30 余万名观众共享全球电影盛宴。日益成熟的上海国际电影节,已成为全球电影人的盛会。

上海电视节创办于 1986 年,25 年来以其专业、国际、务实的特色赢得良好口碑,是亚洲最具特色和影响力的影视节目交易市场。随着北京奥运会、上海世博会的陆续召开,上海电视节也越来越凸显其国际性。每年的上海电视节国际影视节目市场,海外展商都占 40% 的比例。2008 年,纳入市场的亚洲动画创投会(原动画项目创投)是亚洲唯一的动画创意和项目投融资平台。2011 年,国际影视节目市场有 200 余家中外电视台、影视公司设展,吸引了超过 1000 名中外专业买家、逾万名与会来宾参展,300 多家中外媒体竞相参与报道。

上海之春国际音乐节的前身是创办于 20 世纪 60 年代的上海之春音乐舞蹈月和始于 20 世纪 80 年代的上海国际广播音乐节,这两项活动于 2001 年正式合并为上海之春国际音乐节。2009 年音乐节期间,共计 10.2 万多名观众走进剧场观看演出,通过电视、电台收听、收看音乐节演出的市民更是达到数百万人次。2012 年,第二十九届音乐节吸引了来自中国、美国、法国、俄罗斯、苏格兰、古巴等十多个国家的表演团体和艺术家,上演了 40 台精彩纷呈的音乐舞蹈节目;数万观众走进上海各大剧场,欣赏新人新作和名家名作;更有不计其数的上海市民、游客和海内外人士通过各种渠道感受了音乐节的魅力。

上海国际服装文化节自 1995 年以来已成功举办了 19 届。Fashion Shanghai 作为面对海内外市场的贸易平台,每届都有近千家展商、数万名国内外买家和覆盖全国的媒体宣传,以及和国外协会、媒体的合作机会。2011年文化节期间,共吸引了9个国家和地区的700余家纺织服装展商,23188名买家到会,其中2100余名海外买家来自32个国家和地区。上海的目标是打造继巴黎、纽约、米兰、东京和伦敦之后的"世界第六时装中心",要实现这一目标,上海服装节将功不可没。

上海购物节创办于2007年,几年来覆盖范围不断扩大,现已涵盖全市主要商圈、商街、社区商业、特色名店等。2007~2011年,购物节期间社会消费品零售额增长率分别达到18.7%、19.5%、21.6%、23.7%和17.1%。2012年购物节期间,共有2000多家涉及2万多个门店推出了500项商业主题活动,通过一系列"商旅文"结合的活动,力争将上海打造为一个国际消费磁场。上海国际花卉节自1998年开始,两年一届,每一届上海国际花卉节参观游览和交易人数均超过100万人次,交易额超过千万元。上海酒节始办于2005年,在2012年上海酒节期间,"上海国际酒类现代商贸服务功能区"启动建设,虹口区借此平台逐步探索打造"酒产业链",利用酒节的品牌效应,为上海建设国际贸易中心出一份力。

此外,上海国际音乐烟花节、上海宝山国际民间艺术节、杨浦区的都市森林狂欢节、闸北区的上海国际茶文化节、上海亚洲音乐节、上海汽车文化节等节庆活动,每年在上海轮番上演,吸引大批国内外游客相聚上海,欢度盛会。

(二)关系营销

国际友好城市是世界各国政府之间通过协议的形式建立起来的一种国际联谊与合作关系。我国自1973年开展友好城市活动以来,对外结好工作取得不断进展,截至2012年11月底,我国有30个省、自治区、直辖市(不包括台湾省及港、澳特别行政区)和404个城市与五大洲130个国家的438个省(州、县、大区、道等)和1336个城市建立了1936对友好城市(省州)关系。其中,江苏以249个友好城市名列第一,上海以68个排名第12位,而北京则以58个居第18位,如图2-2所示。

上海与国外城市缔结友好关系的历史,始于20世纪70年代。1973年,上海首次与横滨成为友好城市。此后,随着友好交往的深入和中国外交的逐步开放,截至2012年10月,上海已与全世界68个城市(省州)建立起了友好城市关系,为城市双方的交流与合作搭建了桥梁,如表2-3所示。

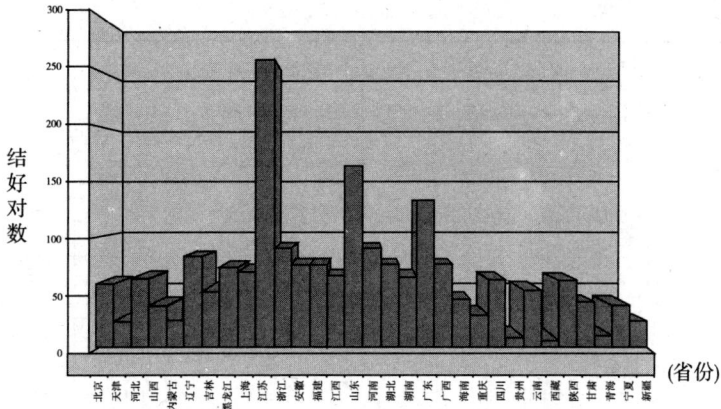

图 2-2　全国各省、自治区、直辖市建立友好城市关系

资料来源：中国国际友好城市联合会官网。

表 2-3　上海友好城市列表

外方城市	国别	结好时间	外方城市	国别	结好时间
横滨市	日本	1973 年 11 月 30 日	埃斯波市	芬兰	1998 年 9 月 4 日
大阪市	日本	1974 年 4 月 18 日	哈利斯科州	墨西哥	1998 年 11 月 18 日
米兰市	意大利	1979 年 6 月 25 日	利物浦市	英国	1999 年 10 月 18 日
鹿特丹市	荷兰	1979 年 11 月 23 日	马普托市	莫桑比克	1999 年 10 月 25 日
旧金山市	美国	1980 年 1 月 28 日	清迈府	泰国	2000 年 4 月 2 日
萨格勒布市	克罗地亚	1980 年 6 月 18 日	迪拜市	阿拉伯联合酋长国	2000 年 5 月 30 日
大阪府	日本	1980 年 11 月 21 日	夸祖鲁市	南非	2001 年 5 月 16 日
咸兴市	朝鲜	1982 年 6 月 18 日	瓜亚基尔市	厄瓜多尔	2001 年 7 月 6 日
大马尼拉市	菲律宾	1983 年 6 月 15 日	瓦尔帕莱索市	智利	2001 年 7 月 10 日
卡拉奇市	巴基斯坦	1984 年 2 月 15 日	巴塞罗那市	西班牙	2001 年 10 月 31 日
安特卫普市	比利时	1984 年 5 月 17 日	奥斯陆市	挪威	2001 年 11 月 10 日
蒙特利尔市	加拿大	1985 年 5 月 14 日	康斯坦察县	罗马尼亚	2002 年 4 月 15 日
比雷埃夫斯市	希腊	1985 年 6 月 24 日	科伦坡市	斯里兰卡	2003 年 8 月 11 日
滨海省	波兰	1985 年 7 月 4 日	哥德堡市	瑞典	2003 年 10 月 23 日
芝加哥市	美国	1985 年 9 月 5 日	布拉迪斯拉发州	斯洛伐克	2003 年 11 月 10 日

续表

外方城市	国别	结好时间	外方城市	国别	结好时间
汉堡市	德国	1986 年 5 月 29 日	奥胡斯州	丹麦	2003 年 11 月 10 日
卡萨布兰卡市	摩洛哥	1986 年 9 月 8 日	科克市	爱尔兰	2005 年 5 月 19 日
马赛市	法国	1987 年 10 月 26 日	东爪哇省	印度尼西亚	2006 年 8 月 30 日
圣保罗市	巴西	1988 年 7 月 7 日	巴塞尔州	瑞士	2007 年 11 月 19 日
圣彼得堡市	俄罗斯	1988 年 12 月 15 日	罗纳－阿尔卑斯大区	法国	2008 年 5 月 21 日
昆士兰州	澳大利亚	1989 年 5 月 24 日	金边市	柬埔寨	2008 年 10 月 8 日
伊斯坦布尔市	土耳其	1989 年 10 月 23 日	大伦敦市	英国	2009 年 3 月 31 日
亚历山大省	埃及	1992 年 5 月 15 日	萨尔茨堡市	奥地利	2009 年 9 月 3 日
海法市	以色列	1993 年 6 月 21 日	魁北克省	加拿大	2011 年 9 月 2 日
釜山广域市	韩国	1993 年 8 月 24 日	枚方市	日本	1987 年 12 月 16 日
胡志明市	越南	1994 年 5 月 14 日	汉堡中区	德国	2007 年 6 月 21 日
维拉港市	瓦努阿图	1994 年 6 月 8 日	海法市海姆区	以色列	2009 年 11 月 26 日
达尼丁市	新西兰	1994 年 10 月 21 日	釜山广域市东莱区	韩国	2012 年 10 月 12 日
塔什干市	乌兹别克斯坦	1994 年 12 月 15 日	八尾市	日本	1986 年 9 月 13 日
波尔图市	葡萄牙	1995 年 4 月 15 日	豪拉基市	新西兰	2010 年 9 月 8 日
亚丁省	也门	1995 年 9 月 14 日	寝屋川市	日本	1994 年 5 月 12 日
温得和克市	纳米比亚	1995 年 11 月 1 日	库奥皮奥市	芬兰	2012 年 6 月 28 日
圣地亚哥市	古巴	1996 年 7 月 30 日	泉佐野市	日本	1994 年 10 月 21 日
罗萨里奥市	阿根廷	1997 年 6 月 17 日	奥卡汉贾市	纳米比亚	1998 年 12 月 16 日

资料来源:中国国际友好城市联合会官网。

(三)形象广告营销

良好的城市形象是一座城市巨大的无形资产,是城市核心竞争力的重要资源性要素。上海选择明星代言城市,并以他们为主角拍摄不同主题形象广告,将城市形象代言人和城市形象宣传片巧妙结合。

1. 城市形象代言人

形象代言人已经是市场促销的一种重要和有效的手段。而城市形象代言人往往代表着一座城市的文化沉淀和精神风貌，因此选择与城市形象相符的代言人至关重要。

2003 年，姚明成为上海市首位城市形象代言人；2005 年，奥运冠军刘翔成为第二位上海城市代言人，与姚明共同为上海代言；2007 年，上海市又启用我国著名钢琴演奏家朗朗担任城市形象代言人。象征上海"高度"的姚明，代表上海"速度"的刘翔和体现上海"气度"的朗朗，以他们独特的个人魅力和国际知名度，体现出上海"海纳百川、有容乃大"的又一崭新而气势恢宏的城市形象。

2. 城市形象宣传片

城市形象宣传片是人们认识、了解一个城市的重要窗口，其在城市品牌传播中的作用是不言而喻的。城市宣传片不在乎长短、更不在乎多少，重要的是到底要在其中展现一个城市的哪些东西，这与传播效果的好坏十分相关。

在上海的城市宣传片中，经济数字的不断刷新、商务楼宇的层次崛起、姚明的投篮，见证着上海的高度；不停歇的上班族脚步、快速点击的自动化设备、刘翔的飞奔，意味着上海的速度；多个大型会议的举行、腾飞的"世博号"彰显着上海的力度。无论是姚明的《无数个姚明，好一个上海》、刘翔的《上海速度、刷新梦想》，还是朗朗的《上海协奏曲》，所展示的无一不是一个形象、气质迥然于其他城市的现代化国际经济大都市——上海。

上海的城市形象宣传片主要是通过以下几种方式进行宣传：

（1）传统的电视广告宣传

电视广告是信息高度集中、高度浓缩的节目。电视广告兼有报纸、广播和电影的视听特色，以声、像、色兼备，听、视、读并举，生动活泼的特点成为最现代化也最引人注目的广告形式。在电视上做宣传城市形象的广告不仅会使城市发展速度加快，而且具有惊人的经济发展潜力。例如上海市的城市宣传片《姚明篇》，就是典型的在传统电视上播映的。

（2）户外广告

在公共场所竖立巨型广告牌这一古老方式历经千年的实践，表明其在传递信息、扩大影响方面的有效性。一块设立在黄金地段的巨型广告牌是任何想建立持久品牌形象的公司的必争之物。

美国纽约时代广场被称为世界的十字路口,是世界上刊登户外广告最佳的地段。据纽约当地媒体报道,每天有 50 万人路过这里,而每个路人平均抬头看三次。而时代广场二号楼又是时代广场中地理位置最好、最夺人眼球的地方。2011 年,上海城市形象宣传片《上海》亮相纽约时代广场二号楼的黄金位置,上海外滩、陆家嘴、新天地、苏州河等上海的地标性场景和上海市民意气风发的笑脸在世界上最繁华的地方交替出现。全片着重表现上海老百姓的真实工作和生活,向世界展示一个自信的上海、自信的中国。

(3)新兴的网络数字广告宣传片

网络广告优势与电视、报刊、广播三大传统媒体或各类户外媒体、杂志、直邮、黄页相比,网络媒体集以上各种媒体之大成,具有得天独厚的优势。

2007 版上海形象宣传片《上海协奏曲》在东方网、东方宽频、上海日报网、上海热线等网站都有视频点播和下载服务,文广传媒下属各电视台、东航班机影视节目及机场巴士移动电视上也播放了该片。《上海协奏曲》还亮相于英语新闻网站,一个月的时间里,网站访问量达 4462 次,下载量上千亿次。借助网络,该片还赢得了巴西、印度、伊朗和以色列等地的观众,随后陆续在新浪微博、TOM 博客以及土豆网、优酷网等播客媒体中出现,并迅速传遍各地,使国际人士了解到上海的魅力。

(4)上海形象宣传片在国际上的宣传

《上海协奏曲》播出后不仅获得了上海市民的喜爱,也受到了众多国际友人的赞赏。在日本"上海周"上,《上海协奏曲》作为日本上海电视周的开幕片播出,得到了各界人士的关注。该片还先后用于圣彼得堡"上海周"、短池世界杯游泳赛和女足世界杯的宣传工作,均获得好评。在第二届世界城市论坛、世界博物馆大会筹备会议上,《上海协奏曲》也被选作大会的介绍片。CNN 等国外电视媒体表示,《上海协奏曲》构思新颖、画面富有冲击力,他们有意与上海合作,将该片推向国际舞台,将充满活力和生机的上海形象介绍给更多国际观众。2012 年 5 月,新版上海城市形象片《上海,灵感之城》正式首映,在美国芝加哥和休斯敦电视台、网站和市区电子大屏幕上同步播放。

此外,上海市与美国休斯敦及芝加哥签署了"交换播映城市形象片"备忘录,按照对等的原则,协议双方在电子大屏幕和电视媒体等媒体渠道上进行两市形象片的交换播映。2012 年 8 月,休斯敦的旅游访问者中心电子大屏幕上出现外滩、陆家嘴、新天地等上海标志性地标的"身影"。同期,上海城市形象片还登陆了休斯敦市内的乔治布朗会议中心电子大屏幕、休斯敦政府公共电视频道以及两家休斯敦主流网站。外界对两座城市这一新型合作交流模式表示赞赏,有美国当地媒体和华文媒体称此举"开启了两市互动的新模式"。

城市形象片作为上海对外推广的"名片",将在中美之间架起一座文化交流与宣传的桥梁。相信随着上海城市形象片在美播出,会有更多美国民众进一步"走近"这个充满魅力的东方都市。

(四)媒体营销

上海在通过媒体渠道进行城市营销时,不仅运用了电影、微电影和网络等常见的营销媒体,并且独辟蹊径,以一种全新的形式——"纸上大片"来诠释"经典上海"。

1.电影营销

城市电影营销是一种传播载体的创新,城市营销从城市宣传片到城市电影营销,这是一种适时适地的必然趋势。

每一个故事都有发生的地点,每一部电影都有驻足的城市,每一个城市都应该有一部属于自己的电影。《罗马假日》的浪漫爱情故事让全世界观众爱上了罗马这座历史悠久的欧洲老城,《迷失东京》带我们游遍喧嚣繁华、光影流转的东方时尚之都;在中国,《少林寺》的亿万票房让河南登封的千年古刹少林寺名扬海内外,《庐山恋》将那个时代的爱情在庐山那片秀丽之境中永恒凝固,《非诚勿扰》成就了北海道也带来了"三亚热"和"北京热"……城市借助电影的影响力在世人面前华丽绽放。

上海风情一直是中外导演青睐的热门题材。早在1987年,好莱坞大导演斯皮尔伯格执导的《太阳帝国》就曾在上海取景拍摄;第九届上海国际电影节的开幕影片《伯爵夫人》全程在上海取景拍摄完成;2007年上映的《碟中谍3》选择陆家嘴中银大厦、东方明珠、金茂大厦等作为拍摄场景;2008年好莱坞大片《木乃伊3》则选取了老上海南京路作为重要拍摄场地;还有《人约黄昏》、《风月》、《海上花》、《阮玲玉》、《半生缘》、《上海伦巴》等,在著名导演的镜头下,展现了上海的无限魅力与风情。

20世纪30年代的上海固然有其值得影视作品追捧的独特魅力,高速发展中的现代上海更需银幕上的全新诠释。以独到视角梳理上海城市精神的脉络,从中发掘上海近代以来的历史与现实交集的内涵,塑造出属于上海的城市性格,上海必能成为电影创作中一座具有可持续发展潜力的"矿藏"。

2. 微电影营销

"微电影就像是舞台上的小品，它的特点是小而美，而优势则是同时满足了企业的品牌宣传需求与观众的娱乐休闲需求。"①微电影可以说是广告与电影之间的中间物，将广告与电影的核心优势融合在一起。微电影以情节制胜，又比普通的影视植入营销更加自然合理，可以比较轻松而自然地将信息融入情节当中。

微电影在传播上具有两点优势：一方面它是完全免费的，另一方面它可以很便利地进行转发。正因为这两点优势，微电影特别适合网络传播。免费可以最大范围地降低观看门槛，加之它小而美，以情节取胜，感兴趣的人们会运用各种网络渠道进行转发，形成几何式传播效果。

作为 2012 年上海国际电影节的重要组成部分，"爱上海"微电影旨在通过广泛发掘社会力量、尤其是年轻创作力量，提高国际社会对当今中国的认知。同时利用上海国际电影节在全世界的丰富资源，广泛传播上海城市精神。在这其中，以独特视角拍摄的"爱上海"微电影《天台》和《天平路小转》备受青睐。据悉，获奖的"爱上海"微电影将有机会到其他国际电影节参赛或者展映，让世界共同看到上海，感知上海。

无独有偶，作为 2012 年上海旅游节的创新项目，乐谷创意微电影行动在 9 月 28 日进行了展映。本次行动是黄浦区联手专业团队对微电影领域的一次积极探索，今后将以此为起点，逐步打造在全市甚至全国有影响力的微电影活动品牌。此次微电影展映用时尚的形式来诠释上海的无限魅力，完美展现文化、生活、旅游的精彩片段。

3. 纸上大片——"经典上海 1930～2010"

近年来，旅游植入电影的形式已屡见不鲜，"经典上海"另辟蹊径，首创"纸上大片"的概念，从视觉和文字呈现上，跳出普通旅游图书惯性思维，给游客全新感受。在图书的纸面媒介尝试书写上海的大片，以国际化的视野、跨媒体的传播，全力呈现中国第一本最值得期待的旅游"纸上大片"②。

"30 后"、"40 后"、"50 后"、"60 后"、"70 后"、"80 后"、"90 后"、"00 后"，每个时

---

①向北. 微电影营销来袭[J]. 广告主市场观察，2011(7).
②贾云峰. 上海城市营销又出一个奇招[EB/OL]. http://blog.sina.com.cn/s/blog_59b7078f0102dryb.html.

代的人都有自己的视角和需求。旅游市场需要细分,旅游对象也需要细分。以时间为经度,以人物故事为纬度,八本书,八个时代的名人与草根漫谈上海的1930～2010年整整80年的城市纵横,关注当下生活,关注不同时代游客的消费需求,共寻新的把握城市脉搏的旅游方式,联合成为"经典上海"的主题,整体、多元、立体地架构起游客心中完整的上海印象。

"经典上海"通过对上海1930～2010年的地理、历史、人文等全方位的梳理和演绎,打破国内旅游"看景点"的常规,推出多条"经典上海"深度旅游线路,以"发现上海文化,体验上海风情"为卖点,将老上海的摩登和新上海的时尚相结合;以动感潮流和隽永经典为基调,充分挖掘上海旅游中的本土文化特质。这种以游客时代细分的旅游书籍,不仅能产生极好的市场联动效应,也能维系各时代的人,使他们形成对上海的完整感受和旅游渴望。

4. 网络营销

网络营销是随着计算机通信技术的发展,尤其是互联网和数据库技术的发展而发展起来的。在城市营销中必须坚持以城市为核心。通过恰当的城市网络营销,可以有效地提高城市的知名度,充分利用各种资源,实现信息共享,有利于城市的发展。

(1)门户网站

上海拥有"上海热线"和"中国上海"两大门户网站。其中"中国上海"于2002年1月1日正式开通,现已形成以"中国上海"门户网站为标志,涵盖17个区县和近50个市政府部门的政府网站群。16个区县网站开设英文版,部分区县网站还设有日语、法语、西班牙语、韩语等版本;31个部门网站开设英文版或英文专栏。据统计,2011年,中国上海门户网站首页总访问量2468万次,比2010年增加22.23%;页面总访问量5.16亿次,比2010年增加14.9%。门户网站自开通以来,累计首页总访问量1.7亿次,累计页面总访问量24.66亿次。2011年,各子网站首页总访问量约2.08亿次,比2010年增加22.76%;页面总访问量36.3亿次,比2010年增加27.81%。[①]此外,还有上海体育、上海旅游网、上海旅游政务网、上海会议会展奖励旅游等众多子网站。

---

①资料来源:中国上海—政府信息公开—近期公开信息,http://www.shanghai.gov.cn/shanghai/node2314/node2319/node12344/u26ai31609.html。

（2）政务微博

2011年11月28日,由上海市人民政府新闻办公室实名认证的政务微博"上海发布"在腾讯网、新浪网、东方网、新民网同时上线,在短时间内就受到公众的热捧。在腾讯微博开通首日,"上海发布"粉丝数即达25万人,第一条微博得到12万名网友的转发和互动。以"上海发布"为主角的微博集群包含市、区、街道各级政府部门、公共服务机构和群众团体在内,在四大微博门户上政务集群约有400多家单位、近800个账号,总粉丝量超过1100万人次。[①]"上海发布"的内容覆盖了市民生活的各个方面,做到了及时、有效、细致、全面,是政务微博的利民典范。高速发展的微博问政,极大地促进了新媒体时代政府的转型,更加有利于政府形象的宣传。

（五）文化营销

在城市营销中,文化相较于物质力量发挥着软实力的作用,这种作用不只是影响力和传播力,更重要的是它的竞争力和渗透力对区域、国家和城市发展产生日益深厚的影响。

1.上海城市精神

在城市文明进程中,城市精神展现的是一座城市发展的生机。城市精神是一个城市的历史文化、建筑风格、市民文明程度、价值取向等的综合体,集中展现一座城市政治、经济和文化的精神面貌。

上海是一座拥有700多年历史的老城,特殊的政治、经济与文化的发展际遇,西方文化的输入和上海海派文化以及中国不同地域的文化之间的冲撞、认同、适应与互补,使上海糅合了古今中外文化的精粹,形成海纳百川、博采众长、包容大气的城市精神和文化氛围。在剑桥大学1998年出版的《上海:一个亚洲都市的革命与发展》中,克里斯托弗·豪尔写下了这样的话:"几乎所有关于中国重要生活面向的严肃分析最终都必须面对上海,面对上海在中国的特殊地位。"

上海在2003年率先提出建设"城市精神"的口号,并提出"海纳百川、追求卓越"的上海城市精神,其解释为:"海纳百川而服务全国,在艰苦奋斗中追求卓越。"2007年5月召开的上海市第九次党代会新增了"开明睿智"和"大气谦和"的表述,使上海城市精神最终的官方表述为十六个字:海纳百川、追求卓越、开明睿智、大气

---

①陈茜.政府微博的利民之处——以"上海发布"为例[J].新闻世界,2012(4).

谦和。这是在近代以来百余年的开放和发展史中逐渐形成的城市灵魂,是糅合了历史和现实、传统与现代的城市逻辑,是上海独特个性和魅力特质的充分展示。2010 年,上海世博会召开为上海抒写了一幅"成功、精彩、难忘"的新篇章,上海世博志愿者所实践的"奉献、友爱、互助、进步"的精神,为上海的城市精神注入了新的内涵,成为推动上海城市文化软实力建设的重要力量。

2. 中国文化年"上海周"

近年来,中国接二连三在世界各国成功举办诸如"中国文化年"等形式的各种对外交流活动。其中,"上海周"就是在"中国文化年"框架下的地方对外文化交流活动。地方的对外文化交流活动正是依托国家"文化年"的形式,充分展现地方的"软实力",促进地方上的文化建设,并带来文化交流效应和宣传效应。

(1)中法文化年——马赛、巴黎"上海周"

中法互办文化年活动从 2003 年 10 月开始至 2005 年 7 月结束,历时两年,跨越三个年度。2004 年,马赛"上海周"期间,"上海印象"多媒体展、"画中上海——世界画家看上海"、"2010 上海浦江之旅"虚拟馆、上海电影周、中国历代服饰展等具有浓郁上海特色的活动异彩纷呈,仅"新天地的故事——上海生活艺术"展示活动,前来观看的马赛市民达 6 万多人次;而巴黎"上海周",短短的两天时间就有 5 万多人次的法国市民与欧洲游客参与;还有里尔的"上海一条街",展示上海的民间艺术及特色产品。

(2)俄罗斯"中国年"——圣彼得堡"上海周"

2007 年是俄罗斯"中国年",也是上海与圣彼得堡结为友好城市 19 周年。俄罗斯"中国年·上海周"开幕暨"波罗的海明珠"商务中心落成仪式 6 月 10 日在圣彼得堡举行,通过"来自上海的问候"主题综合展、小电影"上海神奇之旅"三维虚拟展示等一系列丰富多彩的活动,全面介绍上海改革开放和现代化建设的新成就,充分展示上海的魅力与活力,让俄罗斯人民进一步认识上海、了解上海。

(3)意大利"中国文化年"——米兰"上海周"

2011 年是意大利"中国文化年",也是上海与米兰结为友好城市 32 周年,意大利"中国文化年米兰上海周"5 月在米兰开幕。作为第四十二届世博会的举办城市,让更多的米兰人对此次活动给予更多的关注。

"上海周"作为一项重大文化活动,是上海市文化形象的展示平台,是传递上海城市文化精神的重要载体。"上海周"以其特殊的影响力、多样化的表现形式,已成为宣传上海城市文化形象和文化精神的名片与窗口。通过"上海周"文化交流活动,让更多的人了解中国、了解上海,推动了上海城市的对外传播。

3. 其他

展示海派文化,彰显活力上海。由上海市人民政府新闻办公室主办的上海城市形象海外推广活动 2012 年 9 月分别在巴西和古巴举行。

当地时间 9 月 13 日晚上,"魅力上海——海派文化巴西行"活动在巴西艺术博物馆开幕,巴西各界人士 100 多人出席开幕式。开幕式中包含画展、非遗演出、图书赠送等活动,使巴西观众近距离接触中华文化,感受上海气息。当天同时开幕的还有"中外艺术家画上海"画展,展出 40 幅以上海为主题的优秀画作。开幕式,上海剪纸、面塑、顾绣艺术家当场展示,受到巴西观众的热烈追捧。

当地时间 9 月 17 日,"上海之窗"中国图书海外赠送活动在古巴何塞·马蒂国家图书馆举行,这标志着上海图书馆对外交流已成为海外推介活动的新形式。

(六)体验营销

在 21 世纪,人类社会已经步入了体验经济的新时代。与此相应,体验式营销得以在世界范围内迅速兴起并广泛传播。所谓体验营销,就是指以客户为中心、以产品为道具、以服务为舞台、以满足消费者的心理与精神需求为出发点,通过对事件、情景的安排以及特定体验过程的设计,让客户在体验中产生美妙而深刻的印象或体验,获得最大程度上的精神满足的过程。[①] 简而言之,就是以顾客需求为导向,为目标顾客提供超过平均价值的较高价值的服务。

超级多媒体梦幻剧"ERA——时空之旅"自 2005 年 9 月 27 日首演以来,天天演出,获得了海内外观众的一致认可,已经成为上海城市的旅游新景观、文化新名片,成为上海标志性文化演出。与姚明的"高度"和刘翔的"速度"相比,时空之旅展现的是上海适应性强、百折不挠的"韧度"。截至 2012 年 9 月 26 日,该剧已在上海连续演出 2764 场,良好的口碑引来中外观众 280 万人次,其中 70% 为外国观众,票房收入过亿元。《时空之旅》采用"复制版权、管理输出"的创新模式,于 2011 年、2012 年走出上海,先后被复制到河南信阳和四川都江堰,并获得成功。据悉,2011年底,《时空之旅》与中国台湾的演艺机构洽谈赴台演出事宜,并计划赴美巡演。7年来,《时空之旅》完成了文化商品和品牌输出的华丽转身,使中国的优秀演艺作品

---

① 刘梅.运用体验营销提升品牌竞争力[J].现代商业,2011(6).

拥有了自己的品牌标签。

2009年11月4日,上海市人民政府新闻办公室授权宣布:上海迪士尼项目申请报告已获国家有关部门核准。经过十多年的期盼,上海终于等来了迄今国内最大的外商投资娱乐项目。一份来自政府部门的研究报告显示,以每年3000万和游客数量计算,其全年的门票销售近60亿元。按照以往的迪士尼产业链效应,1元钱的门票将拉动8元钱的消费,也就是说,单计算食、住、行、游、购、娱等最基本的游客消费,迪士尼每年带来的服务业产值将达到480亿元,上海旅游、酒店、餐饮、观光、交通等产业将由此直接受益。[①]

此外,上海还拥有新老游乐场——锦江乐园和上海欢乐谷,每年吸引大量上海市民和国内外游客前来体验。

二、上海城市营销手段评价

上海市经过多年的城市营销实践,成效显著,并积累了丰富的经验,但在网络营销和城市品牌定位等方面还略有不足。

(一)上海营销实践总结

2001年APEC会议使上海成为了全世界的焦点,2002年上海获得2010年世博会的举办权,并且在2003～2010年,上海每年耗费数亿元用于城市推广。2004年9月,上海举办F1大赛;全球最有名的两大主题公园环球影视城和迪斯尼乐园纷纷落户上海;上海还拥有绝佳的形象代言人。上海在城市公关上比国内其他城市更具超前意识,堪称国内城市营销的典范。

《中国城市营销发展报告(2009～2010):通往和谐与繁荣》[②]中对中国城市营销指数(CMI)的研究结果显示,上海城市营销指数排名位居第二,仅次于首都北京。其中,城市品牌强度指数排名第四;在城市营销力度指数的构成中,上海的城

---

①金融界,http://finance.jrj.com.cn/2009/11/0503416400029.shtml.

②刘彦平.中国城市营销发展报告(2009～2010):通往和谐与繁荣[M].北京:中国社会科学出版社,2009.

市营销沟通指数与城市营销绩效指数以显著优势领跑全国;城市营销建设指数名列第二;城市网络营销指数排名第三。上海在城市营销力度方面的排名虽居第二,但如果考虑其对周边城市群的影响力,其城市营销力度的后劲不亚于北京。

进一步分析上述数据可以发现,上海在城市营销沟通与城市营销效益方面的突出成绩,很大程度上得益于上海作为国际商业、金融中心,在本地媒体、节庆会展、投资出口、旅游规模等方面所具有的得天独厚的区位优势,也体现了上海成熟的对外交流合作以及卓有成效的城市形象全球推广。

在内部建设方面,上海通过完善的基础设施建设打造了良好的城市生活环境,为城市形象建设提供了坚实的经济社会基础。

(二)上海城市营销不足之处

1. 网络营销力度不足

上海有"中国上海"、"上海热线"两大门户网站及众多子网站,在网站设计和网络沟通方面表现突出,在网络形象展示方面也表现不错,但在网站互动和网站功能方面表现却不尽如人意,这与上海这样一个国际化大都市不相符。因此,上海有必要开展城市网络营销,对城市门户网站的网站功能和网站互动加以重视和改善。

2. 城市品牌定位不明确

上海有着优越的经济条件。作为长三角都市圈的经济龙头以及国际化大都市,上海有着明确的功能定位——国际经济、金融、贸易、航运中心,但是上海还未提出明确的城市形象以及城市品牌定位。

城市品牌从某种意义上说表达着城市对未来发展的期望和目标,城市品牌在无形中能够引起人们意识、观念和思维方式的变化,从而使他们成为城市潜在的受众,并为城市带来信誉和声望,同时还可以提升市民的自豪感、认同感,从而增强各界对城市发展的信心,吸引投资、人才、旅游者,提升城市的国际关注度,进而促进城市的旅游发展和经济结构调整,巩固城市在国际市场中的地位。例如著名城市纽约一直以"大苹果"自称,这不仅仅是一个别称,还反映了它作为全球经济中心强烈的自信和生命力。同样的例子还有洛杉矶的"大橘子"、旧金山的"黄金之都"、达拉斯的"牛仔城"、休斯敦的"太空城"、芝加哥的"会议之城"、中国香港的"亚洲国际都会"、"非常新加坡"和波士顿的"自由摇篮"等。相比来说,上海由于受历史积淀、发展变革等多种因素的影响,虽然在20世纪有"东方巴黎"、"东方明珠"的美誉,又是中国的经济中心和金融中心,但从国际视野来看,上海并没有形成一个强度、认可度比较高的城市品牌。

此外,上海的品牌规划与管理也与部分城市(如杭州、北京、成都等)存在一定差距,体现了在全球一体化的浪潮下,上海作为国际化大都市在自身定位与特色方面存在有待挖掘的空间,应通过资源整合,运用更为系统化的品牌规划管理输出统一的上海城市形象符号。总体上说,上海的城市形象建设与营销的关键在于如何准确把握自身特色和定位,在持续的对外交流沟通中发掘城市优势,并设法将优势转化为受众的认知。

三、上海城市营销未来发展建议

总体来看,上海的城市营销尚未达到战略性的城市营销水平。例如,缺乏统一的城市营销协调和领导机构,使其他各项城市营销战略规划工作难以启动和展开,这是上海城市营销工作中存在的最大瓶颈;现有的组织机构对上海的城市营销做了大量的工作,但大多数是在不自觉的状态下完成的,城市营销主体意识不强;上海城市品牌亟待进行专业化的设计和规划,进而为未来的城市发展提供强大的城市形象支撑[1]。为此,上海今后的城市营销工作可以从以下几个方面进一步改善。

(一)建立统一的城市营销协调和领导机构

统一的城市营销协调和领导机构,有利于提升城市营销的战略高度和专业化路径。可以由上海市政府牵头,设立一个统一的城市营销协调和领导机构,作为上海城市营销的规划和管理机构。该领导机构的成员由公共部门、社会中介组织、私人部门的代表共同组成。在该领导机构成立后,上海所有公共部门和社会中介组织,其涉及城市形象和城市营销的计划和推广方案,应提交该机构进行战略方向的审议,以及与其他部门及机构的营销方案进行呼应、协同及整合角度的审议。

---

[1]何珍.城市营销研究——以上海世博会为例[D].华东政法大学博士学位论文,2011.

(二)强化城市营销主体营销意识

树立公共部门和组织的顾客需求的意识、市场导向的意识和市场营销的观念，提升其城市营销的战略规划能力、组织协调能力是上海城市营销成功的关键因素之一。上海公共部门和组织，要站在城市整体的角度深入把握城市顾客的行为特征，将政策制定建立在对市场的深入了解上，以营销理念建设和管理城市。因此，上海城市营销主体应转变旧有的错误观念，加快树立城市营销的意识，通过确立并推行相应的、合理的城市理念，积极有效地引导城市企业、社会组织和市民等城市营销参与主体，并调动他们的积极性和创造性，以合力来促进城市的发展，实现城市营销的效率最优化。

(三)设计和规范城市品牌

城市品牌化作为一种专业化的城市形象管理手段，表现为城市对自我期望形象的规划、设计和管理，是一种主动的创制和安排。良好的城市形象是吸引游客、投资者、企业及人才的重要条件，也是市民荣誉感和归属感的源泉。启动专业化的城市品牌建设，必须有规范的品牌设计和规划。因此，上海在实施城市品牌策略的过程中，可以通过组建而业的跨国品牌顾问团，开展全国性的调查研究，准确进行城市定位，提炼城市品牌核心，并在此基础上设计城市形象，这样既能保证城市形象与上海城市的特点吻合，又能使城市形象很容易为国内外公众所接受。

(四)注重城市体验营销——发展影视体验旅游

在当代，体验已经逐渐成为继农业经济、工业经济和服务经济之后的一种经济形态。随着经济的发展、消费水平的提高，越来越多的消费者渴望得到体验。体验经济给城市经营者的启示：非物质产品比物质产品的价值更高，升值空间更大。一个国际化的都市，必须更多地关注文化、娱乐和格调。亚里士多德有句名言，"人们为了生活，集聚于城市；为了生活得更好，居留于城市"。21世纪，成功的城市将是快乐最多的城市，是生活最有滋味的城市。营销城市必须学会创造丰富的、令人动心的城市体验。

上海是一个缺少名山大川铺垫和悠久历史文化积淀的城市，近年来城市景观建设多依靠高技术手段,如 2008 年在东方明珠和金茂大厦的旁边建成的上海环球金融中心。尽管如此,上海都市旅游的发展还是遭遇了瓶颈:一方面中心城区继续打造优势景观的空间余地有限,另一方面都市外围的人造景观效益低下。在这样的情况下,影视体验旅游可以丰富上海都市旅游的内容,增强其竞争力。

近年来,"跟着电影/电视去旅游"已经成为国内外悄然兴起的时尚。与此同时,许多城市巧借热播影视作品对旅游外景地进行全方位的宣传,获得了巨大的经济收益。

上海是中国电影业的发祥地,上海老电影泛着历史的光芒,是老上海的符号之一。车墩影视基地最大的特色是十里洋场的老上海风情,而松江影视基地从来不对游客开放,能强烈地激发游客的好奇心,具有极大的开发潜力。上海还有众多影视乐园和剧院,凝聚着上海电影的历史和精华。另外,备受瞩目的迪士尼乐园已经正式宣布落户上海,这有利于上海影视实现传统和现代的结合。传统的上海影视吸引的是中老年群体,而像迪士尼这样的"洋影视"吸引的则是年轻群体。无论从传统还是从现代的角度讲,上海的影视旅游资源在中国都是独具特色的,上海应当利用自己的优势率先争夺中国的影视旅游市场。

因此,上海市政府应采取措施开发影视旅游:第一,加大对影视旅游的政策扶持力度,出台促进影视业发展的优惠政策;大力支持上海国际电影节的承办,借此机会吸引国内外游客踏足上海。第二,加大力度宣传影视拍摄地,上海是很多热播大片的选址之地,要抓住这种宣传机会,积极宣传热播影视拍摄基地,增强其旅游吸引力,提高上海的旅游竞争力。第三,《乔家大院》成功地宣传了晋商文化,吸引了众多的旅游者前去参观,上海也可以借助影视的老上海风情来宣传上海的海派文化。第四,上海可以凭借中老年人对上海电影的追忆设计影视旅游产品——"重拾旧梦",吸引老年人前往上海,并在上海老电影中寻找旧时的情怀。随着老龄化社会的到来,中国的"银发旅游市场"潜力巨大,上海要根据自己的特色,借助老年人对上海电影的那份独有的情怀开发中国的银发旅游市场[①]。

总之,上海要充分利用影视作品的影响来提高旅游目的地的知名度,巧借影视作品的宣传之势率先争夺中国的影视旅游市场,进而推动上海旅游和经济的发展。

①乔小燕,李文静.上海影视旅游发展初探[J].商场现代化,2010(8).

第二章　重庆营销
——尽显山城倾国容

在联合国大厅的世界地图上,中国区域内只标出了四个城市,其中之一就是重庆。千百年来,这座历史文化名城吐纳万物,经久不衰。它是古代重要的军事要塞和商贸中心,它也是民国作为战略要地的"陪都",它还是当代中国最年轻的直辖市,一座正在以雄起的姿态而受世人注目的山水之都。

2011 年国务院批复了《成渝经济区区域规划》,把重庆定位成国际大都市。重庆的发展日新月异,蒸蒸日上。在现代营销理念的引导和打造下,山峦叠嶂、两江环抱的重庆将会不断加强凝聚力和辐射力,一展不凡的魅力。

一、重庆城市营销手段分析

重庆在塑造和传播城市形象、打造城市品牌的过程中,采用了丰富的营销手段,其中除了惯用的常见方法外,重庆也结合自身的城市特质,开拓出新的路子。总结起来,重庆主要采用了节事营销、形象营销、关系营销、传媒营销、体验营销、文化营销和主题营销七种手段。

(一)节事营销

节事营销作为一种新型的营销手段,在国内外发展十分迅速。它既可以促进地方经济的发展,又有助于塑造地区形象,成为地方政府进行区域营销的新思路。自 20 世纪 90 年代以来,特别是 1997 年重庆成为直辖市以来,节事活动蓬勃发展,其数量已达 500 多个,大大推进了重庆经济社会的发展,提升了重庆的知名度和影响力。历年来,重庆承办了多种国内外会议、会展和体育赛事,也举办了丰富多样的地方节事活动。

1. 国际会议

德国慕尼黑展览公司总裁门图特先生说过:"如果在一个城市开一次国际会议,就好比有一架飞机在城市上空撒钱。"重庆一直致力于扩大召开国际会议的数量和规模,跻身于国际大都市之列。

2002 年 4 月 16～19 日,重庆举办了亚洲议会和平协会(AAPP)第三届年会,重庆以它的活力和热情吸引了各国来宾的眼球。重庆山城、江城和不夜城的美丽形象令各国来宾饱览无遗,传统的文化表演和现代工业生产线也让人应接不暇。通过承办 AAPP 这样的大型国际会议,重庆不仅大大提升了其会展实力,也为旅游业创收做出了贡献,2002 年旅游人数达 4665 万人次,同比增长 17.2%;旅游收入 219.6 亿元,同比增长 23.7%[①]。

AAPP 之后,重庆在 2005 年 10 月 11～14 日召开了第五届亚太城市市长峰会(APCS)。会议开幕式于 12 日在重庆国际会展中心举行。这次会议吸引了 41 个国家和地区,124 个城市的 932 名中外代表,以及 9 个国际机构和 255 家中外企业界的高层人士。峰会促进了重庆城市建设,投资额约 70 亿元的 56 项重点工程和 77 个配套项目因此而展开。会议进一步打开了重庆通往世界的大门,澳大利亚的布里斯班、伊朗的设拉子和埃及的阿斯旺都与重庆签下了"友谊之约"。会议期间,重庆的国际友好城市增至 12 个。

2012 年 5 月 11 日,重庆举行了"重庆—芬兰经贸合作暨清洁技术与绿色城市发展研讨会"。通过这次会议,中芬双方不仅对清洁生产和绿色城市建设进行了探讨,众多芬兰企业家也看到了重庆的活力和潜力。这对吸引国际经贸投资与合作产生了重要作用。

2. 国内会议

1989 年,重庆举办了第一届商品展销会,有 18 个市、地、州的 500 多家企业,2000 多名展商参加了这项会议,签约额达到 3.6 亿元[②]。

---

①资料来源:重庆统计年鉴(2003)。

②王欣.基于体验经济视角下的重庆会展品牌定位研究[D].重庆大学硕士学位论文,2008.

　　进入20世纪90年代之后,重庆的会展业逐渐兴起,发展初具成果。1999年,"一会一节"(首届中国重庆投资贸易洽谈会和第四届中国重庆三峡国际旅游节)成功举办,共签订163个项目,协议外资达11.8亿美元。每年的"一会一节"不仅展示出了重庆与日俱新的城市形象,也树立了全社会对外开放的意识、改善了重庆投资环境,极大推动重庆经济社会发展。

　　2005年以后,重庆的会展业加快了发展步伐,建成了四大主要展览场馆。先后承办了全国药交会、全国糖酒会和全国书市等大型展会,并且自主创立了中国国际摩托车博览会、渝洽会、高交会、中国(重庆)老年产业博览会、中国(重庆)农产品交易会和重庆市花卉博览会。2006年重庆还成功举办了"三会"(第九十八届中国日用百货商品交易会、第二届中国重庆火锅美食文化节、第八届重庆美容美发化妆品博览会)。近年,重庆也举办或承办了多次会展,表3-1为2011年和2012年在重庆国际会议展览中心召开的主要会展。这些大型会展在为重庆拉动巨大经济创收的同时,有力地推动了重庆的城市营销。

表 3-1　2011 年及 2012 年重庆国际会议展览中心主要会展

2011 年		2012 年	
时间	名称	时间	名称
3 月 10～12 日	中国西部建筑电子与智能建筑技术展览会暨城市与建筑 LED 照明展览会	1 月 5～8 日	2012 年中国西部国际农产品交易会
3 月 31～3 日	第五届中国重庆国际绿色低碳城市建设与建设成果博览会	3 月 2～4 日	2012 年春季婚博会
5 月 19～22 日	第十四届中国重庆国际投资暨全球采购会(渝洽会)	3 月 10～11 日	2012 年重庆春季车展(匡形)
5 月 27～29 日	第十三届中国汽车用品展暨改装汽车展览会	3 月 16～18 日	第十一届中国西部国际广告与传媒博览会及第七届重庆国际 LED 及城市景观照明展
6 月 9～13 日	2011 年第十三届中国重庆国际汽车工业展	3 月 19～21 日	中国重庆国际云计算博览会
6 月 17～19 日	第二届中国西部旅游产业博览会	4 月 12～15 日	第十届高交会

续表

2011 年		2012 年	
时间	名称	时间	名称
6 月 24～28 日	中国国际租赁高峰会	5 月 17～20 日	2012 年渝洽会
7 月 4～6 日	2011 年第三届中国重庆国际食品加工及包装设备展览会	6 月 6～11 日	2012 年第十四届中国重庆国际汽车工业展
7 月 14～17 日	中国重庆国际茶文化博览会	7 月 6～8 日	第三届房地产博览会
8 月 11～14 日	中国婚庆文化节暨第六届婚礼博览会	8 月 30～9 月 1 日	2012 年中国重庆国际汽车制造技术暨零部件展览会
9 月 9～11 日	2011 年中国西部糖酒商品博览会	9 月 7～9 日	2012 年中国西部糖酒商品博览会
10 月 13～16 日	2011 年中国重庆国际摩托车展览会	10 月 11～14 日	第十一届中国国际摩托车博览会
11 月 17～20 日	2011 年台湾名品博览会	11 月 15～19 日	2012 年中国汽车博览会
12 月 3～10 日	第四届万石博览会	12 月 18～23 日	第八届中国重庆国际服装节

资料来源：根据重庆国际会议展览中心官方网站资料整理而成,http://www.cqcec.com/? p＝3118,http://www.cqcec.com/? p＝3214。

3. 体育赛事

利用体育事件来营销城市在国内外许多城市已经屡见不鲜,如伦敦举办 2012 年第三十届奥运会,北京举办了 2008 年第二十九届奥运会,广州举办了 2010 年第十六届亚运会,等等。这些城市都因举办体育赛事而产生了短时间的"集聚效应",让城市迅速得到高密度的传播和关注,并且在赛后蕴藏了极大的经济效应。重庆相对来说是一座信息较为闭塞的内陆城市,在利用体育赛事来营销城市方面意识还不够,经验也不足。但是重庆不仅因"健康重庆"的建设而具有体育营销的政治优势,还有很大的经济优势,2010 年重庆 CPI 比 2009 年同比上涨 3.2%,城镇人均可支配收入 17532 元,同比增长 11.3％,居西部地区第二位[1]。重庆已逐步强化了体育事件营销的理念,也通过举办一些赛事来提高城市知名度。

2002 年 5 月,重庆举办了中国重庆酉阳国际攀岩挑战赛,这是我国首次举办高水平的国际室外攀岩比赛。赛事代表队分别来自美国、俄罗斯、日本、韩国、新加坡、马来西亚、菲律宾和中国等多个国家。这次比赛的主题是"回归自然、挑战极限",并且将比赛地选为酉阳县秀美的龚滩古镇,选手攀爬的山岩下就是壮美的乌江,赛后还有民俗表演等文化活动,这使得比赛既有竞技性又有观赏性。

2005 年 10 月,重庆举办了中国重庆武隆"太极杯"国际山地户外挑战赛。这项体育赛事的举办充分表现出了主办方的营销思路。主办方将比赛时间定于国庆黄金周时期,并将其纳入三峡国际旅游节的活动体系当中,在宣传时还借助 2005年重庆亚太市长峰会的势头,为重庆特别是武隆地区吸引来了大量游客,起到非常好的营销效果。

此外,重庆还分别于 2003 年、2007 年、2010 年和 2012 年举办了四届重庆市运动会;2008 年,重庆获得了东亚联盟的全票通过,成功举办了第七届东亚足球锦标赛,这是东亚足球的最高赛事;2011 年,一场西部地区唯一的国家级全程马拉松赛事让主办城市重庆吸引到世界各地 1.2 万[2]多名运动员的参与,成为"健康重庆"的标志之一。数量与年增加的体育赛事证明了重庆的体育营销具有显著的宣传效应。这与重庆市历年来不断增加体育经费投入来发展体育产业无不相关。

4. 节庆活动

近些年,重庆市及其各区县凭借丰富的自然和人文资源举办了数量可观的节庆活动。这些节庆活动形式不一、内容多样,将一个富有魅力和吸引力的重庆展示给了外界。

重庆三峡国际旅游节是重庆依托自然资源打造的节庆中最有代表的一个。它创办于 1993 年,已成功举办了十余届。作为重庆知名度最高、影响力最大的节庆,重庆三峡国际旅游节促进了重庆经济社会各个领域的发展,也加深了国内外旅游业的交流与合作。截至 2009 年,三峡景区游客接待量年均增幅为 15.5％,特别是三峡成库之后,游客年均增幅高达 28.4％,极大地带动了三峡库区 GDP 的增长。此外,还有重庆森林旅游节、永川国际茶竹文化节、巫山红叶节、重庆巴南温泉旅游

---

[1]资料来源:http://www.chinadaily.com.cn/dfpd/chongqing/2011-01-28/content_1674511.html。

[2]资料来源:http://cq.ifeng.com/zhongqingxinwen/detail_2011_03/20/10501_0.shtml。

文化节等重要的自然资源型节庆活动。

重庆是一座历史传统悠久、文化底蕴深厚的城市,具有非常充足的人文资源,依托其人文资源而创办的节庆也是不胜枚举的。重庆火锅美食文化节可谓是其中人气最旺的,历届规模和参与人数渐增。在火锅美食文化节期间,人们不仅可以品尝到独具重庆地方特色的火锅,百余种国内外其他地方的美食也会现身节庆现场。多届火锅美食文化节采用了数万人同桌同食的形式,热闹至极。除此以外,重庆文化艺术节、西部动漫文化节、磁器口春节庙会和码头文化节等节事活动也以其独特的内涵和形式为重庆节庆品牌的打造添砖加瓦。

(二)形象营销

在城市化步伐不断加快的今天,许多城市已经意识到城市形象对于打造城市品牌、提升城市竞争力具有重要的作用,纷纷打出形象营销牌。比如,香港聘请著名设计师为其设计了"动感之都"的城市形象,厦门将城市形象定位为"海湾型城市",大连把自身形象定义为"最佳生活地",等等。重庆在城市形象的设计和推广方面也做了许多工作。

1. 城市形象设计

好的城市形象不仅可以给人带来美的感受,还便于人们直接、快速地了解城市特征与内涵,第一时间吸引游客的眼球。重庆不仅设计了城市标志、建筑形象和自然风貌,还突破性地对城市色彩做了细致的设计工作。

(1)城市标志

2004 年 2 月 17 日,重庆市人民政府联合媒体举办了"创意重庆——城市形象设计国际论坛",重庆市政府还特别邀请了北京申奥标志评审靳埭强先生、美国设计专家杰克逊·波茨先生、上海世博标志评审韩秉华、影视制作专家范冬阳先生以及城市营销学者倪鹏飞等参加了论坛。

2004 年 9 月,市政府基于市民投票,采用了"人人重庆"作为重庆城市形象标志(见图 3—1)。设计者将两个"人"字重叠,构成一个"庆"字图案,这样凸显了"双重喜庆"的主题。这一标志图案蕴涵了"以人为本"的精神理念,也传递了"人人携手共进,建设重庆"的含义。

图 3—1　重庆形象标志

　　重庆美术工作者蔡跃宏先生熟谙重庆文化,他将重庆 40 个区县的地理位置巧妙相连,设计出了一种"火凤凰"的图案(见图 3—2)。这一图案反映出了重庆的地理特征和历史文化,更重要的是它折射出了重庆及重庆人"火热"的品质与精神。这一标志以其强识别性和传播性,以及丰富的内涵而受到众多好评。

图 3—2　"火凤凰"图案

　　(2)城市建设
　　为了打造重庆国际化的都市形象,重庆一直致力于丰富城市建筑风格,建造现代化楼群。拥有恢宏古风外貌的重庆人民大礼堂、夺人眼球的金色双子峰喜来登酒店等多座商务楼、星级酒店和博物馆,甚至是重庆相较于其他内陆城市所特有的码头这样的建筑都充分展现了重庆滨江都市的形象,给游客留下深刻的印象。重庆还评选出了最具代表性的十大地标性建设项目,分别是解放碑、人民大礼堂、纽约·纽约大厦、轻轨、三峡博物馆、鹅公岩大桥、国际会展中心、世贸中心、奥林匹克运动中心和未来国际大厦。它们既体现了重庆的传统文化内涵,又体现了现代都市的繁荣。

重庆是一座山水之城,在建设现代文明的同时,重庆也不忘保护城市的自然形态,楼群建设力争依山傍水而建,不破坏原有地貌。这使得重庆的交通建设非常有立体感,比如洪崖洞的电梯连接了山上山下两条街道,比如重庆多处轻轨、街道和桥梁垂直排列,重庆的跨江索道连接了两岸,等等,可谓水陆空层次感十足。

(3)城市色彩

重庆在新的城市规划中加入了对城市色彩的设计环节。设计者考虑了重庆的产业分布和人文特色,将"暖灰"作为主色,其中以渝中半岛东部为中心,以两江为界,中心为橙黄灰,东部片区为浅谷黄灰,东南片区为浅豆沙灰,西部片区为浅砖红灰,内环高速色彩内浓外淡。这样的色彩分布彰显了重庆的性格,昭示了重庆在发展之路上的累累收获。

2. 重庆城市形象推广

(1)宣传片

拍摄城市宣传片是一种常见的、富有表现力的推广手段,国内外许多城市都通过拍摄宣传片来让外界认识、接受并传播城市形象。重庆市政府历年来也多次拍摄宣传片或广告片来推介城市形象。1999年,重庆推出了第一部城市宣传片《无限的重庆》,后在2007年重庆成为直辖市10周年之际,重庆市政府出资拍摄了广告片《奇迹》和《美不胜收》以及专题片《梦想之都》。宣传片跨越时代,把重庆不同时期的变革、不同层面的人文景象、不同角度的民生百态表现得淋漓尽致。画面色彩绚丽诱人,内涵丰富。山城景观、火锅文化、亭台阁楼、龙舟与茶艺……让人流连忘返。之后的2009年、2010年重庆相继推出了城市宣传片,博得好评。

(2)形象代言人

名人效应可以让大众更快、更容易地接受城市形象。重庆在2009年举办了"中国重庆城市形象代言人评选活动"。古力和李云迪成为最终评选出的城市形象代言人,另外,还有历华、张迈、田亮等18位名人成为重庆城市形象推广大使。这些代言人和大使的人物气质与重庆的城市形象相符，体现了"人人共享"的城市精神，成为重庆的城市符号之一。

（3）旅游形象口号

重庆还采用了设计旅游形象口号这样的城市形象推广手段。2000年6月，重庆借三峡国际旅游节提出了"永远的三峡，世界的重庆"；2005年，借亚太市长峰会提出了"奇迹之城，梦幻之都"；2008年6月，重庆市政府提出了"壮丽三峡，激情重庆"；特别是在2011年2月，重庆提出的"重庆，非去不可"的旅游宣传口号一夜之间广为流传，重庆人用火一样的热情向世界发出了邀请。

（4）"十个一"工程

重庆市旅游局在2009年还推出了重庆旅游形象宣传的"十个一"工程，其中包括：一个标识（"人人重庆"）、一句口号（"激情重庆"）、一幅地图（《重庆旅游地图》）、一本画册（名为《激情重庆》的旅游画册）、一首歌曲（《太阳出来喜洋洋》）、一张光碟（名为"激情重庆"的光碟）、一台演出（歌舞剧《渝·美人》）、一份报刊（《旅游新报》）、一套丛书（《重庆旅游全攻略》）和一家网站（重庆旅游网）。"十个一"工程相关的报刊书籍都投放到出租车、公交、轻轨、飞机、游船等交通工具和高星级酒店客房中供人们阅览，甚至在旅游车辆的座椅套上都印有"十个一"工程的相关内容。可以说"十个一"工程对重庆城市形象的推广作用是颇为显著的。

（5）"幸福重庆号"

2012年是重庆成为直辖市的15周年，重庆市委宣传部、市委外宣办等多个机构联手设计推出了"幸福重庆号"彩绘飞机。飞机机身上绘有设计师苏志怀的设计作品图案《弥漫的幸福》，图案由重庆市花山茶花构成。这架飞机将飞往北京、上海、广州、深圳等城市，通过一系列的推广活动来营销重庆的城市形象。"幸福重庆号"是重庆第一个"蓝天名片"，将会把一个幸福的重庆形象从万里高空带到世界的其他各地。

（三）关系营销

与我国的很多其他城市一样，重庆作为中国国际友好城市联合会的一员，一直秉承着与多国城市开展交流合作共谋发展的原则，从20世纪80年代起，已与21个国外城市缔结了友好关系（见表3—2）。这在促进双边发展的同时，也让更多的国际友人认识和了解了重庆。

表3－2　与重庆缔结友好关系的城市

城市	国别	结好时间	城市	国别	结好时间
图卢兹市	法国	1982 年 12 月 10 日	沃罗涅日市	俄罗斯	1993 年 10 月 20 日
西雅图市	美国	1983 年 6 月 03 日	扎波罗热州	乌克兰	2002 年 4 月 25 日
多伦多市	加拿大	1986 年 3 月 28 日	普马兰加省	南非	2002 年 10 月 18 日
广岛市	日本	1986 年 10 月 23 日	杜塞尔多夫市	德国	2004 年 7 月－22 日
莱斯特市	英国	1993 年 10 月 11 日	布里斯班市	澳大利亚	2005 年 10 月 11 日
设拉子市	伊朗	2005 年 10 月 19 日	阿斯旺省	埃及	2005 年 10 月 19 日
都城市	日本	1999 年 11 月 18 日	维也纳市	奥地利	2004 年 9 月 30 日
热尔省	法国	1988 年 12 月 21 日	切尔卡塞市	乌克兰	2003 年 11 月 10 日
弗拉基米尔市	俄罗斯	2004 年 11 月 13 日	清迈府	泰国	2008 年 9 月 19 日
科尔多瓦省	阿根廷	2010 年 5 月 8 日	曼谷	泰国	2011 年 9 月 26 日
安特卫普	比利时	2011 年 10 月 26 日	新莱昂州	墨西哥	2012 年 7 月 26 日
巴伊亚州	巴西	2012 年 7 月 26 日			

资料来源:重庆市政府网,http://www.cq.gov.cn。

(四)传媒营销

传媒营销是一种媒体组织在传媒市场或组织内部使用传播媒介来使消费者接受传媒产品或服务的营销手段[①]。把城市形象作为传媒产品,并通过传媒营销渠道传递给大众是一种直接和快捷的方式,易于人们接受。重庆市旅游局特别成立了重庆旅游文化传媒集团做重庆旅游与文化的宣传和推广工作。重庆所使用的传媒营销手段主要体现在以下四个方面:

1.影视营销

影视无疑是一种覆盖面广、传播力度大的传媒手段。将城市形象通过影视作品推广到更多人的生活中是一种非常有效的营销手段。影视手段可以为城市带来极好的经济效益和社会效益,尤其是体现在旅游行业。比如,20 世纪 90 年代的《水浒传》和《三国演义》等剧,它们在无锡的拍摄吸引了大量的游客前去拍摄地游

[①]朱春阳.传媒营销管理[M].广州:南方日报出版社,2004.

览,带动了当地旅游业的发展。重庆以其独特的政治地位和极为丰富的资源,成为了众多影视人的作品素材来源地。

在抗日战争中,重庆成为了战时的陪都。由于中国电影制片厂和中央摄影电影厂迁入重庆,重庆成为了大后方的电影中心。一系列产生于抗战年代的电影如《八千里路与云》、《一江春水向东流》、《东亚之光》、《长空万里》和《火的洗礼》等都反映了当时重庆的城市和民生形象,弘扬了爱国主义精神,也有《在烈火中永生》、《报童》、《江姐》和《重庆谈判》等电影展示了新中国成立初期重庆的革命形象。今天已经成为旅游景点的白公馆、渣滓洞和周公馆等地都出现在了这些影片里。

重庆成为直辖市以后,特别是进入 21 世纪以后,影视行业蓬勃发展。除了继续出现的如《重庆谍战》、《雾都魅影》、《纸醉金迷》和《周恩来在重庆》这样的以陪都时期的重庆为背景的影片以外,更多的影片反映了重庆现代都市的风貌,比较著名的有《生活秀》、《疯狂的石头》、《好奇害死猫》和《爱了,散了》等。重庆作为一个现代化大都市所具有的诸多元素都出现在了这些影片中,轻轨、渡江缆车、高架桥、码头、摩天大楼、拥挤的人群和喧嚣的广场无一而遗。另外,还有一些影片展现了重庆独特的自然景观,如《十面埋伏》、《满城尽带黄金甲》和《三峡好人》等将重庆秀美的山川、竹海和三峡风景呈现在了观众眼前。

2. 网络营销

在信息数量急剧膨胀的今天,网络已经渐渐崛入寻常人家的生活中,已经无法想象人们离开网络的生活会是什么样的。重庆在信息社会的背景之下,也把城市营销的步伐迈入了互联网的领域中。

在 2005 年以前,互联网中与"重庆旅游"相关联的独家网站共有 7 家,分别是重庆旅游网、重庆旅游新网、重庆旅游信息网、重庆三峡旅游网、重庆休闲旅游网、重庆国际旅游信息网和重庆市旅游局公众信息网。并且重庆旅游企业在网络上发布信息的共有 19 家①。似乎当时重庆的网络营销还不足够成熟。

2005 年,重庆在网络营销方面首出奇招,与新加坡联合早报网合作推出了重庆频道,两年以后又开通了大公网重庆频道。到 2011 年,重庆频道的日浏览量已达 200 多万人次,同时重庆本土新闻门户网站华龙网的 ALEXA 排名也居西部第一。这在国内是开先河之举,成绩斐然,受到多家媒体的盛赞。

近年来,重庆在城市营销方面更是动作不断,除了重庆的多个区县纷纷建立了

---

① 龙雨萍. E 时代重庆旅游网络营销策略探讨[D]. 西南师范大学硕士学位论文,2005.

自己的旅游网站以外,媒体联合办网也是多有出现。2006年4月,《重庆商报》与腾讯网合作创立了"腾讯·大渝网"这一地域性门户网站。网站立足重庆,致力于成为重庆本土化的资讯生活类第一网站。如今它已有日1600万次的点击率,还获得了"中国十大媒体网站品牌"的称号。另外,《重庆商报》和百度也深度合作开发了"重庆—百度"门户网站,这一网站已于2010年12月上线。

值得一提的是,重庆市旅游局和重庆的一家文化传播公司还将合作推出"重庆,非去不可"的网站。这一网站将整合重庆各个层面的旅游资源,覆盖政务、资讯、商务和综合数据,力争打造重庆旅游第一门户网站。

3. 电视及刊物营销

重庆电视台在2011年6月开办了旅游频道,并且推出了一系列的旅游类节目,如《旅游新时空》、《旅游这些事》、《走四方》、《巴歌渝舞汇》和《驴友吧》等。除了本地的电视台外,重庆也在中央电视台等有影响力的媒体投放了大量广告来宣传长江三峡、大足石刻等重庆知名的旅游景点。重庆还与许多新闻媒体保持合作关系,联袂打造旅游专栏以及一些旅游刊物,如《重庆旅游》、《中国西部(旅游版)》、《旅游新报》、《重庆新闻快报》等。重庆还特别创办了《重庆日报》美国版、欧洲版和澳洲版推向世界。

4. 新闻发布会

为了树立公开公正的积极形象,重庆市政府创立了"三定一开"的自主新闻发布会制度,即定时、定点、定人和开放式,以及"3+X"的新闻发布体系,即"3"代表政府月度新闻发布会、专题新闻发布会、自主新闻发布会,"X"代表区县、部门和行业举行的新闻发布会。在这样的制度和体系之下,许多棘手的社会问题都透明清晰地面向大众得到很好的解决。

(五)体验营销

体验经济是一种全新的经济形态,在这种经济形态下,体验成为了一种新的商品或服务供人们消费。消费者时常会怀着猎奇的心态寻求个性化的体验过程,且在这样的体验过程中也强化了参与的意识。经济环境的不同影响了消费者需求的改变,城市营销也随着经济环境和消费需求的指引而进入新的领域——体验营销。重庆在城市营销的过程中,也采用了这一手段,以从不同的感官角度吸引游客。

1. 看重庆

在重庆九龙坡区的东南处,有一条黄桷坪街道,这里是重庆的艺术天堂。四川美术学院所坐落的黄桷坪虽然是一处货运集散地,也是一处民宅区,但是这里更是一处集结重庆艺术人才的街区。在街边,有很多长发飘飘、着装时尚的画家创作速写作品,时而饮一杯重庆的老沱茶;这里还有一些老书店,里面销售很多市面上见不到的艺术杂志。书店旁有郁郁葱葱的参天大树,游客可以在斑驳的树荫下看书、赏画;黄桷坪还有一条1.25公里长的"涂鸦街",它是当今中国乃至世界最大的涂鸦艺术作品。800多名工人、学生和艺术家经过150多天的设计与制作,涂鸦了37栋建筑物,设立了18座雕塑小品,让游客大饱眼福[①]。

2. 尝重庆

周君记火锅可谓是重庆最知名的火锅品牌,生产周君记火锅的重庆九龙工业园也是享誉全球的。九龙工业园长期以来都是对外开放、允许游客参观游览的。游客可以进入园区参观名牌火锅的制作流程并且品尝各种口味的火锅。九龙工业园将安全卫生的火锅生产流程直接呈现在消费者眼前,并将产品在推向市场前提供给消费者品尝,赢得了极好的口碑。另外,在重庆火锅美食文化节期间,重庆的许多家火锅店也都设有火锅的品尝环节。这一体验式的营销手段传递了重庆的火锅文化,吸引了更多的游客。

3. 闻重庆

位于重庆江北区观音桥步行街旁的兴隆路被人们称作"重庆最香的一条路",望海花市坐落此处。虽然这里是一个花卉市场,但是更多的人都把它当作休闲漫步的好去处。每逢旅游旺季,中外游人络绎不绝。兴隆路的两旁多为装饰考究的平房和双层小楼,清新典雅,楼内楼外摆着琳琅满目的各种花卉,香气扑鼻。还有许多形态各异的山石水景和亭台楼阁所构成的艺术品。它们与千姿百态的花卉一起,构成了重庆车水马龙的闹市中一幅香气四溢的画卷。这条街道为八方游客带来了重庆最香的气息。

---

①资料来源:http://baike.baidu.com/view/2152345.htm。

4. 感重庆

重庆投资 1 亿元在南岸区长江大桥南桥头建立了重庆市游乐园。它不仅与其他游乐园一样拥有过山车、摩天轮、激流勇进、海盗船和碰碰车等游乐设施,提供给游客丰富的游玩服务,它还具有科普文化、园林绿化和商业等功能。如今重庆游乐园已经成为西南地区规模最大、设施最先进、接待水平最高的游乐园景点。

除此以外,美心集团在重庆南岸区的长江之滨打造了"洋人街"娱乐区。这里像是一座充满了异域风情的童话王国,街道和建筑都洋气十足,美食美景比比皆是。游客除了在游乐园区感受到娱乐设施带来的欢愉外,感受到更多的是整个洋人街散发出的洋文化,因为这里吸引了不少重庆的外国人来创业,如欧式咖啡店、日本寿司店和印度甩饼店等。

(六)文化营销

我国的经济水平与日俱增,随着物质文明的不断进步,大众也越来越注重对精神生活的追求。文化就像是一座城市的筹码,让城市在激烈的营销竞争中赢得大众更多的关注。伦敦、巴黎和北京等许多驰名中外的城市都已用事实证明,将文化注入城市营销的血脉中会让一座城市取得更好的营销效应。重庆在文化营销方面的举措大致体现在以下几个方面:

1. 城市精神

每一座城市都有自身所特有的历史背景和文化风貌,因此每一座城市也都会有独特的精神品格,即城市精神。它折射了一座城市历史文化、自然环境和时代特征的内涵。因此,建设良好的城市精神有利于塑造城市形象,提升它在大众心中的地位。

2009 年,《重庆日报》和"华龙网两江论坛"兴起了对重庆城市精神的大讨论,众多读者和网友对可以凝练重庆城市精神的表述展开了投票。最终,"重山重水,重情重义"、"红火红山,人人雄起"和"尚勇崇义"三种表述获得 55% 的投票,其中"重山重水,重情重义"占据 34.29%[①],成为票数最高的热词。这一词语道出了重庆这方水土的自然和人文风情,勾画了重庆山重水叠的景观和重庆人"耿直、善良、

---

① 潘鸿,杨柳. 以文化软实力提升城市形象传播的思考——以重庆为例[J]. 新闻知识,2010(6).

勇敢、执着"的品格。这样的一句热词强化了重庆的城市形象,向外界推广了重庆的文化品牌。

2. 文化产业建设

重庆近年大力投入文化产业建设,其发展十分迅速,主要表现在文化演出和文化基础设施建设上。

2011年,重庆的公益性演出达6428场,观众887万人,商业性演出7726场,观众365万人。其中既有年轻人偏爱的歌舞剧表演,如《钓鱼城》《追求香格里拉》和《邹容》,也有中老年人偏爱的戏剧表演,如京剧《张露萍》和川剧《鸣凤》,还有话剧《三峡人家》等。其中的戏剧表演在第六届中国京剧艺术节、第十二届中国戏剧节和第二十五届中国戏剧梅花奖大赛等大型赛事中多有获奖,一展重庆的戏剧风采。

重庆也投入建设了一大批文化设施,比如重庆三峡博物馆、重庆大剧院、红岩革命纪念馆、红岩广场、重庆市川剧艺术中心和中国民主党派历史陈列馆等。重庆还对包含旅游价值的红色遗址作了保护和开发,以推动红色文化的传播:重庆的北碚和沙坪坝都建成了抗战文化一条街;重庆市委、市政府在黄山"陪都"遗迹上斥资2亿元修建了重庆抗战遗址博物馆,这一建设项目是重庆市十大文化精品项目、重点旅游项目和2005年重庆市亚太城市市长峰会项目。

(七)主题营销

主题营销是指在营销过程中为所营销的产品赋予某种特定主题,突出营销产品的差异性和文化性来宣传产品形象,从而激发消费者对产品的关注与购买欲。把一座城市作为一种产品,通过为其赋予主题来博取游客对它的关注,是一种行之有效的手段。重庆通过"五个重庆"和"重庆名片"两个主题来对城市做主题营销。

1. "五个重庆"

2008年7月20日,重庆市委三届三次全委会提出了重庆建设和发展的"五个重庆"的目标:宜居重庆、畅通重庆、森林重庆、平安重庆和健康重庆。这五项建设目标从2008年后半年到2009年前半年陆续开始实施。"五个重庆"的提出引起了社会的极大关注和反响,利于城市建设的招商引资和宣传推广工作。"五个重庆"强化了外界对重庆城市形象的认识,使得重庆的美誉度在众人的口碑中得到进一步提升,促进了城市品牌的树立。

（1）宜居重庆

"宜居重庆"力争在城市的居住品质、生态环境和服务设施方面得到突破，建设一个良好的人居环境。截至 2011 年，重庆改造了城区 1000 多万平方米的危旧房，降低了城市空间的安全隐患，还拆除了工矿棚区、建设经济适用房和廉租房数百万平方米；重庆加大了环保和绿化的广度和力度，多处规划有广场、绿地和公园；在城市基础设施方面，重庆科学规划和建设了图书馆、体育馆、学校和医院等。"宜居重庆"旨在使重庆成为西部，乃至全国最宜居的城市之一。

（2）畅通重庆

交通是一座城市向外界展示形象的重要窗口，它反映了城市的建设和管理水平的高低。交通一直是重庆发展较为滞后的领域。提出了"畅通重庆"后，重庆成功建成"二环八射"的公路网，取消对二级公路的收费，全市各区县和省际均实现公路连通，农村公路畅通率达 100%，并且 2011 年航运里程已达 4451 公里。重庆力求实现"半小时主城"，市民从任一区县到三环的时间都少于 4 小时，实现交通管理"为民、畅通、安全、文明"的目标。

（3）森林重庆

重庆是一座山城，在我国的四个直辖市中最具有得天独厚的条件建设大面积的森林。重庆历来被称为"雾都"和"火炉城市"，植树造林工作便可以缓解这一现状。2008 年 8 月，重庆召开了森林大会，把改善人居环境列为抓好民生工作的十件大事之一。重庆建设了许多生态林和城市公园，为百姓谋福。仅 2008～2010 年，栽种各种树木 1.43 亿株，绿化覆盖率达 40.12%。山城逐渐地变成一座森林城市，吸引着渝内外游客前来体验。

（4）平安重庆

无论是百姓生活，还是商贸活动，安全都是需要得到保障的根本要素，也是群众最为关心的社会问题之一。为了吸引八方来客到重庆，重庆必须以"平安重庆"作为建设主题之一。重庆投资了 150 亿元，开展了"安民、利剑、天网、安宁、强基、安全、诚信、法建"八项工程[①]，通过一系列的安全体系建设工作维护社会秩序，保障生产、居住、交通、商贸等各个领域的安全。

（5）健康重庆

一座城市需要有良好的精神风貌，有充满活力的精、气、神才能更具感染力。因此推行"健康重庆"的建设是十分必要的。2008 年底，重庆市委市政府召开了全

---

①胡永鸣.推进"五大重庆建设"，促进经济社会跨域发展[J].新重庆，2009(2).

市"健康重庆"建设动员大会,对"健康重庆"的工作开展作了统一的部署和计划。重庆投入 350 多亿元,建设医院、卫生服务中心、体育场所及体育设施,加强城市医疗保障力度,开展健康教育活动,并且举办各类体育赛事活动等,让全民参与到"健康重庆"的建设工程当中来。

2. 重庆名片

像一个人有自己的名字一样,一座城市也要有自己的"姓名"。为了给重庆寻找品牌代言,《重庆晨报》与重庆电视台的《重庆名片》栏目联手,在 2005 年主办了"重庆十大名片评选"的活动。这项活动历时半年之久,吸引了广大市民推荐和投票,收录了 100 多个备选名片,后经过专家评审,最终出炉的十张名片是:美女、火锅、温泉、红岩、雄起、桥都、解放碑、钓鱼城、三峡和邹容。这些名片内容都是最能代表重庆特色和风格的。中央电视台、新华社、《南方都市报》、日本共同社等 100 多家中外媒体纷纷报道了"重庆名片"的评选活动。一时间,"重庆名片"成为热词,这十个经过提炼的能够彰显城市风格的名片提升了重庆的知名度和美誉度。

(1)重庆美女

重庆是一座美女如云的城市,人们称重庆"三步一个林青霞,五步一个张曼玉"。重庆美女身材修长,个性鲜明,既传统又时尚。因为重庆的空气湿润,泉水养颜,所以女孩子们皮肤白皙,水灵剔透。重庆美女敢作敢当,爱憎分明,善良中又带着火热的品质,甚至会有游客特意游走在重庆的商业街来欣赏这一特殊的"风景线",重庆美女似乎已成为重庆的一种营销名片。

(2)重庆火锅

在重庆民间流传着一首重庆人耳熟能详的小诗:"朝天门、枇杷山,火锅小吃店,伴我八年度磨难,饭菜麻辣香,雾都印记难消散!"重庆有着深厚的火锅文化积淀。今天的重庆火锅,不仅覆盖了中国的大江南北,在日本、美国和俄罗斯等国都分布有重庆火锅店。重庆的火锅文化已经推广到了国内外许多地方,让无以计数的人们因火锅认识和记住了重庆。

(3)重庆温泉

重庆是一个地地道道的"温泉之都",人称重庆"山山有热水,峡峡有温泉"。"温泉旅游"也是重庆"山水都市"旅游精品中的重要支撑项目,并且温泉的建设和发展并没有停下脚步,重庆巴南区已经获批"中国温泉之乡"的称号,重庆的东泉也正在建设温泉小镇。温泉业的发展必将带动重庆旅游,提升城市的品位。

（4）重庆红岩

与延安精神和井冈山精神一样,红岩精神也是重要的红色文化之一。它诞生于抗日战争中,体现的是中国共产党人崇高的共产主义思想和伟大的爱国主义情怀,激励了一代又一代的华夏儿女。如今,重庆的渣滓洞和白公馆等旅游景点都是游人感受红岩精神的好去处。重庆现已建成"红岩联线"旅游线路,不仅提升了重庆的知名度,还取得了极好的经济效益,如图3-3所示。

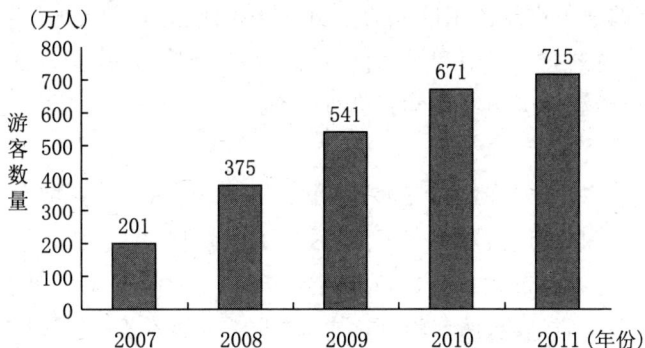

图3-3 "红岩联线"近年游客量总数

资料来源:根据红岩联线文化发展管理中心网(http://hongyan.info/)的数据整理而成。

（5）重庆雄起

"雄起"最早是源于重庆的,是重庆人为自己打造的城市标语,后由成都的球市流传到全国。这一口号出现在很多场合,最常见的就是足球场的观众席上,大致是"加油"的意思。由地道的重庆口音喊出的"雄起"不仅彰显了重庆火辣的品格,也带给人极大的鼓舞和热情,让人忍不住去重庆听听地道的重庆之声——"雄起"。

（6）重庆桥都

中国的桥梁创造了三个世界纪录,而其中有两个就在重庆:重庆石板坡长江大桥复线桥是全球最大的拱桥;朝天门长江大桥是全球跨度最大的桥梁。重庆的桥梁数量多,种类全,公路桥、铁路桥、轻轨桥、复线桥、单层桥与多层桥等应有尽有,单公路桥就达5000多座,跨长江的桥梁就有28座,约为长江大桥总数的40%,"桥都"之称名副其实。重庆还举办了"桥梁与都市国际论坛·重庆2009峰会"这一全球华人桥梁界级别最高的盛会。桥梁的建设带动了重庆经济社会的发展,吸引了世人眼球。

（7）重庆解放碑

重庆解放碑初建于 1940 年,于 1950 年定名为"重庆人民解放纪念碑",是重庆的地标性建筑。正如"八百年重庆府,一百年解放碑"所言,解放碑见证了重庆的荣辱兴衰,陪伴着重庆的成长。然而不同于历史上,今天的解放碑地段是重庆最繁华的商业街道,高楼林立,霓虹闪烁,几乎每一位来重庆的游客必去解放碑照相留念。

（8）重庆钓鱼城

钓鱼城是重庆合川市的一座古城,有 700 多年的历史。在古代,它是重要的战场,在抵御异族的战争中发挥了巨大的作用,是中国历史上三大古战场之一。今天的钓鱼城具有极高的艺术价值和学术价值,已被列为缙云山风景区的一处景点,并因其丰富的历史内涵而吸引众多学者进行研究。

（9）三峡风采

提到重庆,谁也无法忽略掉"三峡"这个名字。著名的诗句"朝辞白帝彩云间,千里江陵一日还"和"无边落木萧萧下,不尽长江滚滚来"早已在人们的心中留下了三峡的印记。三峡旅游带集自然资源和人文资源于一体,山水之景有巧夺天工之势,人文内涵更是精彩绝伦,欧美学者称它为"世界文明的摇篮"。驰名海内外的三峡无疑是重庆的一张王牌名片。

（10）重庆名人:邹容

邹容是辛亥革命时期的资产阶级革命家,他在《革命军》一书中对孙中山的"三民主义"作了重要的阐述,1912 年 2 月被孙中山追赠为"大将军",他为民主革命做出了不朽的贡献。为了纪念邹容,在他的出生地重庆和牺牲地上海都建有邹容墓。邹容出生于重庆市巴南区,他的革命成就和思想价值吸引了许多游客来到重庆这座城市旅游参观。

二、重庆主要区县营销手段

重庆由 40 个区县构成,它们除了参与到整个重庆市的营销活动外,一些区县也有属于自己的营销途径,这里选取几个主要的区县就其营销手段做以介绍。

(一)渝中区

渝中区地处重庆的核心区域,对整个重庆的经济文化影响较大,因此渝中区采取的营销举措很大程度上直接影响了整个重庆的营销形象。渝中区主要依靠节事活动和文化营销手段推广渝中形象。

1. 节事营销

2007年6月14日,渝中区举办了"渝中总商会之夜"重庆半岛万人歌会,以此庆祝重庆成为直辖市10周年。这次歌会以"效益渝中、魅力渝中、活力渝中、和谐渝中"为主题,选址在渝中半岛的解放碑 CBD 中心广场。歌会除了主题鲜明、举办地点优越而夺人眼球外,还邀请了著名艺术家乔榛和丁建华主持,并邀请了李谷一和王宏伟等著名歌手与区内不同行业和阶层的万余名群众参会。这场别开生面的万人歌会点燃了渝中区的激情之夜,得到了中央电视台等17家媒体的密切关注,各级媒体纷纷以不同形式对这次盛会作了积极的宣传和报道,5天时间内各类媒体就播送新闻报道30余篇。它展现了渝中区的特有魅力,传递了渝中区在全国的知名度。

由重庆市旅游局和渝中区人民政府主办的第十六届重庆都市旅游节暨第四届中国重庆城际旅游交易会在2012年9月7日至10月7日举行。这次的"一会一节"以"重庆,非去不可"为口号,结合了渝中区特有的"城际旅游"的旅游营销模式,举行展览、展演、项目签约、协作会、城际旅游与产业发展等重要活动,树立了重庆特别是渝中区的旅游形象。

2. 文化营销

渝中区力争在文化产业建设方面走在重庆领先地位。2005年,渝中区提出要加快发展文化产业,在渝中第十次党代会上也指出要着重培养文化产业,并且设立了三个"一百万"专项基金(渝中区文化产业发展专项基金、文化艺术贡献奖基金和社区基层文化阵地建设资金)来鼓励文化产业的进步。

同时,渝中区也对区内多处文物加大了保护和修缮力度,如"大坪七牌坊碑刻"、"东华观藏经楼"和"中苏文协旧址"等。此外,区政府也规划筹建了大溪沟建筑设计创意产业园区、巴渝世家"右脑"现代商业创意产业园区一条街以及多处文化站和社区示范图书室。

（二）长寿区

长寿区十分重视区域的营销推广,使用了节事营销、文化营销和形象营销等营销手段。

1. 节事营销

长寿区在每年的 11 月 6～9 日举办为期 4 天的"十里柚香·长寿沙田柚节"。节会的内容丰富,形式多样,不仅有以"邻封镇风情"为主题的书画、诗词、摄影联展,还有专题片《柚香万里》的播放;不仅有沙田柚的科普宣传,还有沙田柚产业发展恳谈会;不仅有大型的文艺演出,还有长寿沙田柚擂台赛……节会推介了长寿区众多的民间文化,为长寿区的招商引资做出了贡献。

长寿区不仅举办了节庆活动,还举办了一些赛事,如长寿湖铁人三项赛。这项赛事是由国家体育总局和地方相关部门共同举办的,因此它的规格较高,规范性强,部分项目还升级为国家级赛事。2012 年,这项赛事整体升级为"海峡杯铁人三项赛"。赛事吸引了内地和香港共 32 家媒体的采访报道,在网络上的搜索信息也达万余条,有效地传播了长寿区的知名度和美誉度。

2. 文化营销

长寿区一直以来力推"寿"文化。长寿区菩提山投资 100 亿元建设了菩提山·中国寿文化城。文化城包括万寿天梯文化长廊、长寿古镇、丹寿文化游览区和佛寿文化游览区等文化氛围浓郁、想象力丰富的游览内容。其中,长寿古镇是文化城最重要的组成部分。古镇建设有公园、广场、戏院、钱庄镖局、长寿阁和祝寿台等特色景点,着重表现了巴渝文化,特别是寿文化。长寿古镇的大部分景点是免费开放的,这有利于吸引更多的游客前来观赏游玩。

3. 形象营销

长寿区打出了"长寿,人人向往"的经典口号,推出了独具一格的旅游形象识别系统,还设计了长寿的旅游形象标志。这一系列的举措把长寿的区域形象变得统一化和规范化,旅游形象标志和旅游口号的设计更加彰显了长寿的特色,尤其是旅游形象标志还有英文的版本,让"长寿,人人向往"的口号在国内外都可以叫得响亮。

另外,长寿区还拍摄了宣传片《长寿,人人向往》。宣传片对长寿区的食、住、行、游、购、娱六方面的旅游要素作了全面推介。这一宣传片将由包括中央电视台在内的国家和地方媒体播出。

(三)江津区

作为一个文化传统源远流长的地区,江津积极地挖掘和开发其民俗文化,以推广自身的地区形象。整体来看,江津区采用了节事营销、文化营销和影视营销三种营销手段。

1. 节事营销

2011年8月,江津举办了第四届江津七夕东方爱情节。节庆的内容精彩纷呈并较前几届更有创新之处,除了"夜游七彩瀑布"、"认养爱情林"、"品爱情长宴"等一贯有的环节,还增加了"啤酒狂欢派对"和"投递爱情漫游"等活动,使节庆的参与度更高。江津还与百合网合作,请来了参加《非诚勿扰》和《爱情连连看》等相亲节目的嘉宾,并通过电视、报纸和网络渠道大力宣传。这一活动打造了江津"婚恋之城"的形象,促进了爱情文化产业链的形成。

2012年1月,江津多家政府机构共同举办了"第七届江津中山古镇'千米长宴'民俗民生文化"活动。这项活动是基于江津传统民俗文化的,活动中,主办方会邀请游客吃长寿宴和观看传统节目,还设计了长寿河灯供游客来放,以祈求长寿平安。中央电视台、重庆电视台等30多家媒体报道了这次活动,让观众感受到了江津的民俗文化魅力。

2. 文化营销

江津在文化营销中主推"婚俗文化",做了许多宣传婚俗文化的工作,众多游客也把江津称作"爱情氧吧"。

江津区塘河镇有着悠久的婚俗文化,甚至于现在镇上的百姓还遵循从古代流传下来的礼仪结婚。不仅婚嫁礼数饱含江津的人文气息,婚俗工艺品和文艺结晶也有非常高的民俗价值。江津对辖区内的古建筑尤其是廷重祠做了修缮和保护工作,建成了一座婚俗文化园。这座婚俗文化园可以供游人观赏游玩,也可以用于现代影视剧的拍摄。江津现已建设并整合各种婚俗文化资源,将"塘河婚俗"申报国家级非物质文化遗产。

3.影视营销

江津民间流传着中山镇刘国江、徐朝清夫妇的"爱情天梯"的故事，这个打动了几代人的故事被拍成了电视剧《天梯》。这部电视剧在香港无线电视台播出以后，获得了巨大的反响，更多的人了解了"爱情天梯"，认识了重庆江津。江津现正组织优秀的剧务人员根据"爱情天梯"拍摄一部歌舞或音乐剧，这部宣传江津爱情文化的剧目有望在重庆大剧院和国家大剧院演出。

（四）涪陵区

涪陵区地处重庆中部，有渝东门户之称。涪陵区主要采用了节事和影视两种营销手段。

1. 节事营销

涪陵在 2011 年 9 月 30 日至 10 月 7 日举办了首届"涪陵乡村旅游季·金科菊花节"。节会在涪陵金科现代农业园区举办，那里有大面积的田园风景。主办方意在国庆节长假期间吸引广大游客投身花的海洋，用自然之美吸引平日里辛苦学习和工作的人们。菊花节上主办方不仅推出了 200 万株菊花，还组织开展露天电影、啤酒比赛、摄影比赛、重阳节家宴、篝火晚会和书画展等活动，给各地游客提供一个全身心释放的空间。

2. 影视营销

涪陵为自身量身打造了一些宣传地方人文历史和自然景观的影片。电影《恋着多喜欢》是涪陵的第一部地方影片。涪陵的诸多景区如武陵山国家森林公园、白鹤梁水下博物馆、大木花谷、涪陵城区等都会出现在影片当中。影片的男、女主人公分别是内地著名演员胡兵和刘涛，导演是韩国著名导演白承勋。这无疑会给涪陵带来极好的宣传效应。电影《氧气女友》是另外一部参与人员力量雄厚的一部，区旅游局、区外宣办、区文广新局和来自北京的剧方都参与其中，涪陵区还邀请了旅游文化专家加入电影剧本的编写过程当中。

（五）大足区

大足是一座千年古城,近些年其旅游业发展非常迅速。2011 年,大足区的游客接待人数已达 589 万人,总收入达 20 亿元①,这与大足推行深度的地区营销是密不可分的。大足区采用了节事营销、形象营销和网络营销的手段。

1. 节事营销

大足在 2012 年 3 月召开了第三届中国重庆大足石刻国际旅游文化节。为期 7 天的文化节上,中外游客可以通过摄影展、商品展销会和艺术展览会等形式一览大足的民俗文化。这次文化节给包括 11 国驻华使节在内的中外游客留下了深刻的印象,也收获了高度的评价。文化节还包括有招商引资的项目,其中中国铁建股份有限公司 100 亿元的投资和重庆丰豪实业有限公司 50 亿元的投资是最夺人耳目的两项。

大足还在南京举办了以"天下大足、福满人间"为主题的大足旅游推介会,将大足的旅游产品推广到外省去。这场推介会受到 12 家电视台和 30 多家平面媒体的关注和报道,另外,参加推介会的 60 多家旅行社中有数家与大足签订了战略合作协议。

2. 形象营销

也许让很多人感到意外的是,除了北京、上海这样的全国最一流的城市以外,大足的许多重要的经典石刻作品,如千手观音、养鸡女、巨大卧佛等也与中国其他的一些文化遗产登上了美国纽约时代广场的广告大屏。宣传广告会连着播放 28 天,每天播放 15 次。这足以证明大足旅游文化的影响力。

3. 网络营销

大足的营销触角还深入到了网络领域。其与腾讯网开展了旅游合作,在网站的频道上发布宣传信息和大足石刻旅游的门票优惠券;大足的旅游网站除了中文版以外,还分别设计了英文版和韩文版,方便更多的中外游客阅读;在当前最火热的网络界面微博上,大足还为"中国大足石刻国际旅游文化节"注册了官方微博。

①大足新闻网,http://dznews. cqnews. net/html/2011—08/25/content_7952749. htm.

这些手段都实现了大足旅游形象的良好传播效应。

(六)南川区

重庆市委、市政府将南川定位为重庆的卫星城和后花园,它是一座非常适合旅游度假的历史文化之城。南川也通过开展一些文化类节事活动来招商引资、推广地区文化从而实现区域营销。

2012 年 7 月,南川举办了第三届中国·重庆金佛山国际旅游文化节招商推介会暨签约仪式。这次的文化节对南川至关重要,因为它关系到南川招商引资的施行。这次招商推介会共有来自北京、上海、广东等地的 80 多家企业的 100 多位企业家参加,共签订项目协议 16 个,投资额达 82 亿元①。这为南川旅游、商贸等多领域的发展带来了新的机遇。

借文化节之际,主办方也兴办了本地的民俗文化原创文艺晚会。晚会邀请了众多名家,共同打造了反映南川金佛山文化的原创节目《大愿金佛山》以及原汁原味的南川民歌《月儿弯弯两头钩》、《高山顶上一丘田》等。这场文化盛宴向来自各地的观众充分展示了南川独特的文化风情。

南川还在鼓楼广场举办了第三届中国重庆金佛山旅游文化节摄影大赛作品展,这场展会吸引了广大的市民前来参观。100 多幅参展作品将南川的自然和人文韵美表现得淋漓尽致。南川还将针对金佛山文化开展更多有新意、有宣传力度的节庆活动。

(七)永川区

永川区旅游局携手旅游企业在 2012 年 9 月举办了旅游推介会。本次推介会旨在向一些旅行社的负责人员介绍永川当前旅游业发展的整体情况,以及永川具体的旅游景点,如茶山竹海景区、黄瓜山景区、松溉古镇景区、石笋山景区和香海温泉景区等,从而拓展永川区与旅行社的旅游业务合作。

---

①中国城市发展网,http://www.chinacity.org.cn/cspp/cspp/88755.html.

（八）垫江县

垫江县在营销中主要使用了文化营销和节事营销的手段。

1. 文化营销

垫江的牡丹是其最重要的自然资源，种植历史超过了上千年。垫江历来向外界主推牡丹文化，以让更多的人通过牡丹文化认识和了解垫江，垫江县委、县政府提出了"打造牡丹品牌，振兴垫江经济"的口号，重庆市也将垫江牡丹产业的发展纳入了"十个百万工程"的花卉苗木和中药材产业化项目，足以见得牡丹产业在垫江的地位。

为了推广牡丹文化，垫江修建了一系列以牡丹为主题的基础设施，如"牡丹三园"、"牡丹大道"和"太楠公路"等，将牡丹文化渗透到城建的各个角落中。特别是垫江举办了多届垫江牡丹节，极大地推动了垫江旅游业的发展。牡丹节不仅吸引了众多游客前来观赏牡丹，也吸引了投资商来垫江投资建设项目，促进了垫江的经济发展。垫江还把牡丹文化带到了第二届中国西部旅游产业博览会上，通过在展示区内散发宣传资料、播放电视宣传片和展览垫江工艺产品等手段有效地宣传了牡丹文化，提高了垫江的知名度。

2. 节事营销

除了牡丹节以外，垫江也举办了重庆市第二届赏花旅游季暨第三届垫江油菜花旅游节。这一节庆是在国家旅游局制定的"中国乡村游"背景下开展的，它为重庆内外的游客提供了一个休闲度假、进行生态旅游的目的地。垫江沙坪万亩的油菜花像一片黄色的海洋，节庆开幕当天伴着滋润田野的细雨更显其景致的美好。垫江以这样的方式再一次向外界展示了"花卉垫江"的形象。

（九）潼南县

潼南同样采用了节事营销的手段。

潼南在县行政中心举行了 2012 年重庆·潼南陈抟故里菜花节暨潼南旅游推介会。在推介会上，主办方对潼南县的旅游资源、旅游路线以及节庆期间旅行社可以得到的优惠政策等情况做了详细的介绍。为了办好菜花节，潼南还不断地对菜花节景区做建设和修缮工作，修建了观景亭、游览步道和游客接待中心等基础设施。为了使景区更加丰富，方便游人拍照，特别建设了陈抟老祖塑像拜台和"太极图案"。

潼南县还举行了红色故里"高粱地里红缘会"的活动。活动包括游园相亲会、高粱地里来淘宝、大红花轿、"潼南绿"蔬菜派送等互动环节，在欢快的音乐中，300多对单身男女通过互动游戏加深彼此的了解。这项活动给很多单身男女搭建了一座座爱情之桥，也通过活动增加了人们对潼南的了解和关注。

三、重庆城市营销手段评价

基于对重庆营销手段的认识和分析，本文认为重庆的城市营销存在如下特点：

（一）重庆城市营销整体效果良好，但是各项营销指数发展不均衡

根据《中国城市营销发展报告（2009～2010）：通往和谐与繁荣》[①]中对中国城市营销指数（CMI）的研究结果可知，重庆的 CMI 总体得分是 103.583 分，排名第四，紧随北京、上海和成都之后。这样的成绩是非常可喜的，但是在各项指数的具体排名中，重庆表现得参差不齐，其中，品牌强度指数（1.223）、营销建设指数（0.864）和营销沟通指数（0.829）分别位居第三、第七和第八，均在前十位当中，然而其网络营销指数（0.868）和营销效益指数（0.825）分别位居第十二位和第二十位，排名比较靠后。

重庆地处我国的中西部地区，在四个直辖市中交通和经济水平发展相对落后，但是重庆的自然和人文资源十分丰富且保存相对完善。重庆不断地开发和利用优越的资源条件来建立城市品牌，特别是"五个重庆"的规划建设以及"重庆名片"的推广较好地勾画出重庆的城市形象，也打开了城市营销的思路；重庆因国家政策的优越性在营销建设上具有一定的优势，但是自身教育和科技的投入还存在不足；重庆利用各种节事活动来吸引渝内外甚至国内外的游客和投资商，营销沟通效果

---

① 刘彦平.中国城市营销发展报告（2009～2010）：通往和谐与繁荣[M].北京：中国社会科学出版社，2009.

良好。

　　重庆稍显落后的营销工作体现在网络和由贸易体现出的效益方面。重庆城区和各区县的旅游门户网站数量较少,部分地区还没有专门的旅游或者营销网站,并且其面向的群体以重庆内部人群为主,没有拓展到更大的范围。如果缺乏对网络技术这样有科技含量手段的充分应用,城市营销就会跟不上信息化和全球化的发展趋势。另外,重庆吸引外资的水平还较低,数量也较少,这会影响重庆城市营销的整体效益。

(二)具有城市营销的意识,但是专业化水平较低

　　整体来看,重庆在城市营销方面尝试了较为丰富的手段,并且基于各种手段完成了许多工作。也许营销的效果仍然有很大的提升空间,但是这已经可以说明,重庆是具备城市营销意识的,城市的管理者已经可以做到用市场营销的理念和眼光来经营一座城市。但是我们可以从重庆的营销工作中感受到,重庆在城市营销方面由于经验不足仍然缺乏统一的规划和部署,不够系统化和专业化。如果缺乏一个特定的机构或者群体针对城市营销做专门的研究和开发工作,既会使得营销工作责任和目标不明确、重点分散,又容易带来建设过程中所利用的资源分配不合理,甚至造成浪费。因此,重庆需要加大城市营销的专业化来提高营销效率。

(三)城市营销缺乏对国际目标市场的开拓

　　重庆在城市营销中主要针对国内市场,对国外市场的开拓力度仍然不够。以重庆举办的节事活动为例,重庆已经尝试通过举办一些国际会展或会议来提升城市品位,宣传城市形象,比如亚洲议会和平协会(AAPP)和亚太城市市长峰会(APCS)。但是相较于国内外一流城市的营销,重庆举办的国际节事活动的数量仍然很少,影响力也较小,并且其他大部分的会展、赛事和活动仍然是面向国内。以北京为例,其接待国际会议的数量已居全球前十,亚洲第二,并以此建立起良好的展会品牌。重庆仍需进一步打开视野,突破市场空间的局限。

　　图3-4和表3-3所示分别为近年重庆接待国内外游客人数和国内外旅游收入对比。图3-5所示为重庆旅游资源吸引力分布比例。从表3-3的数据中我们可以看到,虽然重庆近年来接待国外游客所得旅游外汇收入与年增加,但是其占年度旅游总收入的比例仍然处于比较低的水平。这一方面因为重庆地处我国中西

部,对外开放程度略显不足;另一方面也折射出重庆的城市吸引力还有待进一步提升,而这一点也体现在了图3-4的数据统计中。我们从图3-5中可以看到,重庆具有国际吸引力的旅游资源仅占总资源的7%,相对较低,重庆应着力整合和完善旅游资源的营销,从而提升国际吸引力。

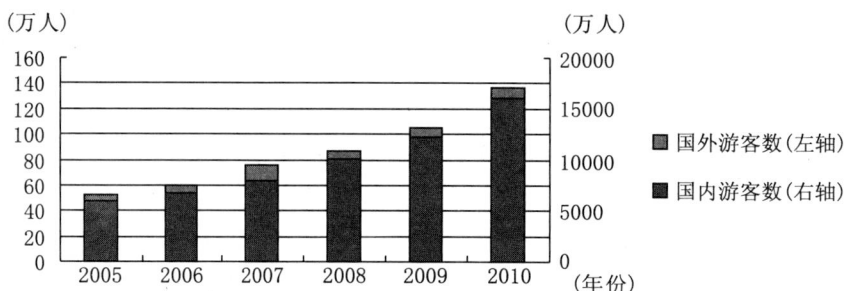

图3-4 重庆国内外游客人数

资料来源:根据《重庆统计年鉴》资料整理所得。

表3-3 重庆国内外旅游收入

年份 类别	2005	2006	2007	2008	2009	2010
国际旅游外汇收入(万美元)	26436	30872	38231	44977	53721	70320
国内旅游收入(亿元)	279.17	321.58	413.65	530.03	666.34	868.36

资料来源:根据《重庆统计年鉴》资料整理所得。

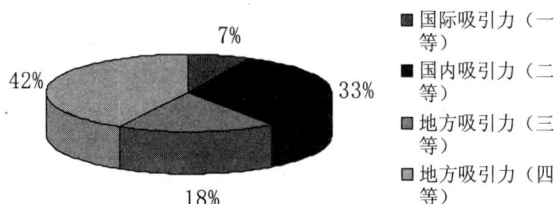

图3-5 重庆旅游资源吸引力

资料来源:白世熊.重庆旅游市场营销策略研究[D].重庆:西南大学硕士学位论文,2007.

(四)整体城市形象鲜明,但是不够统一,城市标志使用度不足

重庆地处长江上游,城内山水环绕,植被繁多,气候条件也很适合人居,同时重庆又不乏名胜古迹、民俗风情等丰富多彩的人文资源。特殊的自然地理条件和多样的人文环境使得重庆的整体城市形象十分鲜明,具有很高的辨识度。重庆在利用自然资源方面,努力使重庆呈现山水之城的形象,还在"森林重庆"主题的指引下加强了绿化工作;在挖掘人文资源方面,也极力秉持传统又与时俱进,以重庆深厚的文化底蕴打造不一样的"人文重庆"。整体来看,重庆的城市形象是鲜明的。

然而,重庆的城市营销缺乏一个统一的定位,形象虽多面却较为零散。比如美国的纽约,设计者将其定位为商业金融中心,而将华盛顿定位为政治中心、将休斯敦定位为宇航中心等,这样明确和系统的定位可以带给消费者心目中对城市形象清晰的认识。而之前推出的"人人重庆"的城市标志和"重山重水,重情重义"的城市精神口号虽然集中反映了重庆形象,但是缺乏视觉上的冲击,在宣传力度上欠佳,使用度不足。重庆仍需系统地整合营销和传播。

(五)各区县之间、重庆与其他城市之间缺乏协调统一和相互合作

重庆区县数量众多,营销的发展良莠不齐,有些地区成立了专门的旅游门户网站,采用了形式多样的手段推广地区形象,如长寿区、江津区和大足区等,而有些地区营销发展相对滞后。重要的是,重庆的城市营销缺乏对各个区县的统一规划和把握,没有从战略上将整个重庆地区的营销工作进行整合和部署。此外,城市的营销理念仍不够成熟。无论是重庆各区县之间,还是重庆与其他城市之间,会出现彼此将对方视为竞争对手的现象,甚至会有部分地方出现恶劣的价格战来抢占市场,这些都不利于城市营销效率的提升。如此看来,合作与共赢的理念值得地区主管部门采用到城市营销的过程中去。

四、重庆城市营销未来发展建议

基于对重庆城市营销手段的总结和分析,针对以上提出的几点不足之处,本书

将给出重庆城市营销未来发展的可行建议。

（一）深化已有营销手段，拓展新的营销思路

重庆已经尝试了多种城市营销手段，但是很多手段尚有待深入开发，同时还可以继续尝试一些新的思路。重庆需要基于良好的城市品质和直辖市的政治优势，突破地域和社会关系的局限，结合各种营销手段来对城市做以全面的推介。

1. 已有营销手段

重庆在节事营销、关系营销和传媒营销方面可以做如下的深化努力：

（1）节事营销

重庆举办的国际会议以及会展数量仍显不足，除了亚洲议会和平协会（AAPP）和亚太城市市长峰会（APCS）以外，其他的影响力普遍较小，这样很难聚集更多的国际眼光。重庆宜积极利用城市友好关系，增加举办、承办或者与国外机构联办国际会议的数量。在量的积累过程中一方面增加了重庆的知名度和美誉度，另一方面磨砺了重庆市会议的举办和接待能力，重庆也会拥有更多举办影响力大的国际会议的机会。

（2）关系营销

一定程度上，关系营销和节事营销是相辅相成的。利用与国内外友人、机构和城市的公共关系可以增加举办节事活动的机会，节事活动反过来可以促进公共关系的培养和形成。重庆可以利用现有的节事活动积极拓展重庆在国内外的关系网络，聘请职业的公关公司、策划公司和广告公司等举办城际公关营销活动，传播城市旅游形象。

重庆可以择机邀请有强传播能力的企业家、传媒人士和旅行社高层主管等前来游玩参观或者参加活动，甚至举办讲座，等等，既让更多的人通过与他们的交流来学习营销知识和技巧，也借他们的口碑向更多的人宣传重庆；重庆也可邀请有重要社会影响力的歌星、作家等社会名流前来休闲娱乐或者举办演唱会、签售会等，发挥"名人效应"来造势宣传，吸引大众眼球。

重庆还应积极派遣代表参加国内外其他城市的展览会、推介会、节庆活动和访问活动等，学习营销绩效领先的城市的营销途径，并借发言、社交等其他环节宣传重庆，向外界发出重庆的邀请。

由政府主导，以财政政策鼓励重庆的知名企业，如嘉陵摩托、力帆摩托和太极

集团等投资社会公益事业也是一种有效的途径,这样在促进社会公益事业发展的同时,也增加了地方企业、政府和城市的美誉度。

(3)传媒营销

由于媒体直接面向大众,特别是社会主流媒体面向更加广泛的大众群体,所以通过传媒途径营销城市会产生立竿见影的效果。重庆应当进一步加强传媒营销力度,比如连续不断地推出大量宣传重庆城市形象的刊物和影像资料,投放在地铁、公交、高档酒店等场所;主动与中央和其他各地方主流媒体沟通,传送重庆最新的旅游信息和营销信息;为了加强国际影响力,在举办各类政治、经济或文化节事活动时,热情邀请国外记者来渝跟踪报道。

特别要强调的是,在传媒营销方面要紧随时代步伐,要把当今社会生活方方面面都离不开的网络作为着力点。当前重庆的网络资源开发不够充分,应当尽快摆脱对旅游景区做简单宣传的低阶段,加强网络公关传播。可以通过 e-mail 或者论坛与大众做交流沟通,建立反馈机制,及时了解大众偏好和对重庆城市营销的评价和建议;也可以建立积分兑换礼品的机制,鼓励网络用户注册和使用重庆的门户网站洞悉城市信息。这些都是很好的网络互动方式。

2. 城市营销新思路

重庆在营销城市时不妨以城市功能定位的历史变化为思路,在一系列文化展览或者文化场馆建设上突出这一主题。历史上的重庆曾是军事战略高地和贸易中心,如今重庆已是贯通我国中西部地区经济和交通的重要枢纽;19 世纪的重庆是一座单一型转口贸易的城市,如今的重庆已是中西部最重要的、功能全面的工商业城市;它也不再是往日四川东部的一扇入川大门,而是共和国成立的第四个也是最年轻的直辖市。

像一家保险公司上门推销保险产品一样,重庆也可以培养一个营销团体,主动去其他城市的旅游企业介绍重庆最新的发展动态,博得他人的关注和信任。还可以通过提供一些优惠政策来吸引这些旅游企业的客源市场,并且以绩效为考核标准奖励在营销过程中有杰出表现的宣传人员。

我们看到一些城市通过集中发展某一领域而形成品牌效应,比如北京通过大量接待国内外会展而赢得良好的会展口碑,形成会展品牌,而重庆在品牌营销方面略显不足。近些年,重庆强力打造五大商圈:解放碑商圈、观音桥商圈、杨家坪商圈、沙坪坝商圈和南坪商圈。五大商圈发展势头不一,比如渝中区投巨资力求把解放碑 CBD 打造为重庆中央商务区的商贸及商务中心,而其他商圈均显落后。五大商圈宜联手并进,避免竞争带来的负面效应,共同强力打造重庆的商务品牌。

(二)建立专业化城市营销机构

专业化可以使得城市营销的工作更加有针对性和有效率,同时有利于将城市营销整合为一个独立的系统,避免浪费与盲目。比如法国的"法兰西之家"就是一个由政府主导创办的专门负责城市营销的机构,这个机构联合国家各个旅游部门,集中资源开展营销活动,取得了很好的效果。

重庆市政府可从宏观进行调控和把握,创立专门的营销机构,来全面负责推广重庆城市形象。具体而言,这一机构可以从以下几个环节展开对城市的营销工作:整合重庆各类城市资源,基于对国内外市场需求的分析和预测,按照滚动计划法制订近详远粗的月度和年度营销计划;组织熟悉重庆的营销工作人员,按照营销工作不同的渠道或环节将工作人员分为不同的团队,进行营销的"专项专攻";请营销专家定期来渝指导和评价,并建立面向大众的反馈机制。

(三)以国际化视角打造旅游产品和城市品牌

国际化是一座城市具有现代化竞争力的标志,也体现了城市营销的成熟与否。重庆在塑造城市形象、推广城市品牌时应从国际社会的高度追踪国际市场需求的脉搏。重庆拥有许多具有国际化潜力的旅游产品,但是开发和包装水平较低,不足以吸引广阔的国际市场。比如三峡景区,目前的营销理念不够统一,营销体系也不完善。三峡景区可尝试将国际化元素注入其旅游目的地营销系统[旅游目的地信息系统(DIS)],如加入多国语言版本、跟随时下国际社会"中国热"的潮流提供外国游客兴趣浓厚的信息等,以更好地实现三峡景区国际化营销的愿景。

将营销产品品牌化是摆在重庆城市营销面前的必经之路,因为品牌是最能体现形象、提升知名度的一种无形资产。重庆不仅可以自主开发品牌,还可以争取国内外权威机构的授权而获得品牌,同时也可以审时度势,寻找可以加盟或者收购知名品牌的契机。之后还要不断地主动联系国际旅游或营销机构,如亚太旅游协会、美国旅行商协会等来协助重庆把城市品牌推向国际市场。

(四)突出城市特色,亮出城市主题

我们总是更容易记住个性鲜明的人,同样大众也更容易记住特色鲜明的城市。城市特色就是城市能够区别于他者的差异性,是城市独特的魅力和性格特征的体现。巴黎曾把城市定位为"世界艺术之都",而让全世界的人因艺术而记住了巴黎,爱上了巴黎,有太多的人因为想一睹居于世界最前沿的时尚和潮流而去到了巴黎;纽约为自己贴的标签是"美国从这里开始",这样霸气又诱人的一句话让纽约成为有美国之行的人们必不可少的一站。重庆的"重庆,非去不可"具有一定的感染力,但是似乎并没有将重庆的城市特色突出地表现出来,不便于游客识别和记忆。

也有一些国家和城市在旅游产品上面做文章。他们寻找国家或者城市最具有代表性的事物,然后把许多销售的产品都印上这一图腾,使得国家和城市的形象非常集中和突出。比如奥地利在所销售的水晶产品上多印有"黑天鹅"或者莫扎特名字的图案,让游客深深地记住了这里。重庆的城市形象仍然不够集中,要更深入地稳固重庆在城市营销市场中的地位。重庆可以从以下几个方面寻找城市特色和主题的突破点。

首先,重庆有十分特殊的地理条件。举国闻名的长江和嘉陵江像重庆的血脉一般穿过主城,江边的山峦上便建有重庆的城区。独特的地貌不仅让重庆有秀美的自然风光,也为重庆口碑相传的夜景在建设时创造了得天独厚的依托条件。

其次,重庆拥有源远流长的历史。除了在清朝以前的悠远历史外,重庆最受人注目的是清末"开埠"以后的发展,特别是重庆作为"陪都"时的历史给重庆留下了非常丰富的看点。

再次,重庆可以从经济角度切入来打造特色。在历史上重庆就是闻名遐迩的"商埠",是重要的商贸地,由于沿江特性,重庆的贸易开放是相对较早的。今天的重庆依然可以借由像嘉陵摩托、太极集团和长安汽车这样的企业品牌来烘托重庆的形象,政府鼓励地方知名企业做强做大从而带动城市的品牌效应提升。另外,重庆的高新技术产业有三大重点发展对象,分别是信息工程、生物工程和环保工程,加大对优势产业的发展同样利于打造城市品牌。

总之,重庆需要拓宽思路来强化城市形象,让重庆留给大众一张集中、新颖而美好的面孔。

（五）实施联合营销战略

联合营销战略是基于营销理念转变的。重庆的各区县之间，以及重庆与周边省市之间应当尝试部分放弃传统的竞争理念，转向携手共进的"共赢"营销理念。

重庆的许多区县在地理上和文化上都有相近之处，这方便于它们共同策划，联手营销。比如江津区和潼南县在营销当中都推崇"婚俗文化"的传播，这样它们在活动策划与宣传上便可以形成联盟，把竞争对手当作战略伙伴。双方可以联袂举办同一主题的婚俗文化展览和体验活动，或者在双方的宣传资料上让游客看到对方的信息介绍，在保持有相似性的基础上宣传其差异性，这样便加大了宣传的覆盖面。

此外，我国多处已出现跨省市的联合营销现象。事实证明，联合营销因信息和资源的共享而给各方带来好的效益。比如在我国的黄河金三角，山西晋城的皇城相府与河南的焦作和洛阳开展了联合营销，两省三地的联手迅速基于中原市场向京津地区和长江地区的市场扩张，促进了三地的旅游发展。重庆应当利用其地理位置的特殊性，积极地与湖北、四川、贵州、云南等地建立营销战略合作伙伴关系。重庆可以和湖北共同打造国际化的三峡黄金旅游带，可以与西部各省共同建设"西部行"的旅游项目，特别是重庆与四川有着文化的紧密联系，这会为两地的战略联手提供更多的机会和可能性，这些都将有利于重庆降低营销成本，提高营销绩效。

第四章　广州营销
——千年羊城南国明珠的
形象塑造

　　拥有 2000 多年悠久历史的文化名城广州,是中国第三大城市,中国的南大门,中国国家中心城市,国务院定位的国家三大综合性门户城市和国际大都市,与北京、上海并称"北上广",也是中国最大、历史最悠久的对外通商口岸,素有"千年商都"之称。作为中国对外贸易的窗口和国家门户城市,具有"千年名城,南国明珠"的美誉。在广州市的"十二五"规划中,更是将广州未来发展定位为"国际商贸中心"、"世界文化名城"、"国家创新型城市"、"综合性门户城市"和宜居城乡"首善之区"。

一、广州城市营销手段分析

　　城市营销的本质是塑造城市形象、树立城市品牌,从而提高城市综合竞争力,广泛吸引更多的可用社会资源,以推动城市良性发展,满足城市人民物质文化生活需求。城市形象是方方面面的,包含经济、社会、文化、环境等多维度,也包括景观、色调、艺术、民风等多重元素。因此,作为华南名城的广州,其城市营销的核心在于城市品牌的战略规划,并在此基础上通过一系列营销策略,确定品牌形象推广的规划,这决定了广州的城市营销是围绕整个城市的定位而实施的一个系统工程。

(一)广州城市定位的演变

　　鸦片战争前,广州的对外贸易居全国之首,是华南地区最兴旺的商业城市;鸦片战争后,上海、香港等城市逐渐崛起,外贸逐步超过广州;到新中国成立前,广州仍是华南地区的政治中心、经济中心和文化中心;新中国成立后至改革开放前,广州城市发展目标多次变化,确立了"华南工业基地"的战略目标,城市性质由商业城市转变为工业城市,广州中心城市地位因第三产业发展和城市基础设施建设滞后而受到削弱;改革开放以来,广州开始意识到要发挥中心城市的作用,解放思想,先行一步,加快发展商品经济,积极推进产业结构调整,重视第三产业发展和城市基础设施建设,中心城市的综合服务功能得到不断强化。特别是1992年邓小平南方谈话后,广州提出要力争用15年时间基本实现现代化,建设成为国际大都市的奋斗目标,使"八五"期间广州的综合经济实力跃升到全国大城市中的第三位,仅次于上海、北京。"九五"时期以来,广州坚持走以工业促经济的发展道路,加快重大基础设施建设,积极改善创业居住环境,区域中心城市地位不断强化。"十五"时期以来,广州实现了"南拓、北优、东进、西联、中调"的城市空间发展战略,确立了带动全省、辐射华南、影响东南亚的现代化大都市的定位目标,拉开城市空间布局、优化产业发展空间,进一步完善代表大都市的城市基础设施和公共服务设施,城市功能能级水平逐步提高,在全国的经济地位不断上升,由区域中心城市迈向了国家中心城市[①]。

2011年4月,广州市人民政府通过的《广州市国民经济和社会发展第十二个五年规划纲要》进一步明确提出,到2020年,国家中心城市功能全面增强,全球资源配置能力和国际竞争力显著提升,基本建成面向世界、服务全国的现代化国际大都市。通过实现重大战略性基础设施、重大战略性主导产业和重大战略性发展载体三大突破,着力强化五大功能:

国际商贸中心。以现代服务业为主导的现代产业体系基本建立,现代市场体系更趋完善,"广州价格"影响力进一步提升,营商和贸易环境与国际全面接轨,商贸会展、现代物流、金融服务、高端商务等功能进一步增强,初步建成具有较强全球辐射力的国际商贸中心。

世界文化名城。公共文化体系建设和文化产业竞争力位居全国前列,教育现代化水平不断提高,城市文明程度和市民整体素质显著提升。岭南文化进一步传承发扬,现代都市文化不断丰富拓展,对外文化交流合作日益活跃,形成名校汇集、名家辈出、名作涌现的文化大繁荣局面,初步建成开放、包容、多元的世界文化名城。

---

① 杨保军,彭小雷,赵群毅,张菁. 国际视野下的广州城市定位[J]. 城市规划,2010(3).

国家创新型城市。创新资源加快集聚,创新主体活力明显增强,创新服务体系不断完善,成为国家战略性新兴产业重要基地和创新型国家的重要战略支撑;改革创新取得重大进展,与国家中心城市科学发展相适应的体制机制基本形成。

综合性门户城市。辐射全国、连通世界的现代化枢纽型基础设施体系更加完善,国际航运中心功能进一步强化;城市国际化程度明显提高,成为国内外人流、物流、资金流和信息流的交汇中枢,建成我国南方对外政治、经济、文化交流的核心门户。

全省宜居城乡"首善之区"。"以人为本"的城市发展理念全面落实,城乡规划建设管理水平显著提升,生态环境质量明显改善,花园城市基本建成;就业和社会保障水平稳步提高,社会管理更加人性化、精细化,社会更加和谐稳定;城乡居民收入较快增长,人民生活质量显著提高,城乡一体化发展格局基本形成,全面建设幸福广州。

表 4—1　广州城市定位演变

年份	城　市　定　位
1993	国际大都市
1996	区域性中心城市
2001	现代化大都市
2002	华南中心城市
2003	带动全省、辐射华南、影响东南亚的现代化大都市
2008	广东首善之区
2009	国家中心城市
2012	国际商贸中心、世界文化名城、国家创新型城市、综合性门户城市、宜居城乡"首善之区"

(二)广州城市形象建设——建设美丽广州

城市形象是人们对该城市的总体感知印象,它是物质的、文化的、精神的综合体。城市形象的树立植根于该城市的文化底蕴和现代化建设。城市形象的定位和塑造,影响到城市建设的战略决策,影响到城市的知名度①。

1. 城市形象表述

经过多年的探索与实践,广州逐渐凝聚成了具有广州城市特色的、被广大市民和国内外大众所普遍认可的品牌形象。

(1)"国际花园城市"

2001 年,广州市被国家林业局授予"全国林业生态建设先进市",被国际公园与康乐设施管理协会评选为"国际花园城市"。"国际花园城市"是全球公认的"绿色奥斯卡大赛",也是世界城市建设与社区管理领域的最高荣誉之一。获得该称号对于提高广州的国际声誉及知名度起到了重要作用。

2010 年,以营办亚运会为契机,广州城市绿地面积不断增加,园林环境不断提升,建成区绿化覆盖率达 40.15%,广州绿化建设水平达到了历史最好阶段,重新擦亮了"花城"的招牌。亚运会期间,"花城"广州的美景不但让广州市民交口称赞,更是让游客和外来记者惊叹不已。游客和记者通过各自的途径向外宣传广州的美景,让没来过广州的人对这个美丽的地方充满期待。

通过"国际花城"这样的传播口号,不但增强了广州城市宣传的识别度,更迎合了现在崇尚"绿色环保健康"的消费理念,使得广州进一步提升了自身的城市吸引力。

(2)"千年羊城、南国明珠"

为准确表述广州城市形象内涵,打造城市品牌,展示城市魅力,2009 年,广州面向国内外广泛开展了"城市形象表述词有奖征集活动"。活动历时 4 个月,反响异常热烈,收到来自海内外的应征作品 40533 条。经过公众投票和专家评审后,最终,广州大学副教授陈咸瑜提交的"千年羊城、南国明珠"被选定为广州城市形象表述词。这八个字通俗易懂且内涵丰富,汇聚了广州市广大人民群众的智慧与情感,将成为广州向海内外展示城市魅力的鲜亮招牌,对继续宣传推介广州城市形象产生积极的推动和促进作用,使广州这一座有着 2200 多年悠久历史和丰富岭南文化底蕴的城市,以更加鲜明、更加生动的形象展现在世人面前。

"千年羊城"反映了广州深厚的历史底蕴和丰富的文化内涵,截至 2009 年,广州建城已达 2223 年。广州是古代海上丝绸之路的发祥地、中国近现代革命的策源地、改革开放的前沿地、岭南文化的中心地。广州不但拥有千年的历史和文化,还

---

① 黄振国,张伟强.国际都会·文化名城——论广州城市形象[J].云南地理环境研究,2007,19(5).

是"千年商都",为国务院颁布的全国第一批历史文化名城之一。广州融汇中外文化之精华形成了独特的岭南文化。"羊城"在广州市民中的认知度和认可度最高且在海内外均具有唯一性,源自广州古老而动人的"五羊仙人降临献稻穗"的神话故事,广州的简称"穗"和别名"五羊城"、"穗城"也因此而来。羊城故事在广州家喻户晓,"羊"文化在广州深入人心,五羊雕塑和五仙观闻名全国,2010 年,广州亚运会也是以羊为吉祥物。

"南国明珠"明确指出了广州所处的地理位置和广州在国家经济、社会、文化发展中的突出地位。广州濒临南海,毗邻港澳,素有中国"南大门"之称,是中国历史上千年不衰的对外贸易口岸,明清时期曾是全世界十大城市之一。"广交会"从 20 世纪 50 年代至今一直在广州举行,以规模最大、时间最久、档次最高、成交量最多而荣膺"中国第一展"的称号。20 世纪 80 年代以来,广州引领改革开放风气,经济、社会、文化快速发展,经济总量已连续 19 年居中国大城市第三位,是中国南部最大的城市,是华南的政治中心、经济中心、文化中心和交通枢纽。广州地处南国,四季如春,繁花似锦享有"花城"的美誉。广州山清水秀好风光,旅游资源丰富,100 多处旅游景点吸引了大批中外游客。未来的广州将建设成为国家中心城市、综合性门户城市、区域教育文化中心,建设成为面向世界、服务全国的国际化大都市。广州犹如一颗落在祖国南部的耀眼明珠,它的强大光芒,有力地辐射和带动了小珠三角、大珠三角和泛珠三角的发展。

除了这两个表述之外,广州还有"购物天堂"、"岭南文化名城"、"美食之都"等表述。

2. 整合资源:广州的八张城市名片

"浓缩城市精华,彰显城市魅力"是城市名片的主要意义和价值。正如企业追求品牌一样,城市作为千万企业群的载体,城市名片将全面、立体、多角度地展示城市价值和魅力。

借助城市名片,一个城市将在全国城市之林中脱颖而出,成为国际投资商关注的焦点,并产生巨大的惠及整个城市乃至更广阔区域的品牌效应。

文化效应:城市名片作为一个城市的文化符号,对扩大城市的影响力,提高城市的知名度,提升城市的文化品位,具有重大意义。每一个城市都有各自的历史和文化背景,城市名片就是要把这种差异化的特质浓缩出来。城市名片能否在个性化方面凝聚出这个城市独有的文化,散发自身独特的魅力,正在成为一种新的城市竞争力。

经济效应:城市名片能推动旅游业的发展,提升城市文化品位,扩大对外宣传,树立良好的对外形象,在扩大招商引资等方面也将起到积极的促进作用。比如,可以通过城市名片对城市的形象进行合理包装,进行招商引资宣传;也可以把城市名片作为媒介载体进行宣传和报道,提升本市居民的忠诚度,让更多居民进一步深入的了解所在城市。当然,相关部门一定要提升城市名片的意识,积极地发挥城市名片的扩散效应,合理地打造城市品牌,树立正面的独特的城市形象。

2010年,广州票选出了最具代表性的8张广州名片(见表4-2)。超过70万人次通过网络、短信、邮寄等多种方式参与了投票,是目前同类"城市名片"票选中参与人数最多的一次。尤其是文化名片,吸引了62万余张选票。

表4-2 广州的八张城市名片

类型	代表	原因
经济名片	广交会	广州经济发展的地标、企业、展会等的代表
文化名片	陈家祠	广州文化特色、人文景观、高校等的代表
历史名片	中山纪念堂	广州城市历史的代表
人物名片	孙中山	广州形象的人物代表
生态名片	白云山	广州城市风光生态景观、动植物等的代表
旅游名片	珠江夜游	广州城市著名景点、旅游项目的代表
美食名片	老火靓汤	广州的菜肴、食物等的代表
另类名片	迎春花市	范围不限,能代表广州特色

3. 标志性建筑——广州塔

广州塔为广州提供了一座能在全世界名列前茅的标志性超高建筑,它不仅是一个地标,更是一根让广州迈入它所想象的国际性城市的图腾柱。广州塔的塔体高约450米,天线桅杆高150米。建成时,以总高度600米占据当时世界第一高电视塔的地位(目前,迪拜塔的高度已经达到688米,超过了628.9米的美国北达科他州KVLY-TV电视发射塔),向世人展示了腾飞的广州挑战自我、面向世界的视野和气魄。

作为城市新中轴线上七大标志建筑的制高点——广州塔,矗立于广州城市新中轴线与珠江景观轴线的交汇处,与海心沙岛和珠江新城隔江相望,与北岸双塔建筑"三足鼎立",和广州歌剧院、广东省博物馆、广州图书馆、广州市第二少年宫四大文化建筑遥相呼应。

无论是从外观形态还是从高度上,广州塔同世界同类高塔相比都显得独一无二。广州塔是集合了当代工程设计和施工最新技术的标志性建筑,承接了广州这座历史古城两千多年的文化,向世人展示出广州走向"国际化大都市"的决心,代表现代广州的新面貌①。

凯文·林奇说:"由于标志物是从一大堆可能元素中挑选出来的,因此其关键的物质特征具有单一性,在某些方面具有唯一性,或是在整个环境中令人难忘。"②标志性建筑易于被人记忆,形成印象,其意象性的城市地位远高于普通建筑。标志性建筑是城市结构和空间景观的主导,是体现城市意象和城市精神的主角,超越了物质层面,有着更高精神内涵层面的诉求③。

作为广州的标志性建筑,广州塔也不例外,不仅是一种很好的建筑艺术表现,满足了人们的审美需求;也承载了广播电视塔自身所具有的电视传播功能,尤其是在广州亚运会期间的赛事转播,它不只是作为超高建筑,为当地居民、旅游者提供的全新的高视野和不同的空间体验;更重要的是,作为世界第一高塔(建成时)的广州塔,吸引了媒体和公众的目光,对广州的城市营销起到了良好的宣传效应。广州塔不仅是一处新景观、旅游地,也是广州城市的一枚闪光的徽章。

(三)文化营销——打造艺术广州

对于城市营销而言,其价值应该包括城市的环境、建筑风格、符号文化品、文化氛围、文化特征、价值观等展示城市文化内涵的要素。多数世界知名的城市都是通过挖掘城市文化的内涵精华来营销城市。例如墨尔本,以多文化交流为城市文化观念,被誉为澳大利亚的文化首都和南半球的"巴黎";纽约是世界上最大的工商业城市和最大的经济中心,这一基本特征也决定了纽约城市的文化特征——商业性、多样性和包容性;新加坡巧用阳光,种花植草,很快成为世界著名的"花园城市"。独有的环境特征造就了特定的城市文化风格,因此,挖掘城市文化特征,形成差异化的城市文化魅力,是城市营销的重要手段。广州成功运用文化营销,塑造了艺术

---

①钟和晏.广州塔:城市新象征[J].三联生活周刊,2009(4).

②[美]凯文·林奇.城市意象[M].方益萍,何晓军译.北京:华夏出版社,2009.

③吕勤,黄耀志.浅谈城市中的广播电视塔类标志性建筑景观——以广州塔为例[J].安徽建筑,2009(2).

广州的品牌。

1.中国音乐金钟奖

举办文化艺术类的节庆、承办颁奖晚会对城市的宣传有着重要作用。2003年7月11日,"中国音乐金钟奖"落户广州。该奖是中宣部于2001年批准设立的中国音乐界唯一国家级综合性专家大奖。从2003年起,"中国音乐金钟奖"永久在广州举办。从2006年起,"中国音乐金钟奖"改为每两年一届,逢单年举办。

综观全球,世界三大电影节,分别让戛纳、威尼斯、柏林这三个城市的形象极好地与电影节联系在一起;爱丁堡音乐节、北京国际音乐节则通过音乐聚集了全世界的目光。广州成为"中国音乐金钟奖"的举办地,能够以此定期地吸引媒体和公众的眼球,加深对广州城市的理解,丰富广州的城市形象,让广州在公众心目中的形象更具有艺术气息。但"中国音乐金钟奖"因其性质有一定局限性,其公众影响力和媒体宣传力度还有待提高。

2."弘扬亚运精神,建设文化广州——广州优秀剧目全国巡演"

"弘扬亚运精神,建设文化广州——广州优秀剧目全国巡演"2011年5月11日在上海正式启动。此次活动的举办是为了充分挖掘亚运会、九艺节留下的文化财富、精神财富,进一步推进广州市文化建设而举行的一次大型的文化展示交流活动。活动以九艺节获奖剧目为主,并辅以"文化广州"和"演艺广州"的宣传推广,打造后亚运时代广州文化"流动的名片"。

这次巡演从5月到10月,历时近半年,广州市市属的7个文艺院团和广州市的5个动漫企业在全国巡回演出186场,总收入达2000多万元。巡演城市遍及大江南北29个城市,包括北京、上海、天津、重庆4个直辖市,杭州、成都、武汉、宁波、厦门、青岛6个副省级城市,石家庄、长沙、郑州、南昌、南宁、海口、合肥、呼和浩特、福州9个省会城市,香港特别行政区,以及其他9个地级市,每一站的活动都做了精心的策划,充分展示了广州文化体制改革的丰硕成果,体现了广州的舞台艺术特色。剧目种类涵盖了广东音乐、杂技剧、芭蕾舞剧、话剧、人偶剧、舞剧、粤剧、曲艺等多种艺术形式。

通过这次活动,广州加强了与其他29个城市的文化交流,提高了广州的知名度,广州市的文化志愿者也展示出了广州的市民文明素质和良好城市形象。

3. 2011 年广州文化创意博览会

2011 年广州文化创意博览会在广州锦汉展览中心举办,分为华南、华北、华东、西南共四个区进行展览。文博会以"精彩创意、幸福生活"为展览主题,围绕展示与交流的举办宗旨,注重实效,接轨产业,扩大协作,突出文化产业核心层、突出创意度、突出文化产业科技含量,集中邀请了国内知名的文化创意产业企业,全力打造中国高端文化创意产品交流平台,成为促进和拉动中国文化创意产业发展的助推器。

展品以广州地区为主,北京、上海、西安、杭州、厦门、香港、成都、深圳、佛山等地应约而来参展的文化创意精品涵括:创意设计、广告策划、文化艺术、创新品牌、时尚消费、工艺美术、影视娱乐、新闻出版发行、新媒体、数字内容及动漫游戏等行业。展场设计基调庄重大气,旨在展示各地区文化创意精品。各大展区布局针对各地的文化特色制定了主题设计方案,展场的布置融入了广州的历史文化元素,突显了广州的历史沉淀及好客之道。

本届文博会推动了广州文化创意产业与全省、全国加速融合,着力打造中国国家级、国际化、综合性的文化创意产业集聚平台,探索建设中国文化创意产品与项目的交易平台,从而更好地促进广州文化事业繁荣,推动广州文化产业跨越式发展。

此次文博会在 1~5 日的国庆黄金周期间,接待各方宾客超过 30 万人,促成交易意向 200 多宗,金额近 1000 万元。

(四)体育营销——体育带领广州更快、更高、更强新发展

体育营销是指以体育活动为载体而推广产品和品牌的一种市场营销活动。体育具有沟通对象量大、传播面广和针对性强等特点,很多城市为了提升城市知名度和增加影响力,均采用举办大型体育赛事的办法来达到目的。广州市堪称用体育品牌"营销城市"的典范。

1. 打造国际体育名城

体育能让人们记住一个城市,而方法则是多样的,也许是因为一支优秀球队的主场所在地,也许是通过举办一届令世人瞩目的运动会。提到巴伦西亚,足球迷们也许更容易想到巴伦西亚球队,进而才联想到巴伦西亚城市;说到达拉斯,篮球迷

们可能会自然而然地想到小牛队。2000年的奥运会让悉尼距离另一个半球的人们更近一步；2006年的多哈亚运会则让人们更加期待了解多哈这座城市。

广州正是希望通过体育运动来推介城市，在"十五"时期提出建设"全国一流体育强市"，到"十一五"时期提出要建设"全国一流、国际瞩目的体育强市"，再到"十二五"时期提出建设"国际体育名城"新的奋斗目标。从国内领域，到亚洲范围，再到整个世界，广州一个时期的目标实现，接着定出新的时期目标，这是广州建设国家中心城市的需要，也是广州城市营销的需要。

时任广州市委书记张广宁在接见皇马俱乐部高层时说，在新发展时期，广州体育的目标就是建设"国际体育名城"。由此可见，发展体育之于广州，不仅仅是基础体育设施的建设、居民体质的提高、运动员的培养等显而易见的与其他城市相似的功能，广州更看到了体育营销对城市的巨大推动作用和积极效应，给体育发展赋予了城市营销的新功能。

2. CCTV 中国体育营销经典案例

广州市的体育营销成效显著，2011年1月6日，在CCTV中国体育营销论坛暨第六届十大体育营销经典案例颁奖盛典中，广州市获评"2010年度十大体育营销城市经典案例"。国家体育总局、中国奥委会和中央电视台非常重视此次活动，有部分领导出席盛典活动，来自全国各地的数十家企业、城市代表及600多位嘉宾参加了颁奖盛典。其余获奖城市为：太原、杭州、柳州、三亚、青岛、黄山、百色、潍坊、诸暨。

3. 粤籍运动员奥运表现不俗

体育营销的战场向来不拘泥于本土，国际赛场上运动员的表现往往能起到更好的宣传作用。在历届奥运会及其他国际体育赛事中，粤籍运动员表现不俗，北京奥运会上，广东贡献金牌的数量位居全国第三位。而2012年的伦敦奥运会，广东选手获得射击、跳水、羽毛球、击剑和田径5个大项的7枚金牌（部分为双人项目），创境外奥运会最好成绩。广东为中国代表团贡献金牌数量排在全国第二位，为历届奥运会最高。

开幕式时，广东篮球名将易建联担任旗手。而易思玲在开幕次日的比赛中，一举夺冠。连同上届奥运陈燮霞获得的举重金牌，广东选手连续两届奥运会成为中国队的首金得主。跳水一直是广东的强项，伦敦奥运会中，广东的跳水健儿更是体现了集体优势。不仅入选人数最多，而且在连续三天的跳水比赛中连拿三金，张雁全、罗玉通和何姿分别和队友搭档获得了双人跳水的金牌。

一般来说,奥运会奖牌都以国家地区为单位进行统计。而粤籍运动员越来越突出的表现却让媒体开始注意到广东体育的不断发展和进步。在以国家为单位的统计下,再进行细分统计,不仅能突出广东运动员对我国体育发展做出的贡献,也为广州打造国际体育名城起到至关重要的帮助作用。

4. 足球转动体育营销

足球作为世界第一运动,其球迷之多、观众人数之多,是其他体育运动项目难以企及的。足球的广泛性和参与性,在于其丰富的运动魅力,充分展现了人类的进取、团队合作的精神。因而,足球赛事也是体育运动项目中赛事最多的项目之一[1]。其中足球俱乐部、赛事等所蕴藏的巨大影响力,以及对企业的品牌推广和对城市营销的促进作用是不容忽视的。

据 2011 年 10 月 17 日的《体坛周报》报道,在恒大中超夺冠的庆典上,恒大高层已经向不少主流媒体承诺,今后淡化"恒大队",突出"广州队"。或许不少人对恒大的这一意图匪夷所思,毕竟地产商需要的就是冠名来广而告之。

但实际上,淡化商业品牌,突出城市品牌才是职业体育的精髓。此举与广州的城市营销理念非常相符。而足球运动在国内外受众广泛,影响力非常大。在恒大的夺冠庆典上,广东省及广州市主要领导都到现场或发贺电,充分显示出省市对此的高度重视。

广州体育局的一位人士评价说,如果恒大能以"广州队"征战亚冠甚至夺冠后参加国际足联世界俱乐部杯,那么对广州产生的城市品牌效应不会比举办一次亚运会小。用足球来转动城市营销是广州城市营销走出的"一招好棋"。

5. 举办大型体育赛事

大型体育赛事作为城市的一类特殊事件,它具有资源的稀缺性、影响的广泛性、价值的多元性,容易吸引媒体、社会的关注,可以作为城市营销的有力工具。大型体育赛事的成功举办,有助于主办城市树立起对外具有吸引力、感召力、亲和力、对内具有规范力、凝聚力、推动力的良好城市形象[2]。

承办大型体育赛事作为城市的特殊事件,它对城市的发展影响巨大。重大国

①黄文武.足球赛事营销策略及市场商机发掘[J].中国商贸,2009(19).
②吴喜雁.城市品牌的定位与亚运会效应:以广州为例[J].广东外语外贸大学学报,2011,22(2).

际体育赛事的申办、筹办、承办不仅是经济实力、城市现代化设施等"硬件"的展示，还是申办城市间城市功能、城市文化氛围、城市形象等"软实力"的竞争。

近年来，广州多次承办国内外大型体育赛事，其中包括广州亚运会、首届女足世界杯、汤尤杯世界羽毛球锦标赛、中华人民共和国第九届全运会等，也举办过广州国际女子网球公开赛等体育赛事（见表4-3）。在促进体育事业的发展的同时，通过一次又一次的大型体育赛事，吸引了媒体和公众的目光，通过举办大型体育赛事来营销广州。

表4-3　广州1991～2010年承办的大型体育赛事

年份	赛　事
1991	首届女足世界杯
1998	世界青年花样游泳锦标赛
2001	中华人民共和国第九届运动会
2002	汤尤杯世界羽毛球锦标赛
2002	联合会杯网球赛
2003	中巴足球大战
2003	亚洲杯体操锦标赛
2003	国际乒联职业巡回赛总决赛
2003	德国世界杯足球赛预选赛
2004年至今	广州国际女子网球公开赛
2007	中华人民共和国第八届大学生运动会
2007	第八届全国少数民族传统体育运动会
2010	第十六届亚洲运动会
2010	第十届亚洲残疾人运动会

6. 亚运会及残运会

作为亚洲顶级体育赛事，亚运会有着较强吸引力，受到世界媒体广泛的关注。对于大多数主办城市而言，当城市获得亚洲范围内的关注和全球可见性时，亚运会不仅仅是体育盛会，而且是向亚洲乃至世界传播其特性的一个很好的品牌定位机会，亚运会还为提升主办城市在世界城市等级中的地位提供了可能性。

2004年7月1日，亚运理事会在卡塔尔多哈举行的"申办城市竞选陈述会"中宣布广州获得2010年第十六届亚洲运动会主办权。广州成为中国第二个取得亚运会主办权的城市。

第十六届亚洲运动会,又称广州亚运会,于 2010 年 11 月 12～27 日在中国广州举行,会期为 15 天。广州亚运会是继 1990 年北京亚运会后,第二次在中国举行的亚洲运动会。广州亚运会共有 45 个国家和地区的 9704 名运动员参与 42 个比赛项目的竞赛(包括 28 个奥运项目和 14 个非奥运项目),是亚运会历史上比赛项目最多的一届。同时,广州还在亚运会后的 12 月 12 日举办为期 8 天的 2010 年亚洲残疾人运动会。

广州市政府期望通过申办亚运会,加速广州现代化和国际化都市的建设,促进经济社会的全面发展,提升城市基础设施、城市环境和城市的文明程度,提高市民的文明素养,推动全民健身运动和城市的体育事业、体育产业的发展,提升城市的国际知名度,增强城市综合竞争力。

广州以承办亚运会为契机,以城市为场所、以文化为内容,通过城市形象的包装和宣传推介,将一个融会历史与传统、体现文明和谐、充满活力与进取精神的城市展现在世界面前。

举办亚运会及残运会将对广州的城市发展产生重大影响,主要表现在以下几个方面[①]:

首先,亚运会的举办推动了广州城市物质文明和精神文明的共同发展。举办大型的体育赛事,能够推动城市经济的快速发展和城市建设的顺利进行。同时,广州政府通过举办亚运会,能够增强政府的行政能力,加强与民众的沟通。此外,城市民众共同为亚运会做出努力,还有助于增强社会凝聚力,提高城市政治文明水平,改善城市面貌。

其次,亚运会的举办有助于提高城市的核心竞争力。体育赛事的举办,涉及许多相关项目的建设,如体育赛事产业文化、城市建筑、制度建设、精神文明建设等方面。亚运会相关产业的发展,有助于提升广州的核心竞争力,树立差异化的形象,同时也会促进广州文化发展战略的发展,凸显竞争优势,传承文化,提高城市竞争力。

再次,亚运会的举办加快了广州城市建设的步伐。亚运会的举办,能够促进广州城市体育场馆设施的完善和齐备,有利于城市环境的治理状况和提高广州经济建设的规划水平。同时倡导体育文化,增强专业体育队伍建设,丰富了广州文化生活的内容,促进了整个城市体育产业的发展,增强了广州承办大型活动方面的经验

---

① 夏宝军.基于城市形象建构下的体育赛事传播策略——以 2010 年广州亚运会为例[J].新闻界,2010(5).

和管理水平,全面推进广州城市建设的步伐。

最后,亚运会的举办有利于稳定、和谐的广州城市文明建设。发动市民参与亚运会的准备工作,有利于提高市民的文化素质和广州的城市文明程度,增强市民的集体荣誉感,增强政府治理能力,共同创建稳定、和谐的社会治安状况和团结、融洽的社会氛围。

亚运会的赛事传播对广州的城市形象构建起到了非常重要的作用。

第一,传播观念。亚运会所传达的体育精神力量,对提高广州的精神文明水平起到了重要的作用。体育与社会、体育与人们的生活之间存在密切关系,引导人们认识到体育运动和体育赛事对社会和人的自身需要的价值,把体育文化作为一种教育手段、一种生活方式以及城市形象的有力提升者,有利于提高亚运会和广州二者的影响力。

第二,传播内容。倡导全民参与,加强体育精神报道媒体的传播加快了体育信息的传播速度,使越来越多的人参与到体育文化发展中来。广州进行体育赛事传播的过程中,积极设置"议程",引导群众关注体育赛事,提高普通受众对体育文化的关注度,倡导全民参与。同时,媒体加强对体育精神的报道,在全社会倡导团结、拼搏的体育竞技精神,传播了体育和健康知识,宣传了体育文化中的高尚情操,推进了城市精神文明建设。

第三,传播渠道。整合媒体资源,增强有关体育赛事、体育信息的传播效果,充分利用各种媒体资源,调动不同媒体的传播优势,将大众媒体当作传递体育信息、展示城市形象的窗口,利用大众媒体的广泛影响力,提升了亚运会的吸引力和广州的知名度。

第四,传播功能。社会效益和经济效益并重,亚运会不仅传递了体育信息,进行了体育文化营销,推动了体育产业的发展,还产生了体育传播的社会效益,倡导了正确的体育观念,同时承担起社会监督的作用,对广州的体育建设、体育制度等方面履行"社会监督"的功能。

第五,整合传播。不仅是全面传播广州形象对亚运会本身进行了传播,在赛事筹备的过程中,整个广州的城市规划建设、市容市貌、精神状态等各个方面,都是亚运会传播的重要内容。广州针对亚运会而推行的政策措施以及社会活动,都进行了全面的宣传,让公众看到更为全面的广州城市形象。

（五）会展营销——展会让广州更有吸引力

城市经济、城市发展与会展经济有着密不可分的相互联系，两者彼此协调与促进。因此，会展的营销也在某种意义上就是城市的营销。会展营销的效应、影响和成果也直接关系到城市社会经济的崛起进步与长远发展。同时，城市的会展营销也是城市树立形象、展示特色、提高知名度的重要渠道。会展经济对城市营销会产生强有力的聚集效应、名片效应、宣传效应。

广州是我国华南地区的政治中心、经济中心、文化中心，会展行业起步较早，与北京、上海并称中国三大会展中心。广州具有发展展会行业的诸多优势：雄厚的经济基础，较强的生产、加工能力，良好的综合服务配套设施，优越的地理位置……促使广州在改革开放之后，会展行业发展迅速。不仅有展出商品面广泛的广交会，还有各种专业性的展会，类别涉及汽车、服装、电子、家具等。另外，参展商国际化程度较高，提高了广州在世界范围内的知名度。

1. 广交会——友谊的纽带、贸易的桥梁

中国进出口商品交易会即广州交易会（Canton Fair），简称广交会，创办于1957年，至今已有50多年的历史，每年分春、秋两季在广州举办。自2007年4月第一百零一届起，广交会由中国出口商品交易会更名为中国进出口商品交易会，由单一出口平台变为进出口双向交易平台。广交会是中国目前历史最长、层次最高、规模最大、商品种类最全、到会客商最多、成交效果最好的综合性国际贸易盛会，是提升广东省尤其是广州市形象的良机。

由表4-4可见，多届广交会不断在采购商和成交额上刷新纪录，这足以说明广交会对于我国对外贸易的促进作用。广交会已经成为一个具有巨大含金量的品牌，是一个无论对于外国采购商还是本国出口商都有强大吸引力和号召力的商品展览会[①]。

---

①何元贵.广交会：地位、存在问题及改革方向[J].国际商务（对外经济贸易大学学报），2008(2).

表4-4　历届广交会采购商人数及成交额统计

年份	采购商人数(人)		来自国家和地区(个)		成交额(百万美元)		全年成交额
	春季	秋季	春季	秋季	春季	秋季	(百万美元)
2011	207103	209175	209	210	36860	37900	74760
2010	203996	200612	212	208	34300		
2009	165436	188170	209	212	26230	30470	56700
2008	192013	174562			38230	31550	69780
2007	206749	189500	211	213	36390	37450	73840
2006	190011	192691	211	212	32220	34060	66280
2005	195464	177000	210	210	29230	29430	58660
2004	159717	167926	203	203	24510	27200	51710
2003	23128	150485	167	201	4420	20490	24910
2002	120576	135482	185	191	16850	18470	35320

资料来源:整理自中国进出口商品交易会官方网站,http://www.cantonfair.org.cn/cn/index.asp.

2. 广州车展

由于广东是汽车工业大省(广汽),车展也因为自身的特点、汽车和车模造势吸引了媒体的目光。每年的广州车展的媒体曝光量非常大,不仅是宣传车展本身,而且也是对广州市极好的宣传。

中国(广州)国际汽车展览会由广州市人民政府、广东省经济贸易委员会、中国对外贸易中心、中国机械工业联合会、中国汽车工业协会联合主办。2003年举办的首届广州车展的展览面积达到6万平方米,吸引了国内外230家企业参展,进场观众达到50万人次。

发展到2011年,第九届广州汽车展览会总面积达16万平方米,其中整车展区面积10.5万平方米;汽车零部件、汽车用品及室外展区3万平方米,媒体展区及其他场地2.5万平方米。有87家汽车制造商参展,展出车辆890台,创历届之最。汽车零部件及汽车用品参展企业近600家。同时也吸引了众多观众的目光。

展会期间举行了近20场专题研讨会和交流活动,其中由广州市政府主办、广州市外经贸局承办的"新广州新机遇——2010广州汽车产业投资推介会"吸引了来自国内外业界 400 多人参加。广州车展规模不断刷新历年纪录。围绕打造"中国南部品质最高、规模最大的综合性采购交流平台",车展邀请了 15 个专业买家团、5 万余名专业人士到会采购,为零部件和用品企业提供了诸多的商业合作机遇。

3."新广州·新商机"商贸推介会

"新广州·新商机"商贸推介会举办于 2011 年 3 月 21 日至 11 月 2 日,是为了向全国全世界隆重展示亚运会后广州的崭新形象和巨大商机的、大规模的集中招商推介活动。其范围跨越国内的东、西、南、北,更伸展到东亚、欧洲、美洲和非洲的发达地区,其历时之长、层次之高、签约项目之多,创下广州历年大规模招商推介的新纪录。据统计,本次推介会签约项目达 140 个,累计总投资额达 7230 亿元。

"新广州·新商机"正是广州后亚运时期乘势而上的城市营销。通过一系列大气魄、大手笔的战略谋划,广州以海内外的中心城市为舞台,展现城市魅力。

(六)节庆营销——参与欢乐广州

广州是一个有着十分丰富的民间民族风情的南粤名城。广州近年来在欢度春节、元旦、五一节、国庆节等传统民族节日的基础上,开展了每年一度的非常有广州特色的节庆活动:春节期间的迎春花市和元宵节,农历二月的波罗诞庙会,端午节(其间有盛大的节日庆典——龙舟节),番禺荷花节,从化、增城的荔枝节,重阳节,中国旅游艺术节暨广东欢乐节,广州美食节等。独具岭南特色的节庆活动,塑造了欢乐广州的城市形象。

1. 广州第九届中国艺术节

第九届中国艺术节于 2010 年 5 月 10~25 日在广东广州举行,同时在广东深圳、东莞、佛山、中山 4 个城市分场馆举行。这是中国艺术节首次在华南地区举办,也是首次由省会城市承办。第九届中国艺术节(以下简称"九艺节")展现了承办城市的岭南文化风情和广州的文化魅力。艺术节期间,党和国家领导、国家有关部委领导、国内外嘉宾、知名艺术家和各地演职人员聚集在广州,并有 30 多个省、市、自治区的代表团前来观摩和参加活动,提高了广州的媒体曝光率和知名度,为广州的城市宣传提供了良好的时机。

据统计,"九艺节"接待量约 3.5 万人次,其中邀请宾客约 1.5 万人,包括专家、评委,国内专业艺术团体、群众文化团体、港澳台地区及国外参演团体演职人员,还有外国友好城市、姊妹城市和驻广州领事馆嘉宾、新闻记者等;各省、市、自治区的部队观摩人员约1万人,参加经贸活动人员约1万人。

2. 广州国际美食节——"食在广州"

从1987年起,广州旅游部门每年在秋交会前后,都要组织一次"广州国际美食节"活动。美食节期间,广州各类酒家、饭店都拿出自家的名牌产品参加评选,每届美食节都评选出各类名菜、名点、名小吃或创新菜式百余款,不断为繁荣的广州饮食业添加新品种。广州国际美食节原在各大宾馆饭店举行,从1998年起,则固定每年9月在气势宏伟的天河体育中心举行,以吸引更多的海内外游客前来观光,招徕更多的国内外同行前来切磋烹饪技艺。目前,广州国际美食节已经成为一个具有较大规模、在行业中具有较高声誉、在群众中具有广泛影响的国际性的民间节庆活动。对于提高广州知名度、弘扬广州优秀的饮食文化、促进广州传统美食的发展创新、推介"食在广州"的城市品牌、促进广州旅游多元化发展方面起到重要的推动作用。

3. 广东欢乐节

广州每年10月举办的中国旅游艺术节暨广东欢乐节是一个以广场艺术为主,着重体现游客的参与气氛、巡请海内外和各民间民族艺术团体到此表演民族民间歌舞的大型娱乐活动。由广东省、广州市的文化、旅游部门从1987年起在东方乐园举办的民间艺术活动,命名为"广东民间艺术欢乐节"。欢乐节期间有民间民族歌舞、耍火龙、高台舞狮、杂技、曲艺等表演,还有艺术大巡游,组织有经贸、旅游、工艺美术商品展销等活动。

1990年,国家旅游局、文化部、中国文联等单位共同参与组织在东方乐园举办的第四届"广东民间艺术欢乐节",并正式定名为"中国旅游艺术节暨广东欢乐节",使之成为中国发展旅游业的一项新内容,并成为一项全国性旅游活动。1998年以来,该节每年在广州天河体育中心举办,促进了广州知名度和城市形象的提升。

4. 迎春花市

广州的迎春花市作为明代"广东四市"之一,早就名扬五洲,饮誉四海。迎春花市是中国独一无二的民俗景观。其不但呈现了古老的岭南春节习俗,更与广州人的生活密切相关。迎春花市融合了广州人"讲意头"的传统,从而形成了自己独特的花卉语言。每年的迎春花市,分别在广州市的八大花街举行,一是越秀区的西湖、教育路花市;二是东山区的大沙头三马路花市;三是荔湾区的荔湾北路花市;四是海珠区的江南西路花市;五是天河区的体育中心花市;六是黄埔区的大沙地花市;七是芳村区的花地花市;八是白云区的新市大街花市。广州花市一年举行一次,每次由春节前农历腊月二十八开始,至年初一凌晨结束。

广州大规模的除夕花市定型于 1920 年以后。每年农历腊月二十八开始至除夕深夜 12 时。到了 19 世纪 60 年代初期,分散的花市基本上固定在春节前几天,这就出现了"除夕案头齐供养,香风吹暖到人家"的景象。

5. 波罗诞庙会

波罗诞庙会,是广州地区最大的民间传统庙会之一,至今已有 1000 多年历史,会期是每年农历的二月十一至十三,十三日为正诞。波罗庙位于广州市黄埔区穗东街庙头社区。庙会期间,波罗庙方圆数十里热闹非凡,呈现出一派节日景象,庙中人声鼎沸,紫烟缭绕,爆竹轰鸣,胜似春节,故民间有"第一游波罗,第二娶老婆"之说。波罗诞庙会在每年农历二月十一至十三举行,是广州乃至珠江三角洲地区独具特色的民间传统节庆活动、最大的民间庙会。

波罗庙又称南海神庙,创建于隋开皇十四年(公元 594 年),至今已有 1410 多年的历史,为祭祀南海神祝融而建,是我国古代四大海神庙中仅存最大、最古老的,1962 年 7 月被列为省重点文物保护单位。相传唐朝时,一位天竺(印度)属国波罗使者来华,终老于广州,后被封为"达奚司空",因其曾在南海神庙种植了波罗树,神庙在民间又被称为"波罗庙",南海神诞也被称作"波罗诞"。南海神庙及邻近的浴日亭以"扶胥浴日"之美誉在宋、元、明、清增列为羊城八景之一,2011 年 6 月,被国务院列为第三批国家级非物质文化遗产名录。波罗诞庙会体现了广州岭南文化中心的地位。

(七)关系营销——友好城市深化对外交流

广州作为中国国际友好城市联合会(China International Friendship Cities Association,CIFCA)的会员之一,截至 2011 年,已与来自 20 个国家的 22 个城市建立了友好城市关系(见表 4—5),为双方城市的政治、经济、科技、文化等领域的交流与合作搭建了桥梁,同时提高了广州的国际知名度。

广东省人民政府外事办公室王世彤在《浅谈发展国际友好城市的作用》中表

示:"由于各国都十分重视发展国际友好城市,把国际友好城市的数量和交往质量,作为对外开放程度和国际化程度的一个重要标志。总的来说,建立国际友好城市、开展国际友城交往,在政治、经济、文化、外交等方面具有重要作用。"

表 4—5　广州友好城市列表

城市	国别	结好时间	城市	国别	结好时间
福冈	日本	1979 年 5 月 2 日	德班	南非	2000 年 7 月 17 日
洛杉矶	美国	1981 年 12 月 8 日	布里斯托尔	英国	2001 年 5 月 23 日
马尼拉	菲律宾	1982 年 11 月 5 日	叶卡捷琳堡	俄罗斯	2002 年 7 月 10 日
温哥华	加拿大	1985 年 3 月 27 日	阿雷基帕	秘鲁	2004 年 10 月 27 日
悉尼	澳大利亚	1986 年 5 月 12 日	泗水	印度尼西亚	2005 年 12 月 21 日
巴里	意大利	1986 年 11 月 12 日	维尔纽斯	立陶宛	2006 年 10 月 12 日
里昂	法国	1988 年 1 月 19 日	伯明翰	英国	2006 年 12 月 4 日
法兰克福	德国	1988 年 4 月 11 日	汉班托塔区	斯里兰卡	2007 年 2 月 27 日
奥克兰	新西兰	1989 年 2 月 17 日	累西腓	巴西	2007 年 10 月 22 日
光州	韩国	1996 年 10 月 25 日	坦佩雷	芬兰	2008 年 12 月 2 日
林雪平	瑞典	1997 年 11 月 24 日	曼谷	泰国	2009 年 11 月 13 日

资料来源:整理自中国国际友好城市联合会,http://www.cifca.org.cn/Web/Index.aspx。

二、对现有营销措施的评价和建议

广州的各种城市营销方案,均从一定侧面凸显了广州的城市形象和特色,但总体上看,广州城市营销仍存在明显的缺憾。

(一)资源依托型的广州城市营销

一个城市的营销策略往往与其拥有的资源、当地的风土人情、人们对城市的感

知以及城市的发展期望息息相关,广州的城市营销也不例外。广州的城市营销离不开它自身的特点和资源:

1. 从工商业到会展业

由于广东所处的地理位置、政治导向、经济基础等原因,工商业很发达,所以参展商和采购商数量多、质量高。因此,广州的会展业发展在国内处于非常领先的地位。广交会是中国目前历史最长、层次最高、规模最大、商品种类最全、到会客商最多、成交效果最好的综合性国际贸易盛会,这是有其现实依据的。

而其他已成形的品牌会展也很多,包括车展、美博会、茶博会、家具展等。这与广东省内的工业商业一脉相承。例如,广州汽车集团股份有限公司等汽车厂商使得广州的汽车工业充分发展,同时也为广州车展的举办提供了坚实的后盾。

2. 从体育大省到打造国际体育名城

广东是体育大省,在足球、篮球、跳水、羽毛球等很多的体育项目中均占有重要席位。不仅是因为其在硬件发面的投入,也是因为在体育教育、培养体育人才、体育媒体宣传等软件方面的不断发展,同时,在举办体育赛事方面也非常见长。广东体育产业的优势有:体育健身娱乐业快速发展,体育彩票销售独占鳌头,体育用品业优势明显,竞赛表演市场有一定规模等。

接连举办亚运会、亚残运会和世界大学生运动会三项体育盛会,在世界范围内引发强烈反响。通过上万名来自世界各地的记者,借助互联网、手机、电视、平面媒体,广东展开了一场前所未有的城市营销,毫无疑问,广州和深圳是最大的受益城市。这样的受益并不是打肿脸充胖子,不是不计后果的盲目追求大、新、全,而是根据其拥有的体育硬件、软件资源而迈出的稳健夯实的一大步。

从"十五"时期提出建设"全国一流体育强市",到"十一五"时期提出建设"全国一流、国际瞩目的体育强市",再到"十二五"时期提出建设"国际体育名城"的新的奋斗目标。"打造体育名城"并不是广州突发奇想的决定,而是根据自身拥有的体育资源、体育事业的发展和规划提出的切实可行且具体的措施。

3. 从美食大省到美食营销大省

美食大省是广州自身具备的特点,广东人爱吃、会吃闻名全中国甚至世界各地,"除了四条腿的桌子,没有什么不能吃"。粤菜是我国的四大菜系之一,如果中国的版图以美食划分省份,粤籍美食能覆盖的区域将远远大于广东省。追求享受美食不仅是当地的风俗,也是粤菜得以长足发展的基石。

美食营销大省则是广州城市营销的方向:广州市则大力推进广州国际美食博览中心、广州国际美食园、广州旅游交通标识系统等工程建设,开通"食在广州"等大型网站,打出广州国际美食节——食在广州等节庆营销牌,驻扎在全国各地的粤菜馆乐此不疲地推销着广州美食。广州的美食营销不仅吸引了各地的舌头,也吸引了各地的眼球。

4. 从旅游大省到旅游形象大省

广东是中国最大的旅游客源地和目的地之一,旅游市场广阔。2011年广东共接待过夜游客2.45亿人次,2010年组团出境游客523.64万人次,实现旅游总收入4835.3亿元,约占全省GDP比重的9.1%,旅游业各项经济指标均居全国第一,旅游业已经成为广东国民经济的支柱产业[1]。

为了保护和发掘广州的旅游资源,早在2008年,广州就推出了涵盖历史文化、食在广州、生态旅游、工农业旅游等多个方面的广州一日游线路近40条,形成以观光、商务、会展等城市旅游为基础,休闲度假、生态等旅游为突破性发展的多层次旅游产品体系,并着手启动编制《广州市"十一五"旅游发展规划》,通过专题旅游,如红色游、生态、亚运游、科技游等,进一步丰富、宣传广州旅游。在2013年制定的《广州市旅游发展总体规划》中,进一步提出了突出"花、果、山"的广州旅游整体形象,着力宣传迎春花市、花城广川、刀曲果西、岭南佳果以及白云山、帽峰山、莲花山等广州旅游品牌。但客观地讲,新的广州旅游品牌缺乏新颖性和独特性,很难展示出广州旅游的整体内涵。

(二)广州城市营销中的不足

广州城市营销实施中的问题,最主要的集中在两点:一是定位尚需进一步明确;二是缺乏统一营销规划和执行。

1. 广州城市形象模糊,定位不清晰,国际知名度不高[2]

自改革开放以来,广州为了应对社会发展与全球竞争,结合旅游、商贸、外事等

---

①广东省统计局.广东统计年鉴 2012 [Z].北京:中国统计出版社,2012(10).
②姚宜.简析广州城市形象及定位[J].天津城市建设学院学报,2009,15(2).

方面,曾在不同时期提出过"国际化大都市"、"花城商都"、"岭南历史文化名城"、"美食之都"、"购物天堂"等城市形象定位。这些定位口号往往与"花"、"羊"、"商"、"食"等单一元素有关,而且是为了契合当时的某项具体活动而提出来的,无法全面、深刻、生动地表现广州的城市性质和城市特色,更无法充分展现广州的历史文化内涵与时代精神风貌,比如"美食之都"和重庆的宣传口号基本一样,不容易给人留下特别深刻的印象,也难以唤起人们对广州的独特印象。

"千年羊城,南国明珠"这八个字以广州这座城市长远的历史、独特的地理位置、光明的未来为信息支撑点。然而,这张"大而全"的名片里面看不到广州城市品牌的个性与特质,更没有显出广州深厚的文化底蕴。在新一轮城市发展规划中,广州提出了建设"经济中心"、"文化名城"、"山水城市"的目标。纵观国内城市营销现状,各地城市提出的建设目标已经出现相当程度的同质化现象,这些口号基本可以被每一个城市套用。广州想要打造自己的品牌,以独特的城市形象获得竞争优势,突围而出,必须要依靠自身独有的资源——文化,以文化立市。文化差异决定了城市理念、品牌属性、城市符号、城市色彩、城市形态中的独特性。广州城市品牌定位,应该考虑以文化为第一着力点,在品牌中注入本市文化的内涵和精华,塑造品牌独特的文化个性。

2. 各种营销方式各自为战,缺少统一的营销规划

正确的可实施的营销规划是营销成功的前提。但由于我国城市营销的观念起步较晚,使得在城市营销方面的规划制定、实施缺乏可参照的经验,缺乏有效的管理机制,广州也不例外。在实际的操作中,缺乏专业的规划和准确有效的定位,各个营销活动也只是针对本次活动,而不是对广州的整体的城市营销服务的。

三、对广州城市营销未来发展建议

基于对广州城市营销手段的总结和分析,针对以上提出的几点不足之处,本文尝试给出广州城市营销未来发展的可行建议。

(一)统一制定规划,打造广州城市营销专业化

从不同视角对广州进行城市营销,不仅仅是单个部门各方营销的简单加总,而应该从更高、更长远的角度出发,统筹规划并且合理安排,将城市营销作为广州政府的一项正式职能。因为政府相比于企业和个人更具有公共优势,传递的信息更加准确快捷,范围也更加广泛。应成立专门的城市营销部门,赋予其特定的广州城市营销的权责,加强营销人员的专业素养。

聘请专业的城市营销专家顾问团队或者将一部分城市营销策划项目在有丰富经验的城市营销公司中招投标择优选取,因为专业化能在一定程度上提高城市营销的效率和效果,加入招投标等竞争因素能为城市营销注入新的活力,集思广益地吸收城市营销的不同建议,刺激广州营销的发展。采用政府和企业联合的方式,以政府为主导,企业为其提供必要的支持和协助,发挥各自的优势,共同促进广州城市营销的发展。

在制定了总的城市营销目标之后,需要将这个总目标落实到相关各部门。其他城市营销相关部门应该积极配合城市营销部门的总体规划,并依此制定相关的、合理的具体部门的城市规划。例如,体育局打造的广州的体育形象以及举办的体育营销事件应符合总的广州城市营销形象,广州打造的是国际化的大都市,应该在一定程度上争取承办更多世界级别的、有全球影响力的体育活动和体育比赛,而逐步缩减规模较小的、仅限地区影响力的体育活动。

(二)适度超前,广州城市营销应具有前瞻性

类似于城市规划往往依据 5 年后的城市需求制定,广州的城市营销也应更注重长久利益,从更长远的视角出发规划广州城市营销方案,城市规划的适度超前理念也适用于城市营销。广州的城市营销规划仅仅适用于当下广州的城市营销需求是不够的,仅仅符合当前的城市营销潮流也是不够的。因为从制定出城市营销方案到落实到具体部门,并且将相应的理念和概念传达给受众是需要一定的时间的。在此期间,受众对城市营销的需求可能有所增长和改变,如果依据当前的需求制定城市营销规划,其结果很可能是规划一直落后于需求,陷入缺失和追赶的怪圈。而且适度超前的理念也使得广州城市营销规划得以更加灵活应对变化,为后续发展留有余地,不至于因为盲目追赶和修补而手足无措。

（三）合理稳定，广州城市营销应具有一致性

从个人到企业，再到地区和国家，往往都具有其特定的且稳定的"性格和个性"。同样，作为一个城市，广州也应该有相对一致的城市形象和营销手段，避免在一定时间内进行反复的更改变动而使得城市形象变得模糊甚至曲解，也应该防止为了贪多、贪全而赋予城市过多的混杂的营销内容。

悉数全球成功营销的城市，都有自己的鲜明突出且稳定一致的城市形象，这不仅仅是出于城市定位的需要，也使得内外部的受众在根据特定城市的营销特点出发采取相应的措施更为便利。例如，广东作为会展大省，广交会举办了上百届，其他各类品牌展会也百花齐放，对于参展商和采购商来说，这使其能更便利、更稳定的选择广州作为参会目的地。

（四）借鉴国内外成功的城市营销案例

国外的城市营销起步较早，理念更先进，有很多成功的城市营销案例值得借鉴学习。无论是从总体规划方案到具体方案的落实，还是从城市营销运作体系到城市营销从业人员，都是非常具有实用价值和研究意义的案例集。国内也有起步较早的成功的城市营销案例，这些都可以成为广州城市营销可以借鉴的依据。

但需要注意的是，目前国内并不缺乏借鉴，而是缺乏有深度的由里及外的借鉴，并作出创造性的发展。借鉴并不是一味地互相抄袭或做表面上的粉饰工作，而应该把成功案例作为寻找缺失、弥补不足和纠正偏差的参考以及更新、创新的提示。根据城市自身的特点和资源，作出符合城市内涵的、有根据的城市营销。

（五）借鉴企业产品营销的观念、理论和经验

广州城市营销可以借鉴产品营销的理念，把目标城市看作一种产品。在城市营销规划中，首先明确谁是此营销活动的顾客，是当地的居民还是外来的游客或是投资者；其次，以顾客需求为导向，而不是传统的以供给为导向，为满足顾客的需要，提出有针对性的措施；再次，实施的过程中，城市营销需要专业化管理，提高运营的效率和质量；最后，要对营销的效果进行专业化的分析，有的放矢地提出营销规划和实施过程中的不足。

第五章 昆明营销
——走进"春城"领略多姿彩云之南

随着城市的快速发展,城市营销成为越来越多城市所关注的核心问题,通过积极的城市营销互动,不仅有利于全面提升城市形象、建立城市竞争优势,更能实现地方及周边地区的全方位可持续发展。"七彩云之南,悠悠春城梦"——昆明,其拥有着面向东南亚开放的重要地理位置、丰富的自然资源、旅游资源,夏无酷暑、冬无严寒的宜人气候特征等,被国内外游客描述为四季如春的"春城"。深入人心的昆明"春城"形象,除了与气候特点密切相关外,昆明所进行的城市营销也起到不可忽略的作用。

一、昆明城市营销手段分析

在营销过程中,昆明采用了多种营销手段,主要可以归纳为以下几种:

(一)品牌营销

品牌营销是所有已运用的城市营销手段中最为重要的。目前,国内许多城市在品牌营销上大做文章,甚至一个城市同时有好几个城市名片,但这样反而有可能适得其反,其实真正的品牌营销只需要一个核心品牌。城市品牌是一项无形资产,不会自发形成。如同一个有形产品、一项服务一样,塑造一个城市品牌,必须借助现代化营销手段,通过包装、展示、推介城市,从而达到受众的认可、共鸣。

城市品牌是一个城市的无形资产,通过近些年对城市品牌的悉心经营和维护,自 2008 年以来,昆明不断荣获各种殊荣,如中国十大最具幸福感城市、中国最具软实力城市、中国绿色城市、国家园林城市、中国最具吸引力城市等,在云南省乃至全国得到的荣誉全部列出来有 30 多项①。2010 年 8 月,以城市总体印象、城市文化、城市环境、市民对外来居民和游客的包容程度等指标为评价标准的首届中国(大陆)国际形象最佳城市由昆明获得,同时上榜的还有上海、北京、成都、南京、杭州、西安等其他 10 座城市,足见该奖项含金量之高。2009 年,在"亚洲博鳌——中国品牌年度盛典"大型系列活动中,昆明凭借其休闲的城市品质和绿色生态建设成就连获中国最佳休闲宜居城市和联合国宜居生态城市两项大奖②。

2011 年 7 月,昆明市委宣传部就"昆明城市形象广告片、昆明城市宣传片"项目向社会进行公开招标和征集。最终,共三种主要用于国内外媒体中播出的总时长分别为 15 秒片、30 秒片、60 秒片的昆明城市形象广告片入选;主要用于昆明市对外友好交流以及参加国内外各种活动使用的总时长为 12 分钟的昆明城市宣传片入选。

现在,昆明到处都有"品牌"的影子。从本土品牌到国内品牌,再到国际品牌。无论是到欧美、东南亚,还是东北亚,提到昆明,基本是无人不晓的,在中国城市的知名度当中也是名列前茅的。在这个定位上面,昆明的城市品牌效应已经得到了确认。

(二)城市资源营销

品牌宣传的确很重要,甚至作为一个引爆点也可以进行偶尔的炒作,但由此获得关注度后接下去该怎么办? 应该看到,一个城市本身的好坏与其资源的数量和质量是密不可分的,包括城市本身的自然资源、基础设施设施、城市文化景观、历史文化底蕴,还有人的素质等各种各样的资源。

1. 自然资源营销

与其他省份不同的是,云南省是我国生态资源最多样化的省份,"春城"昆明更

---

①城市营销的重要性探析[EB/OL].新浪网,http://city.sina.com.cn/city/t/2010-11/01-09589589.html.

②平均每月都获奖,城市品牌提升昆明形象[EB/OL].新民网,http://news.xinmin.cn/domestic/gnkb/2010/09/02/6623348.html.

是凭借其丰富的动物与植物资源,成为将来人类生存环境安全与食物安全的重要资源地。天气常如二、三月,花枝不断四时春好的气候条件,使得昆明有 400 多种花卉,尤以茶花、玉兰、杜鹃、报春、百合、兰花、绿绒蒿、龙胆云南八大名花最为著名。有着"植物王国"美誉的昆明,在 1999 年率先以"人与自然——迈向 21 世纪"为主题,成功举办了世界园艺博览会,这也是中国举办的首届专业类世博会[①]。

2. 人文资源营销

有效地挖掘历史文化和特色人文资源,对打造城市的品牌有着显著的作用。昆明从历史文化、多民族风俗习惯和市民形象设计等多方面,对昆明城市进行了人文资源营销。

(1)历史文化

昆明有一个特殊的地方,就是具备了"中国历史大事记"的厚重感。这是昆明提升对外宣传城市形象中,最有继承价值与进行大宣传、大推广的地方。昆明确立了西南联大与聂耳是地理上的"中国知识分子的精神家园"的坐标。正如西南联大的校歌所唱:"尽笳吹弦诵在春城,情弥切。千秋耻,终当雪,中兴业须人杰。"八年的西南联大留给昆明的,是中国知识分子的精神之"魂";聂耳留给昆明的,是一曲灿烂的"青春之歌";讲武堂和驼峰航线留给昆明的是一曲"正气歌";郑和下西洋所开创的是前所未有的中国文化的人文大通道;滇越铁路是殖民者打通了的东南亚通向中国内地的通道。一个是创造出人义通道的人,一个是通向东南亚各国的中国的第一条铁路,都把昆明地理意义上的通道、与人文精神所表达的通道表现得淋漓尽致[②]。

作为国务院首批公布的历史文化名城,在"十二五"期间,昆明提出打造泛亚国际文化名城的目标。当"文化昆明"的建设遇上"泛亚合作",昆明的城市枢纽与国际化坐标地位愈加凸显,城市发展对文化产品和服务的需求也提出了更高的要求。

(2)多民族风俗习惯

昆明是一个多民族汇集的城市,世居 26 个民族,形成聚居村或混居村街的有汉、彝、回、白、苗、哈尼、壮、傣、傈僳等民族。昆明保存了 26 个民族的文化主体性,保护了中华民族大家庭中一半以上的文化主体性,这将对民族文化的传承与发展,

---

[①]昆明物产资源[EB/OL].人民网,http://politics. people. com. cn/GB/8198/70342/70348/4771818. html.

[②]云南旅游文化. http://www.ynjoy.com/tour/kunming_7.asp.

做出了不起的贡献。此外,昆明地方文艺种类繁多,滇剧、花灯、昆曲、民歌小调以及少数民族剧种、民间叙事长诗、民间传说等,历经数百年的发展和传颂,为广大人民群众喜闻乐见。2012年4月29日,昆明狂欢节如期举办。在为期3天的狂欢节中,节日活动丰富多彩,彝族的"火把节",白族的"三月街""绕三灵",傣族的"泼水节",苗族的"踩花山",傈僳族的"刀杆节"竞相上台表演,各民族群众穿上自己手工刺绣染制的民族盛装,从四面八方会聚到一起,举行摔跤、斗牛、对歌等活动①。

(3)市民形象设计

坚持以人为本,着力提高市民素质。昆明不断地通过系统的城市文明教育,提高对塑造整体形象的认识;健全"八有"制度,完善9个示范点的建设;做好"十佳市民"和"精神文明十佳人物"的评选、事迹宣传与报道工作。生活在昆明地区的各民族同胞热情好客,能歌善舞,民风淳朴,无论是其待人接物的礼仪、风味独特的饮食、绚丽多彩的服饰,还是风格各异的民居建筑、妙趣横生的婚嫁,都能使人感受到鲜明的民族特色。

(三)招商营销

招商引资对省、市、县各级来说都是一号任务,过去招商引资中有所谓的"旧三拼"(拼人力、拼资源、拼地价),转变为现在的"新三拼"(拼人才、拼品牌、拼软实力)。从最早的将招商引资广告登载在高速公路两侧的户外广告牌上,到2003年起,昆明开始提出一系列的招商引资口号,如"一湖四片"、"建设新昆明"的城市发展目标,大连万达、山东鲁能、四川新希望及浙江、香港等地知名企业争相进驻,一时之间春城昆明引来万众瞩目、万商云集。昆明在城市经营和旅游市场上开创的一系列运作手法,确实在全国开了风气之先,并且做得有声有色。不仅如此,加速城市化国际化进程是昆明市场经济发展的必然选择,这决定了品牌经济是昆明走向国际化的加速器。

2010年10月22日,由昆明市人民政府、云南省商务厅主办,诺仕达集团及金鹰国际商贸集团承办的"品牌·昆明——2010全球品牌南亚峰会"上,香奈儿、爱马仕、兰蔻、资生堂、GUESS、哈根达斯等500多位国际国内品牌商家代表齐聚一堂,很多品牌是第一次进驻昆明。正如时任昆明市委常委、常务副市长李文荣所

---

①昆明狂欢节:少数民族风情打造歌舞盛宴[EB/OL].中国新闻网,http://www.chinanews.com/cul/2012/04-29/3856506.html.

说："品牌经济是昆明走向国际化的加速器。一个城市品牌经济发展的潜力决定着这个城市的国际化前景,决定着这个城市的升级换代水平,决定着这个城市的投资价值。"一个城市品牌经济发展的潜力决定着这个城市的国际化前景,决定着这个城市的投资价值。近年来,昆明加快了改革发展的步伐,城市基础设施建设取得快速进展。昆明已经从翠湖时代走向滇池时代。①

(四)事件营销

昆明的城市事件营销主要是从会展营销、体育和赛事营销以及节庆营销三个方面来开展对城市的宣传的。

1. 会展营销

2001年是昆明市节会展演赛等旅游活动最多、内容最丰富具体的一年。以"体育健身游"为主题的节会展演赛为载体大力发展假日旅游、乡村民居旅游,拉动和刺激旅游消费,实现了社会效益、经济效益、环境效益的全面提高。"第二届中国昆明国际旅游节"和"2001年中国国际旅游交易会"成为全年节会展演赛活动的重点和载体,昆明市作为两个重要活动的主会场,按照省政府的部署和要求,保证"节、会"组织工作的顺利实现和圆满完成。

第七届中国国际旅游交易会,于2005年11月24~27日在昆明国际会展中心举行。该届旅交会共有81个国家和地区参展,3100余家旅游各领域、各类型的商家参会,共设国内展台1268个、国际展台696个,有1186名海外买家前来洽谈业务,旅交会的国际影响力日益增强②。

事件营销和会展促销为昆明旅游增加新的亮点和卖点。这些年来,昆明坚持把事件营销作为昆明旅游营销的重要组成部分。如2003年7月,世界足坛最负盛名的西班牙皇家马德里足球俱乐部造访昆明,民众与足球巨星亲密接触;同年12月,举行"东亚城市市长论坛",讨论未来亚洲的发展。2005年,昆明举行"第四届滇东南喀斯特旅游协作区"、"第二届滇中南亚热带风光风情旅游协作区"年会;2010年7月,举办的第三届昆明海鸥节;"2010中国·昆明泛亚国际郑和文化旅游

①打造昆明品牌经济的梧桐树[EB/OL].生活新报,http://www.shxb.net/html/20101025/20101025_259206.shtml.

②中国国际旅游交易会,http://www.citm.com.cn/.

节"于 7 月 11 日正式开幕,来自 25 个国家——包括 10 国驻华大使在内的近 50 位驻华外交官出席开幕式。

表 5—1　2012 年 1~10 月在昆明国际会展中心举办的重要会议[①]

会议名称	举办场地	举办时间
2012 年昆明(金秋)国际名品博览会	昆明国际会展中心	2012 年 9 月 30 日~10 月 6 日
2012 年昆明房地产交易会	昆明国际会展中心	2012 年 9 月 6~11 日
2012 年第四届昆明国际绿色建筑产品与市政设施技术展览会　云南国际绿色建筑与建筑节能技术产品展览会	昆明国际会展中心	2012 年 8 月 29~31 日
2012 年首届泛亚国际五金机电农机博览会	昆明国际会展中心	2012 年 8 月 8~11 日
2012 年第八届昆明(泛亚)国际农资会	昆明国际会展中心	2012 年 8 月 3~4 日
2012 年中国节水灌溉及温室技术展览会	昆明国际会展中心	2012 年 8 月 3~4 日
2012 年中国昆明泛亚石博览会	昆明国际会展中心	2012 年 7 月 10~17 日
2012 年第十三届中国(昆明)泛亚国际汽车展	昆明国际会展中心	2012 年 6 月 28 日~7 月 2 日
2012 年第八届云南教育博览会	昆明国际会展中心	2012 年 6 月 23~25 日
2012 年南亚国家商品展	昆明国际会展中心	2012 年 6 月 6~10 日
2012 年第四届中国云南国际旅游休闲文化产业博览会	昆明国际会展中心	2012 年 5 月 21~24 日
2012 年第九届中国云南煤炭矿业技术及装备展览会	昆明国际会展中心	2012 年 5 月 13~15 日
2012 年云南印刷包装展	昆明国际会展中心	2012 年 4 月 23~25 日
2012 年中国中西部(昆明)医疗器械展览会	昆明国际会展中心	2012 年 3 月 21~23 日
2012 年昆明新春欢乐购物节	昆明国际会展中心	2012 年 1 月 7 日~1 月 20 日

资料来源:人民网节会频道[EB/OL]. 人民网,http://expo. data. people. com. cn/find. aspx? city=Kunming.

---

①人民网节会频道[EB/OL]. 人民网,http://expo. data. people. com. cn/find. aspx? city=Kunming.

这种遍地开花的现象主要是由于城市经营的需求推动的,热闹背后反映出来的可能不再是展览本身。之所以那么多展会和会议都由政府来办,其实是因为政府要营销它们的城市。会展营销于是变成一种流行的城市营销手段,而并不是说各种专业性的会议真有那么大的观众量。①

2. 体育和赛事营销

2004年8月,"环球小姐中国总决赛",众多佳丽云集春城。昆明市抓住每一次盛会的难得机遇,进行全方位的宣传,使昆明一次次成为媒体瞩目的焦点。

2010年11月15日,亚足联"亚洲展望"项目考察活动开幕仪式在昆明红塔体育中心望湖宾馆举行。开幕式上,昆明市政府秘书长郭增敏陈述了昆明市申请加入"亚洲展望"足球计划的报告。申请报告中提出,昆明市的足球运动一直有广泛的群众基础,且四季如春的气候条件为全年开展足球运动提供了保障,同时昆明有两个国家级体育训练基地——海埂训练基地和红塔体育中心,具备举办大型赛事的硬件条件,一流的场馆设施使得每年都有国家队、国青队、国少队以及甲级联赛等各项训练和比赛进行。另外,业余足球在昆明也在迅速发展,如"都市时报足球擂台赛"已经连续举办了18届,"昆明市中小学生奋进杯比赛"也已经进行了30多年②。

3. 节庆营销

2007～2012年,昆明连续举办了5届海鸥节。昆明人对海鸥一直有着特殊的感情。海鸥因春城的温暖而至,昆明因海鸥的灵动而祥和。2012年新年的第一天,海鸥们迎来了属于它们的节日——"春城韵·人鸥情第五届昆明海鸥文化节"。整整一个月的时间里,海鸥文化节通过18项活动,让市民、游客共享春城"人鸥同欢"的独特城市景观,海鸥节精神和文化的延续正是海鸥节品牌的价值所在。海鸥节通过自然生灵和城市之间的纽带,把被掩盖了的城市文化脉络挖掘出来,提升了昆明城市品牌的高度。依托昆滇深厚的优秀传统文化资源,采用"政府主导、媒体推广、企业支持、社会参与"的方式,是昆明通过探索得以的成功模式,它在充分整

---

① 双年展已成为城市营销手段[EB/OL]. 中国江苏网,http://cul.jschina.com.cn/system/2011/10/14/011860825.shtml.

② 昆明欲打造城市足球品牌[EB/OL]. 昆明时间网,http://times.clzg.cn/html/2010-11/15/content_168013.html.

合昆明市的文化产业资源和旅游商贸优势的基础上,成功实现了用城市节庆品牌助推昆明文化建设和旅游发展的目标①。

(五)旅游营销

在相关专家看来,大力开发旅游活动可以作为一个城市对外营销的最佳突破口。因此,目前看到的城市广告语中,不论是利川的"我靠重庆凉城利川",还是江西宜春的"一座春的城市",抑或是山东蓬莱的"到蓬莱,过神'闲'日子"等,都是指向当地的旅游业②。

实现规划好旅游营销战略。2004 年 2 月 16 日,熊大寻制定了《昆明旅游发展战略策划案》给昆明市领导进行了汇报。以"昆明天天是春节"这个"包",将云南 26 个民族的文化及风情、云南十八怪等资源,打进这个"包"里,在未来昆明建成的六大广场、20 块城市绿地以及步行街上,以歌舞表演、花车巡演、乐队行演、游客参与等类似苏格兰管风琴乐队和欧洲国家管乐队巡演的形式,让昆明的大街小巷充满春节般的喜庆与狂欢的氛围,让昆明动起来,形成一道丰盛的国际旅游大餐,打造独特而完整的云南旅游品牌。

不断对旅游产业进行升级。春城湖畔高尔夫球场已连续五年被权威专业机构评为亚洲最佳高尔夫球场,石林风景区连续获得国家首批 5A 级景区和世界自然遗产两项桂冠,成为世界级的精品旅游景区,景区吸引力得到空前提升。自 2000 年起,春城旅游节升格为每年一届的"中国昆明国际旅游节"。2011 年 8 月 31 日,昆明市政府已把滇池申报世界遗产工作列入议事日程,正积极开展滇池"申遗"的前期研究。开展滇池"申遗"工作,重在唤起社会对保护滇池的共鸣,打造世界性文化品牌、旅游品牌,优化人居环境。

及时抓住休闲旅游时机。在 2011 年票选出来的中国最适合养老的十大二线城市中,昆明消费最低。昆明的物价相对较低,而低廉的物价也确保了昆明人能在收入水平偏低的情况下保持较高的生活水准。此外,省会城市的优势不仅让昆明交通便利,而且还拥有完善的医疗设施和基础设施。独特的气候优势、区位优势和人文优势,使昆明成为国内旅游度假的乐土,其推出的"候鸟式、休养式、度假式以

①海鸥节塑造昆明城市品牌[EB/OL].网易新闻,http://news.163.com/11/0124/06/6R55AG8H00014AED.html.

②谢良兵.城市营销下沉[EB/OL].城市发展网,http://www.chinacity.org.cn/cspp/csyx/89440.html.

及银发游"等多种模式的异地养老,已成为该市新的亮点和经济增长点。据悉,到
2015 年末,云南将基本建成覆盖全省的养老服务体系,实现每千名老人拥有 25 张
床位,机构养老床位达到老年人口总数的 2.5%[1]。时任昆明市市长张祖林表示,
要建"生态昆明、文化昆明、活力昆明","要让昆明的人居环境进一步优化"。

(六)新媒体营销

媒体营销集新闻效应、广告效应、公共关系、形象传播、客户关系于一体,已经
当之无愧地成为了企业新产品推介、品牌展示、建立品牌识别和品牌定位等营销活
动的首选策略。通过新媒体对一个城市的宣传推广,不仅能激活昆明的旅游市场,
吸引全国乃至全世界游客的关注,更能借力新媒体的巨大传播力量,不断整合优化
旅游资源,为昆明搭建起更加宽广的合作交流平台,促进昆明文化旅游事业的进一
步发展和经济的可持续繁荣。

(1)广告营销

2000 年元旦开始,中央电视台广告时段上出现了一段描绘昆明美丽风光的短
片,它让当时的观众耳目一新。不过,如果不是广告业界人士,很少人会知道,那是
昆明政府为了宣传本地的旅游资源,自愿向央视掏钱付费而做的广告。这一有点
"开天辟地"味道的做法,显然在中国城市营销史上具有"划时代"意义。

(2)城市口号营销

精心策划突出昆明特点又容易让人记忆的形象宣传口号,比如"春城昆明"、
"花都"。在中央电视台等媒体和各种宣传促销活动效果明显,"昆明天天是春天"
等宣传口号产生了积极的反响,海内外游客持续增长,特别是台、港、澳地区和日、
韩等国客源增幅较大。此后,城市营销策划就一发而不可收,2008 年 5 月 30 日,城
变特刊;2008 年 9 月 25 日,滇商三十年·地产盛筵;2009 年 3 月 6 日,大昆明人居猜
想;2009 年 4 月 10 日,昆明地理新发现;2010 年城变特刊;2011 年大昆明"8+1";
2012 年石林崛起等[2]。

---

[1]中国最适合养老的十大二线城市昆明消费最低[EB/OL].人民网天津视窗,http://www.022net.
com/2011/8-4/451841142916008.html.

[2]城市营销提升城市价值[EB/OL].和讯新闻,http://news.hexun.com/2012-09-21/146090772.ht-ml.

（3）影视剧及旅游节目

自 1997 年起，昆明开始不断加强与中央电视台的合作，先后完成了电视剧《老人·少女与鸥》的拍摄任务并达成了播报合作协议；《龙行天下》栏目以宣传昆明旅游资源专题片的拍摄任务；《旅行家》栏目了宣传第二届中国昆明国际旅游节专题片的拍摄任务；随后与北京电视台《好山好水好心情》栏目合作拍摄昆明旅游专题片；昆明电视台外宣中心完成了在美国斯科拉电视网播出的《昆明旅游》系列专题片编制工作。

（七）海外营销

除了吸引国内游客和投资者之外，昆明也积极响应"走出去"的号召，采取多种海外营销手段来提升昆明城市的海外知名度，大力拓展旅游海外市场。

1. 加强海外形象推广

2012 年 9 月 15 日，世界旅游城市联合会在北京召开首届大会，会上签署了《北京宣言》和《合作备忘录》。来自全球各地的知名旅游之都与国内 22 个著名旅游城市共同成为了该联合会的首批会员城市，这其中也包括昆明。旅游市场海外营销已经成为许多旅游城市所面临的新挑战。建设国际化旅游城市也成为许多国内城市的新目标[1]。

2011 年，昆明市进一步整合资源，参加了云南省旅游局在中央电视台一套新闻联播前的整合营销电视广告宣传，同时开展了以"冬游昆明"、"夏游昆明"为主题的昆明旅游整合营销，着力打造"阳光昆明、养生春城"旅游品牌，提升昆明休闲养生城市形象。在做好央视等主流媒体联合宣传促销的同时，有重点地开展了旅游营销网络建立工作。

积极组织县（市）区旅游管理部门、旅游企业赴英国、印度、中国香港等地举行产品推介会和业务洽谈会。参加了 2011 年中国（昆明）国际旅游交易会、中国国内旅游交易会、2011 年海峡旅游博览会、2011 年世界休闲博览会等全国性或专题性旅游展会。

邀请了德国基比克、法国、美国、印度旅行商和国内做海外入境市场的知名旅

---

[1] 世界旅游城市联合会，http://www.wtcf.org.cn.

行社负责人来昆明考察踩线。组织了昆明历史上规模最大、时间最长、跨境国家最多的东南亚陆路旅游宣传促销活动,前往老挝、柬埔寨、泰国、马来西亚和新加坡的10个城市开展了形式多样的促销活动。加强区域旅游合作,推进川、渝、滇、黔区域旅游线路产品整合营销及线路推广,组织开展了滇中楚雄、曲靖、玉溪、昆明四城市的旅游整合营销活动。进一步扩大了昆明的知名度、美誉度和影响力。

2010年在中央电视台国际频道CCTV4《中国新闻》栏目、CCTV9英语国际频道播出昆明旅游形象广告;赴海外目标市场开展营销活动,邀请海内外旅行商、媒体记者来昆考察踩线宣传;举办了江阴徐霞客国际旅游节昆明旅游宣传周、首届川滇黔十市地州旅游推介会、海峡两岸旅游联谊会等区域合作促销活动;组织参加了2010年北京国际旅游博览会暨北方旅游交易会、世界旅游组织及亚太旅游协会国际论坛、海峡旅游博览会等旅游会展交流活动;开展了"阳光昆明、养生春城"的为主题的系列冬季营销活动;编制了《昆明旅游》中日、中韩宣传册,以及《昆明旅游指南》、《中国昆明国际文化旅游节昆明狂欢节摄影作品集》宣传册。

2002年,积极开展国际旅游促销,进一步开拓了客源市场。先后组团参加了柏林国际旅游交易会、中日邦交正常化30周年大型旅游交流活动、"中国(上海)国际旅游交易会",并成功申报6项吉尼斯世界纪录,"9·27"世界旅游日吉尼斯颁奖晚会在昆明举行,两次组团赴缅甸进行了考察、促销活动,对欧洲、日本、东南亚主要旅游市场进行了调研和促销。这些活动,为宣传昆明、开拓海外客源市场发挥了重要的作用[①]。早在2001年,昆明就已完成《昆明欢迎您》中、英、日、韩、德、法文版宣传折页编印工作;完成了《第二届中国昆明国际旅游节昆明地区系列活动指南》彩色宣传画册的编印发放工作。

2. 拓展海外关系,建立友好城市

随着昆明全方位、宽领域、多层次对外开放新格局的形成,友好城市交流不断发展。友好城市的交流与合作范围已从最初的文化、体育交流扩大到了农业、科技、教育、旅游等领域,从人员交往扩展到技术、信息等方面合作,内容涵盖了环保、市政、交通、旧城保护、低碳城市建设等多个领域。2012年9月,由中国人民对外友好协会举办的第三届中国国际友好城市大会上,昆明第三次荣获"国际友好城市交流合作奖",截至2012年6月,已与五大洲的33个国际城市结为友好城市或发展友好关系,其国际友好城市数量居云南省首位,与东南亚、南亚国家签署的友好

---

①昆明市旅游局,http://bs.xxgk.yn.gov.cn/canton_model23/newslist.aspx? classid=162192.

城市协议数量位居全国第一①。

在建设面向西南开放重要桥头堡门户城市的战略布局中,昆明国际友好城市数量已初具规模,地区分布日趋合理,友城关系网络已初步形成,具体如表5—2所示。

表5—2　昆明友好合作城市

城　市	国　家	缔结时间
藤泽	日本	1981 年 11 月 5 日
苏黎世	瑞士	1982 年 2 月 17 日
沙温	摩洛哥	1985 年 5 月 14 日
丹佛	美国	1986 年 5 月 15 日
瓦加瓦加	澳大利亚	1988 年 8 月 20 日
科恰班巴	玻利维亚	1997 年 9 月 25 日
清迈	泰国	1999 年 6 月 7 日
曼德勒	缅甸	2001 年 5 月 10 日
新普利茅斯	新西兰	2003 年 8 月 11 日
吉大港	孟加拉国	2005 年 8 月 18 日
于韦斯屈莱	芬兰	2008 年 9 月 18 日
仰光	缅甸	2008 年 10 月 10 日
万象	老挝	2009 年 8 月 21 日
波隆纳鲁沃	斯里兰卡	2010 年 8 月 27 日
斯克耐克特迪	美国	2010 年 8 月 27 日
本拿比	加拿大	2011 年 10 月 28 日

资料来源:昆明市人民政府办公厅,http://zfbgt. km. gov. cn/structure/index. htm.

作为桥头堡建设的龙头,昆明也找到了城市发展的新定位——建设中国面向西南开放的区域性国际城市,不仅是面向西南,深化与东南亚、南亚国家的周边区域合作,东北亚地区也成为昆明展示城市魅力的一大重要窗口。2012年7月31日,第十四届中、日、韩友好城市交流大会在昆明闭幕。本届交流大会吸引了来自中、日、韩三国170个地方政府的近300名代表参会。在会上,来自日、韩两国的友好城市机构负责人、部分城市市长就向昆明介绍了许多本国的城市建设做法,他们的事例或许能为昆明提供不少经验①。

在加强海外关系营销的同时,也继续深化已建立的友好城市关系。昆明与苏黎世于1982年2月17日缔结友城关系,昆苏友城关系是中国改革开放以后与国外建立的最早、最富有成效的友城关系之一。2012年10月5日,瑞士苏黎世市政府在市中心文化博物馆举办"昆明—苏黎世友好城市关系30周年"展览开幕式。时任苏黎世市长毛赫、中国驻苏黎世总领事梁建全和苏黎世前市长、瑞中协会主席瓦格纳等200余人出席。30年来,两市借助这一平台,不仅拉近了彼此人民的感情,增进了两地人民的相互了解和友谊,同时,通过一系列具体项目推进了双方各领域交流与合作,为昆明的城市发展带来更多机会②。

(八)全员营销

营销城市并不是简单的媒体宣传推介,也不是仅凭政府一己之力就能完成的。城市营销是城市管理者遵循市场经济的规律和要求,运用市场营销的理论和方法,对城市的政治、经济、文化、环境等要素进行合理的策划与整合,为城市消费者提供"城市产品"(良好的自然及产业生态环境、优越的生活品质与和谐的社会环境等),以满足城市消费者需求的社会行为。它是一项需要多个职能部门乃至全社会共同参与的营销活动。这点,昆明在城市营销活动上做得颇有绩效,如在2008年,全社会通过有奖征集昆明旅游形象广告词、广告语活动;2002年在全市范围内征集、整合和推出"2002中国民间艺术游昆明地区系列活动",共18个大项,60多个系列活动,参与各项活动的游客及观众近千万人次。

---

①日韩友好城市支招昆明城市建设[EB/OL].和讯新闻,http://news.hexun.com/2012－07－31/144201035.html.

②瑞士举办"昆明—苏黎世友好城市关系30周年"展[EB/OL].腾讯·大申网,http://sh.qq.com/a/20121018/000304.html.

二、昆明城市营销手段评价及相关建议

总的来说,昆明市在近十几年间打造城市品牌和塑造"品质昆明"的过程中,开创出一条自己的路子,积累了塑造城市品牌的宝贵经验,但也存在一些观念和具体实践上的失误。

(一)城市营销理念上

起初,昆明在进行城市营销中存在一些理念上的误区,如误以为政府才是城市营销的主角,其实主角是城市的企业、居民,政府是配角。城市营销一般都是政府工作,而营销工作的具体实施是企业和城市居民。过分地往外看只盯着外需,但实际上内需同样重要。城市营销如同企业,应按照一般性市场营销的原理进行,城市营销目的是获取资源,主要通过三种方式:城市消费、城市投资、出口。要对自己城市的资源进行盘点,再通过策划,招商引资的第一个流程就是策划。更重要的是要把企业营销的理念搬入区域(城市)的营销。如城市营销要推出优势产业,那么体现产业的特色就是企业;如城市营销要树立品牌形象,体现环境优势,那么诚实的居民便是环境塑造的主体。

(二)城市营销手段上

造成昆明城市营销活动效果不佳的原因,既有观念上的原因,也有具体的实施原因,最终导致作为一个整体概念的城市营销不能取得整体性的效果。

1. 会展营销时出现的问题

城市营销和企业营销活动类似,受到短期效应影响或主要领导者的"拍脑袋"决策等原因,许多城市在进行会展城市营销时往往会陷入误区之中。入围营销导向,中国城市的经营过程还将困难重重,因为还有一大批城市面临的不是如何塑造一个富裕、美丽或开放的城市形象问题,而是如何首先解决城市人口贫穷、工人下

岗和可持续发展的问题①。昆明所在的云南省更是如此。或许在对昆明进行城市营销的同时,更应当关注昆明周边省市的整体经济水平和居民生活水平的提高。仅仅只是为了通过开展会展等营销活动而单纯地提高昆明的知名度,这种做法固然能在短时间内取得"显著"成效,但并不能解决城市发展的根本问题。

2. 营销口径不统一

需要指出的是,营销口径不统一与城市营销的再定位有着本质区别。统一的营销口径对塑造城市整体形象至关重要,而当前大多数城市往往容易忽视这一点,要么营销口径说法变化过于频繁且众说纷纭,要么明显滞后或过分夸大实际情况。

现如今,中国城市营销的速度和力度史无前例。与成都、杭州的润物无声相比,昆明等大部分城市仍在"努力地"沿用"万箭齐发"式的营销思路,如斥巨资在央视各频道轮番上映的"好客山东"、"七彩云南"式的城市宣传片势头强劲,却显然没有成都的"熊猫太极"、杭州的"西湖出租"更吸引眼球,效果可想而知。不过,对于昆明下一步的城市营销,成都、杭州以寻找共鸣达到润物无声效果的模式同样值得参考②。

3. 旅游营销的问题

如果我们仅从发展空间的纵深度到经历亿万年所形成的物种的丰富,再到多民族性所带来的空前的文化丰富,仅有这几点,还不能将昆明的定位表达得更到位。因为我们仅仅回答了"昆明的现在",是当下的,那么,昆明是如何走到当下的?所以,我们还要回答昆明的过去是什么。昆明市在旅游宣传中主要面临的困难在于:一是宣传经费有限;二是景区较单一,大景区少,宣传缺乏卖点;三是与周边景区差异性不大,营销突破难度大;四是旅游宣传口号难统一,特色不鲜明,很难让人记住③。同时,旅游区域形象设计是一项系统工程,具有整体性、前瞻性、动态性。资源型城市实施旅游形象设计必须立足于调整经济结构、优化产业结构的战略高度,从城市社会经济整体发展的角度考虑旅游发展的要求,把旅游作为现代城市的一项基本职能,使旅游形象设计的具体实施同整个城市的规划建设结合、协调起来,共同融入城市整体发展之中。实施旅游形象识别系统工程,不仅是旅游形象塑

①王春雷.会展城市营销的几个基本问题[J].旅游科学,2004(6).
②城市营销越发讲究润物无声[EB/OL].中国城市发展网,http://www.chinacity.org.cn/cspp/csyx/89527.html.
③城市营销下沉[EB/OL].中国城市发展网,http://www.chinacity.org.cn/cspp/csyx/89440.html.

造的需要,也是城市开拓广阔市场空间,形成广泛的人流、物流和信息流联系,获得可持续发展活力的内在要求①。

4. 未能充分利用世博园营销

一个成熟的对外宣传的品牌——世博园,却由于没有形成品牌的产业链,导致推销其文化价值观的宣传思路不清晰。这就是为什么我们要在认识昆明的对外宣传中,重新梳理昆明的经济产业链。如果没有经济产业链的"皮",对外宣传的"毛"是不可能存在的。

5. 文化在城市营销中的作用未能充分发挥出来

在目前的国内城市竞争和国际区域竞争当中,单靠经济实力难以实现一个城市的整体全方面发展。只有大力依重文化力量,着重建设"文化昆明",才能突破昆明城市发展的瓶颈;只有运用好昆明本土深厚的历史文化资源、灿烂的民族民间文化、西部前列的文化产业,才能真正发挥昆明城市的软实力。昆明是一座拥有1200多年历史的城市,拥有深厚的文化底蕴,充满着都市文化风情和独特人文自然景观。如何在昆明城市建设中融入文化元素,传承文化基因,延续文化脉络一直是昆明在城市营销中需要考虑的问题。

总之,昆明在近些年为提升城市形象和竞争力,不断发掘和利用自身城市资源,并辅助多种城市营销手段,实现了城市自身的可持续发展。

---

①章锦河,陆林.资源型城市旅游形象设计研究——以淮南市为例[J].人文地理,2001(16).

第六章 西安营销
——"中国历史博物馆"呈现
中国精彩

西安是举世闻名的世界四大闻名古都之一,是中国历史上建都朝代最多、影响力最大的都城,是联合国教科文组织最早确定的"世界历史名城"和国务院最早公布的国家历史文化名城之一①,被誉为"中国历史博物馆"。近年来,西安积极运用各种城市营销手段,不仅打造世界旅游胜地,也在努力打造亚洲技术创新中心、中国大飞机制造基地等,目前西安已形成门类较为齐全的工业体系和城市服务体系,成为我国重要的科研、高等教育、国防科技工业和高新技术产业基地及辐射北方中西部地区的金融、科技、教育、旅游、商贸中心。

一、西安的主要城市营销手段分析

西安历史文化悠久,是著名的文化古都,现代西安也在飞速发展,其经济、政治、文化等都取得了很大的进步,图6-1为西安旅游发展趋势。

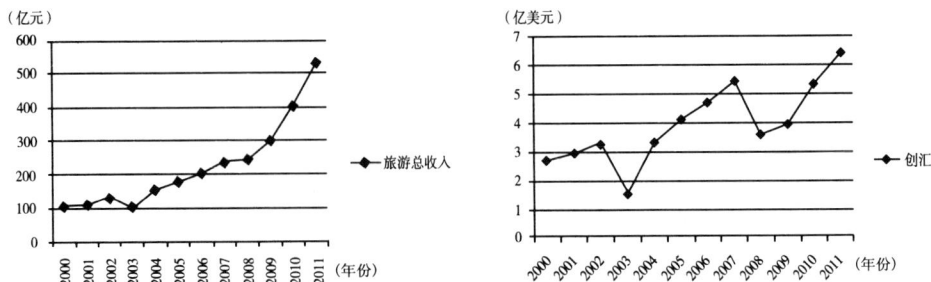

图6-1 西安旅游发展趋势

资料来源:中国统计年鉴.

---

①百科名片,http://baike.baidu.com/view/2155.htm.

从图 6-1 中的走势可以看出,西安旅游业一直迅速发展,很大一部分取决于西安积极运用各种营销手段,下面就西安所用的城市营销手段进行介绍。

(一)品牌营销

1. 城市定位准确

2005 年 2 月,西安市发表《西安国际化、市场化、人文化、生态化发展报告》,第一次为西安做出了明确的城市定位——具有历史文化特色的国际性大城市。其包括以下内涵:

(1)世界历史文化名城

作为中国的千年古都和世界历史文化名城,其历史内涵、文物遗存、文化影响举世公认。世界历史文化名城本身就具有国际性、世界性,是西安推进国际化进程、建设国际化城市最重要的依托。

(2)国际旅游目的地城市

西安有丰富的文化旅游资源,很多具有世界顶级水准,在国际旅游目的地城市体系中占有独特的地位。

(3)亚洲知识与技术创新中心

西安有近百所各类高等院校及众多科研单位,是亚洲最大的航空城和中国的航天城,西安也拥有许多国家乃至世界一流的科学家,有巨大的技术创新能力。

(4)东西方文化交流中心

西安有丰富的历史遗存和深厚的文化积淀,可以成为东方文化的代表,同时现代文学艺术、人文社会科学发展也十分繁荣,具备成为东西方文化交流中心的条件。

(5)黄河中上游地区国际资本聚集中心

西安已建成较为完善的经济体系和城市服务功能,成为辐射黄河中上游地区的金融、科技、教育、旅游和商贸中心,是西部地区对外开放的窗口,是国际金融机构和跨国公司进入中西部地区的首选地。

(6)新亚欧大陆桥中国段国际装备制造业转移的主要承接地

西安是新亚欧大陆桥经济带中国段最大的中心城市[1]。

---

[1]张竞文.浅析西安城市品牌的构建与发展[J].西安社会科学,2008(12).

2. 城市形象树立

2003 年 1 月,西安旅游迎来艳阳天。西安旅游业大打"抓促销、抓管理、抓服务"三张牌。仅就管理而言,2002 年就查黑车 180 多辆,查黑导游 160 多人次。市旅游部门加强监管,查黑导游、查黑车、查非法办事处,对旅行社全面推行公对公佣金管理办法,对导游员实行记分制管理。2002 年 9 月,市旅游局还建立开通了西安旅游电话服务台,通过 110、120、122 等服务台站与区县旅游部门、主要旅游景点、宾馆饭店联网,集调度指挥、信息咨询、客户服务、投诉及信息管理五大功能于一身,实现了为游客提供便捷服务和保障的目的,进一步改善了旅游服务环境。西安的海外游客和国内旅游者大大增加,而西安在海内外公众心目中的形象也大大提升,在最受欢迎的中国城市评选活动中,西安榜上有名。

2007 年 5 月,西安旅游局综合执法督导小组采取暗访措施。督导小组由旅游、公安、工商、卫生、交通、物价等部门组成,对秦岭野生动物园的景区安全、交通秩序及环境卫生情况进行了暗访检查,对华清路、西临高速、幸福北路、历史博物馆、大雁塔北广场等主要地段和旅游景点的秩序进行了暗访检查,并提出了相关要求。从检查情况来看,西安旅游市场秩序井然,游客高兴而来、满意而去。

2009 年 5 月,西安为进一步规范旅游企事业单位经营服务行为,加强旅游诚信建设,提高旅游服务质量和水平,西安市旅游局通过对西安地区旅游企事业单位业务年检、旅游市场日常检查以及旅游投诉受理情况等综合因素的考订,评选出西安地区旅游企事业单位"黑红榜"。西安旅游局这一行为,让各界对其有了更深的了解,对西安的企业有很好的监督作用,让"红榜"企业更好,也让"黑榜"企业更好地改进,其他没有参与评定的企业则有一个规范自己的标准。

为了进一步落实市委、市政府"旅游惠及民生"的指示精神,为广大社区群众的旅游休闲活动做好服务,搭建社区群众获取旅游咨询的通道和平台,促进西安市国内旅游平稳较快的发展,2009 年 7 月 4 日上午 9:00,由西安市旅游局和雁塔区、碑林区、新城区、莲湖区、未央区政府等单位共同主办的"幸福生活天天游——旅游宣传进社区"活动正式启动,在紫薇城市花园临街广场举行了隆重的启动仪式。该系列活动始终贯彻"优惠的价格、优质的产品、优良的服务"的"三优"原则,先后面向市民组织实施了"幸福生活天天游——走进区县活动"以及面向市民的各种节庆活动,为市民出游提供便利和服务。该活动得到了市民的广泛认可和普遍参与,也获得了市民的高度评价。2010 年 4 月,幸福天天游活动又采取了新的措施,开展了"观发展成就·享发展成果"大型惠民系列活动。该活动也是按照幸福生活天天游活动"优惠的价格,优良的产品,优质的服务"的"三优"原则开发出一日游专题线路产品,为市民出游提供了更大的便利。

3. 旅游目的地品牌化

目的地品牌设计即目的地的品牌化,是在目的地定位的基础上设计目的地品牌,包括目的地的品牌口号、品牌标志、品牌符号等,目的地设计的品牌不但要包含体现目的地可以提供给旅游者的旅游产品的功能性元素,也要包含可以唤起目标旅游者情感共鸣的情感元素。品牌化的目的是使目的地的定位策略在促销活动中能够达到事半功倍的效果,从而有助于消费者记住目的地的个性或特质,树立和增强目的地的品牌形象,建立起目的地品牌在目标旅游者心目中的地位[①]。

作为世界四大古都之一、中国八大古都之一的西安,也将其"古城古韵"品牌化。西安入境旅游品牌特征包括三个品牌个性维度——平和、动感、现代,平和主要展现西安的"古城古韵"风貌,动感和现代展现西安的现代化风貌。西安以"动感和现代品牌个性"为主,将"古城古韵"融入其中,彰显西安"古城古韵"的品牌个性。[②]

(二)关系营销

关系营销,是把营销活动看成一个企业与消费者、供应商、分销商、竞争者、政府机构及其他公众发生互动作用的过程,其核心是建立和发展与这些公众的良好关系。

一直以来,西安都积极主动与国内以及国际建立友好合作关系。

1. 国内关系营销

2004年4月,西安旅游局到大连推销旅游产品。西安在推介原有的旅游产品的同时,又向大连的旅游界同人介绍了一批新的旅游产品,并且寻求两地旅游产品的互补,探讨进一步的合作;2007年9月,西安又在厦门举行西安旅游新品精品推介会。西安市旅游局副局长邵运荣在致辞中表示,希望通过主题为"中华五千年寻根在西安"的旅游促销活动,广泛推介西安旅游新品、精品,进一步加强与厦门的

---

①长治学院历史文化与旅游管理系.旅游目的地品牌化初探[J].宜春学院学报,2011(1).
②白凯.西安入境旅游品牌意象特征研究[J].人文地理,2011(3).

旅游合作;2009 年 9 月,西安市旅游代表团一行 17 人随西安市政府考察团在兰州展开为期 2 天的考察访问。推介会上,两市副市长分别进行了旅游推介致辞,并签署了《兰州·西安旅游合作协议》,联手打造"华夏之路"旅游品牌①。

2.国外关系营销

西安与很多国家都建立友好合作关系,如表 6—1 所示。

表 6—1　西安友好合作城市

城　　市	所属国家	签约时间
奈良	日本	1974 年
京都	日本	1974 年
爱丁堡	英国	1985 年
波城	法国	1986 年
堪萨斯城	美国	1989 年
伊斯法罕	伊朗	1989 年
多特蒙德	德国	1991 年
拉合尔	巴基斯坦	1992 年
船桥	日本	1994 年
庆州	韩国	1994 年
雅西	罗马尼亚	1994 年
第聂伯罗彼得罗夫斯克	乌克兰	1995 年
科尼亚	土耳其	1996 年
加德满都	尼泊尔	1996 年
巴西利亚	巴西	1997 年
库斯科	秘鲁	1997 年
魁北克	加拿大	2001 年
晋州	韩国	2004 年

---

①中华人民共和国国家旅游局,http://www.cnta.gov.cn:8000/Forms/Search/SearchResultList.aspx? keyWrod=％u897F％u5B89&pageSize=20.

城　　市	所属国家	签约时间
小滨	日本	2004 年
科尔多瓦	阿根廷	2006 年
庞贝	意大利	2007 年
卡拉玛塔	希腊	2009 年
昆卡	厄瓜多尔	2010 年

(三)会展营销

除了通过从对城市品牌的定位、设计、宣传以及加强与国内、国际友好城市的积极沟通外,西安还通过举办旅游博览会、承办西安世园会等多种方式来进一步宣传和营销自己。

1. 中国西安旅游博览会

2004 年,西安市旅游局和西安市商贸委联合举办首届中国西安旅游博览会。该博览会是一次全国性大型旅游盛会,有"中国天然历史博物馆"之称的古都西安以"广交天下朋友,博览旅游产品,弘扬旅游文化,发展旅游经济"为宗旨,为海内外业内人士呈献了一份集旅游产品展示、旅游资源宣传、旅游商品销售等多层面的旅游大餐。博览会设有很多展位,为国内外旅游企业搭建交流、推介、展示、宣传平台,树立旅游企业形象,扩大旅游城市影响,拓宽招商引资渠道。2007 年,中国西安(国际)旅游博览会暨第四届旅行社旅游采购会在西安市国际会展中心举行,银川市旅游局、西北风情旅游联合会组织率领 20 余人的银川、西北风情旅游促销团参加了此次会议。这一届旅博会的主题是"加强交流合作,发展旅游经济,创建和谐社会",并紧紧抓住西安市旅游资源特色,精心设计,增强展台的视觉效果和宣传效果。在此次旅交会上,许多参展单位充分利用先进设计理念、采用新型材料,展台设计新颖,形象突出,充分体现了各国家和地区的特色,同时也提高了此次交易会的整体档次。泰国、马来西亚国际展商在展区还设立洽谈区,环境幽雅、舒适,使参展、业务洽谈两不误。西安在此次博览会上还专门租用了展馆中心地段,组织了一个专业仿唐乐队,整个表演惟妙惟肖,吸引了不少参展商的围观,获得了普遍好评。博览会对西安市旅游产业发展、旅游市场开发起到积极推动作用。[①]

2.西安世园会

2007年9月，世界园艺生产者协会第五十九届大会一致通过，由中国西安——这座享誉世界的历史文化名城，这座在中国内陆崛起的现代化生态化新城，举办2011年世界园艺博览会。2011年西安世界园艺博览会以生态文明为引领，以"天人长安、创意自然"为主题，营造以植物为主体的自然景观，构建世界化的园林建筑背景，彰显西安历史文化和地域特色韵味，展示人类与自然、城市与自然和谐共生的新理念和新创意，探索人、城市、园林、自然和谐共生的未来发展模式。让人们在西安观赏并体会到由各参展单位所演绎和阐释的精彩纷呈的多种园艺景观、厚重朴实的中华历史文化、尖端先进的生态环保科技和现代西安的绿色时尚。

西安世界园艺博览会是一届跨越经济、文化、科技等领域的多元化、综合性、世界级的博览盛会[②]。

（四）节事营销

为进一步打造并宣传西安的城市品牌，西安每年都积极举办各类形式丰富、特色鲜明的节庆活动，为西安城市宣传做出了重要的贡献。

1.金秋采摘节

2008年9月，根据市"以旅游惠及民生为主旨、以西安市民为对象的人文奥运·旅游西安幸福生活天天游系列活动"方案，为打造"临潼石榴采摘"休闲旅游品牌，扩大临潼石榴的影响，发展推动观光农业旅游项目活动，促进新农村建设和城乡交流，共建和谐临潼，西安特举办幸福生活天天游走进临潼——西安市金秋采摘节暨临潼石榴采摘活动，活动主题是"好时节金秋采摘，品古今走进临潼"。

采摘节活动以节为媒，发挥旅游产业关联带动作用，推动了西安全区乡村旅游、生态旅游、休闲旅游的全面协调发展，为构建社会主义和谐社会、促进社会主义新农村建设，促进西安经济社会又好又快的发展做出了贡献。

---

① 中华人民共和国国家旅游局，http://www.cnta.gov.cn:8000/Forms/Search/SearchResultList.aspx?keyWrod=％u897F％u5B89&pageSize=20.

② 百度百科，http://baike.baidu.com/view/2735751.htm.

2. 登山节

2008 年 10 月 25 日,天高云淡、秋风送爽。西安在骊山风景名胜区——骊山国家森林公园隆重举行幸福生活天天游——西安市民休闲旅游系列活动登山节活动。

登山节是幸福天天游活动的主要活动之一,该活动由西安市旅游局主办,骊山国家森林公园、翠华山国家地质公园、王顺山森林公园承办,西安中旅国际旅行社、陕西友谊旅行社、陕西春之旅国际旅行社、陕西中北假日旅行社、陕西平安旅行社协办。此次活动经过市旅游局多次考察,认真研究,并取得业界各单位的支持,最终在风景秀丽、历史文化底蕴深厚的骊山景区举办。

3. 滑雪节

西安市旅游局与西安翠华山滑雪场、西安沣峪庄园高山滑雪场、铜川玉华宫滑雪场、宝鸡太白山滑雪场、商洛牧护关滑雪场 5 家滑雪场联合举办了滑雪节活动,是"幸福生活天天游"的重要组成部分。滑雪作为风靡世界的休闲体育项目,既是一种健身运动,又是一种精神享受。但长期以来,普通市民对滑雪活动不甚了解,使这项在西方国家极为流行和大众化的休闲活动在中国显得颇为神秘。近几年,西安为使市民、游客能更好地享受冬日休闲的乐趣,西安市旅游局组织了滑雪节活动,为西安及周边城市市民冬季放松心情,健身休闲、滑雪旅游,提供了一个好去处。

4. 赏花节

2010 年 4 月,西安市举办幸福天天游——2010 年西安赏花节暨太平国家森林公园第六届紫荆花节。此次紫荆花节掀开了"2010 年幸福生活天天游"新的篇章。赏花踏青是中国古老民俗传统活动,现代旅游又赋予了赏花踏青独特的含义。西安精心策划,特推出以太平紫荆花节为主的"幸福生活天天游·踏青赏花好去处"春季专题产品,通过媒体网络等进行统一宣传,以方便市民的假日出游活动,为市民带来春日的愉悦。

5. 温泉旅游节

2009 年 12 月,西安市温泉旅游节启动,来自西安、渭南、咸阳三地的 6 家温泉经营场所成为该次温泉节的承办单位。西安充分利用西安、渭南咸阳地区的丰富温泉资源，推出了此次温泉活动，并选出西安汤峪温泉·碧水湾、临潼华清池、咸阳海泉湾、华山御温泉、西部机场集团温泉酒店、渭水园温泉度假村 6 家温泉旅游单位，供广大市民选择，体验丰富多彩的温泉文化，享受"温泉水滑洗凝脂"的乐趣。西安举办"温泉旅游节"的目的，除了为广大市民游客提供更多更好的服务之外，旅游部门还利用旅游的各种宣传促销手段，在海内外进行广泛的宣传推广，使温泉旅游很快形成西安地区旅游市场中一个知名的旅游品牌，成为旅游产品中不可或缺的组成部分[①]。

（五）文化营销

西安，古称长安、京兆，是世界四大文明古都之一，居中国八大古都之首。西安是中华文明的发扬地、中华民族的摇篮、中华文化的杰出代表。1981 年，西安被联合国教科文组织确定为"世界历史名城"。国务院也将其列为"国家历史文化名城"之一。现在的西安是中国七大区域中心城市之一、亚洲知识技术创新中心、西亚欧大陆桥中国段和黄河流域最大的中心城市、中国大飞机的制造基地。2011 年，国务院《全国主体功能区规划》将西安确定为"全国历史文化基地"。

远古时代，"蓝田猿人"就在这里繁衍生息；新石器"半坡先民"在此建立部落。公元前 11 世纪，周文王在沣河两岸建立丰、镐二京，从此揭开了西安千年帝都的辉煌史。西安有着 6000 多年的建城史和 1200 多年的建都史，先后有周、秦、汉、唐等13 个王朝在这里建都，有"秦中自古帝王州"的美誉。西安曾经是中国政治、经济、文化中心和最早对外开放的城市，"世界八大奇迹"之一的秦始皇陵兵马俑则展示了这座城市雄浑、厚重的历史文化底蕴。悠久的历史文化积淀使西安享有"天然历史博物馆"之誉。文物古迹种类之多、数量之大、价值之高，在全国首屈一指，许多是国内仅有、世界罕见的稀世珍宝。西安周围有 120 多座帝王陵墓。兵马俑坑被誉为"世界第八大奇迹"，秦始皇陵是最早列入世界遗产名录的中国遗迹。市内有：6000 多年历史的半坡遗址；明代建立的藏石碑 3000 多块、被誉为石质历史书库的碑林博物馆；文物储藏量全国之最的陕西历史博物馆；唐代著名高僧玄奘法师译经之地大雁塔；西北历史最长的清真寺化觉巷大清真寺，以及西安周边的华夏始祖轩辕黄帝之陵黄帝陵；汉武帝刘彻之墓汉茂陵；唐女皇武则天与唐高宗李治的合葬墓

---

①西安·汤峪第九届温泉旅游节盛大开幕［EB/OL］.中国西安旅游局，http://www. xian－tourism. com/article/? type＝detail&id＝19913.

唐乾陵;释迦牟尼佛指舍利存放之处法门寺、唐大明宫遗址等驰名中外的景点。西安自然景观峭拔险峻,独具特色,境内及附近有西岳华山、终南山、太白山、王顺山、骊山、楼观台、辋川溶洞等风景名胜区,更有周边的森林公园十余个。人文山水、古城新姿交相辉映,构成古老西安特有的神韵风姿。

2008 年,西安组织文化工作,以文化大繁荣、大发展为主线,以基层文化建设为重点,以群众文化活动为载体,以文化体制改革为动力,开拓创新,狠抓落实,在艺术创作与生产、基层文化建设、文化市场管理、文化产业发展、文化体制改革等方面取得显著成绩。西安不断推动文化产业和文化事业的繁荣发展,制定出《西安市进一步深化文化体制改革实施方案》,启动专项资金来扶持重点文化产业建设项目,加大对民营文化企业的支持。西安市还提出加强基层文化基础设施建设,继续实施广播电视"村村通"工程,并研究制定了《西安市非物质文化遗产保护开发实施纲要》,公布了该市第一批非物质文化遗产代表作名录。

不仅如此,2008 年,西安加强文化系统文化产业项目的对外宣传和推介招商,组织西安非物质文化遗产传承人在文博会现场展示泥塑、脸谱、剪纸、风筝制作等民间绝技,引起广大市民和参会代表的浓厚兴趣,充分展示了该市非物质文化遗产保护工作的成果。西安实施"走出去"战略,组织文化系统企事业单位参加其他省市的文化产业博览会,寻求商机,交流经验,促进文化系统文化产业的发展。

西安各级文化管理部门也加强管理,坚持"一手抓繁荣,一手抓管理"的方针,认真做好文化市场经营场所的规范审批和日常管理,保障文化市场健康有序发展。根据国家文化部等七部委的要求,在全市文化娱乐经营场所开展"娱乐场所阳光工程"活动,促进娱乐场所规范、有序、健康发展,坚决打击娱乐场所涉黄活动。西安还组织区县文化局参加全国集中销毁非法出版物、全市"知识产权与责任"等活动;组织完成对全市文化经营单位人员政策法规、经营管理、安全教育的培训工作;加强对文化管理部门的管理,不仅让其服务质量提高,更促使其推出更高质量的文化产品。

2008 年,西安市文化局先后组织西安市歌舞剧院、西安中国画院等赴荷兰、澳大利亚、法国、西班牙等国家进行友好演出和艺术交流,取得了良好的宣传效果,扩大了西安文化的影响力。春节期间,西安市歌舞剧院先后赴荷兰、澳大利亚进行访问演出和街头巡演,在古乐悠悠、秦风唐韵中,展示了中国优秀传统的独特魅力。此次演出引起当地新闻媒体和市民的关注和浓厚兴趣,荷兰《北方日报》头版刊发剧照,并连续进行报道。7 月,西安市歌舞剧院民乐团和陕西安志顺打击乐团应邀赴法国、西班牙参加每年一度的法国南部地区艺术节——比利牛斯国际艺术节,行期53天，先后在马赛、波城、圣吉隆、达克斯和巴塞罗那等32个大小城市共演出64场，街头巡演13场，圆满完成出访演出任务。西安不仅采用这种传统的演出宣传方式，还积极利用了网络现代化营销方式。西安加强公共文化信息资源开发，倡导网络文明，强化网络道德约束，建立和完善网络行为规范，形成具有地方特色的信息文化。西安还建立了文化信息网，该网站开设有政务公开、政民互动、文化信息、艺术生产、群众文化、文化资源、文化市场、文化产业、娱乐资讯等栏目，与文化部、陕西省文化信息网、中国文化网、中国文化产业网、中国文化信息网等互联互通，让人们更方便、快捷、高效地走进西安，走进西安文明。

西安市在紧抓文化建设的同时，还举办了中国西部（西安）文化产业博览会，并举办产业博览、项目推介与合作洽谈活动①。

（六）网络营销

网络营销是现代营销方式，具有方便、快捷的优点，且网络范围广，对城市的营销发展具有很大的促进作用。

西安积极运用网络营销的方式，并开通过了各种官方微博，让人们更快、更方便地了解西安，来到西安。

1．"旅游企业的网络营销"的专题讲座

旅游企业的网络营销是旅游企业的重要课题，是解析未来旅游市场竞争力的关键环节。为此，2011年11月22日，西安市旅游局特邀台湾著名旅游企业家、台湾雄狮集团、雄狮旅行社执行副总经理、杰森全球整合营销执行副总经理黄信川先生，在大唐芙蓉园凤鸣九天大剧场，为西安旅游企业的管理者作题为"旅游企业的网络营销"的专题讲座。

讲座主要包括"旅游业宣传方式的演变"、"旅游消费者的市场分析"、"台湾雄狮经营管理平台"、"旅游电子商务未来展望"等方面的内容。这次讲座是西安旅游局提升旅行社市场营销水平，做好旅行社的精细化管理，扶持旅行社做大做强，全面提高西安旅游产业的竞争力，所采取的一项淡季培训举措。

---

①西安市文化情况［EB/OL］．政府网站—中国西安，http://www.xq.gov.cn/ptl/def/def/index-1121-1240.htm.

2.西安旅游微博

2011年11月30日,为利用微博信息发布快捷、传播语态亲和、受众广泛等诸多优势,西安旅游主管部门、知名景点景区纷纷开通微博。全新的宣传营销方式,为西安旅游注入新活力。西安市旅游局、西安曲江文旅集团、西安半坡博物馆、曲江池景区、西安城墙景区、大明宫国家遗址公园、大唐芙蓉园、赵公明财神庙、西安遗址公园音乐节等西安旅游机构纷纷开设了官方微博。通过微博这个平台,西安各大旅游机构发布了西安旅游的最新政策、旅游活动、景点景区介绍、关中民俗、吃穿玩乐购等海量资讯。打开西安市旅游局的官方微博,网友可以了解到游览西安景点的优惠政策、在游玩过程中遇到不顺如何寻求帮助等实用信息;西安曲江文旅集团把影视巨星周星驰游玩曲江旗下众多景区的照片集合发布,在宣传推介曲江景区的同时,收获了高涨的人气;西安曲江池遗址公园还专门开设音乐节官方微博,通过上传极富现场感的视频,引起人们加入的欲望。西安各官方微博的粉丝数量与日俱增,极大地带动了西安旅游的发展[①]。

(七)体验营销

体验营销是指企业根据消费者情感需求的特点,策划有特定氛围的营销活动,让消费者参与并获得美好而深刻的体验,从而扩大产品和服务销售的一种新型的营销活动。

2011年4月28日至10月22日西安世界园艺博览会(Expo 2011 XI'AN CHINA)很好地运用了体验营销的方式。西安世园会主题是"天人长安,创意自然——城市与自然和谐共生",会徽和吉祥物命名为"长安花",其形象来自西安市花石榴花,理念是"绿色引领时尚",倡导"简单而不奢侈,低碳告别高耗,回归自然,不事雕饰,绿色生活成为追求的时尚",探索人、城市、园林、自然和谐共生的新发展模式。

世园会以体验营销为策略,给世人以视觉、听觉、触觉、味觉与嗅觉的盛宴。此次世园会开展以"色"悦人、以"声"动人、以"味"诱人、以"情"感人的体验式情景销售,其诉求目标是创造知觉体验的感觉,让消费者参与其中并有效调动其购买欲望

---

① 西安发布腾讯微博上线 15家政务机构微博加入[EB/OL]. 中国西安旅游局,http://www. xian-tourism. com/article/? type=detail&id=25000.

的一种营销模式。西安世园会将园林和园艺高度结合,在植物和花卉展示方面,设计了世界植物花卉、中国各地植物花卉、秦岭特色植物花卉等;在园林展示方面,包括了国外园林、国内各省园林、中国古代园林等。西安世园会合理利用灞河自然水系和湿地,营造出船街、舟会、水上舞台等特色水景观,将城市河流综合治理、水与城市生活、未来水科技等主题穿插其中,实现"花、绿、水"的精彩结合,营造诗意的园林画卷。同时,西安世园会举办了各种文化演出表演,使游客能够从听觉和视觉两方面体验世园会,给人以震撼的感觉。西安世园会融合了视觉、听觉、味觉、嗅觉、触觉五种感官,将"绿色、生态、和谐"全方位展示给游客,给人以完美体验的同时,更重要的是让人了解西安、喜欢西安[①]。

(八)影视营销

从 2012 年 8 月 16 日起,西安城市形象宣传片登陆央视,全景式展现西安新貌。西安城市形象宣传片《穿越五千年今朝更好看》在中央电视台和凤凰卫视的四个栏目播出。磅礴大气的画面和强烈的视觉冲击,向观众全景式立体展现了西安城市发展新风貌。宣传片通过绿意盎然的秦岭、举世闻名的秦始皇兵马俑、巍峨雄壮的唐大明宫、沉雄伟岸的西安城墙、气象万千的大唐芙蓉园、高高耸立的大雁塔等一个个鲜明的主题形象,全面展示了西安丰厚的历史、文化、旅游、生态资源优势和建设国际化大都市的新形象。《穿越五千年 今朝更好看》宣传片将现代西安完美的展现在世人面前,让人对西安有了新的认识以及更深一步的了解[②]。

西安不仅拍摄了《穿越五千年 今朝更好看》宣传片,也在著名导演张艺谋的导演下拍摄了《荣耀西安》宣传片。该宣传片中讲解词中说道:西安,是中华民族的发祥之地,有中国人最为自豪和珍贵的记忆,浓缩着华夏人民的遗传基因;西安,深植着一个民族古老的根系;西安,凝聚着一个国家永恒的荣耀。秦中自古帝王都。从 3150 年前开始,13 个封建王朝先后定都西安,13 个至高无上金印玉玺叠映在这块厚重的土地上。这就是与雅典、开罗、罗马并称于世的西安,这是一个海纳百川,含蓄而又博大的西安,这是一个高山仰止,尊贵而又质朴的西安。西安川塬相接、

---

①龙昀光,陈荣群,贾倩,王维新.体验营销理论在主题公园中的应用——以西安世界园艺博览会为例[J].合作经济与科技,2012(1).

②西安城市营销宣传片登陆央视全景式展现新貌[EB/OL].腾讯·大秦网,http://xian.qq.com/a/20120816/000005.htm.

八水环绕、物庶民风、人杰地灵,纵横开河的山河大地哺育了西安人刚健有为的性格,雄浑厚重的文明沃土蕴藏着中华民族物质和精神的瑰宝。21 世纪的西安正将今日的荣耀带上太空,亚洲最大的航空城和中国的航天城崛起在这方皇天后土上;新型工业化和信息时代的洪流涌动在关中大地;现代装备制造业和高新科技产业两翼齐飞;高等院校人才济济;科研力量名列全国前茅;铁路、高速公路和国内国际航线四通八达;电力、油气能源,和城市供水充裕;统一开放,竞争有序的现代市场体系基本形成;城市基础建设不断完善;人居环境诗意盎然。一个集亚洲知识技术创新中心、新亚欧大陆工业桥中国段的工业高地和世界历史文化名城为一身的新西安已经进入现今中国和世界的视野。故都遗香,现代气息交融并蓄在西安的胸襟当中,在这里,古老和现代相互和谐;传统和创新相互和谐;发展和保护相互和谐;人和自然,人和人相互和谐。科学的发展观给城市注入新的生机和活力,西安向着历史文化特色的国际化现代化大城市的目标奋起飞跃,担负起西部振兴的责任,复兴古城的荣耀。千年历史古都,华夏精神故乡。西安不仅属于历史,还属于未来;西安不仅属于中国,还属于世界。今天一座最具神韵的人文之都,一座国际化、市场化、人文化、生态化的盛世西安正在从愿景走向现实。西安人正继往开来,为荣耀历史,为荣耀今天去创造一个荣耀的未来[①]。西安所拍摄的这两部宣传片都完美地解读了西安,对西安的发展起到了很大的促进作用。

不仅如此,西安还拥有西部电影集团。该集团是中国六大电影集团之一,也是国家电影产业布局的四大集团之一。西部电影集团又称"西影"、"西影集团",坐落于古都西安曲江新区巍峨的大雁塔角下。1956 年 4 月筹建,1958 年 8 月成立。建厂初期生产的影片中受到好评的有《草原风暴》、《碧空银花》、《桃花扇》和《天山的红花》(与北京电影制片厂合拍)等。1976 年以后,该厂在故事片创作上引人注目,《生活的颤音》、《第十个弹孔》、《西安事变》、《没有航标的河流》、《默默的小理河》、《人生》、《野山》7 部影片在中外获各类奖 16 次。2002 年以来,西影人共投资融资拍摄了电影《美丽的大脚》、《天地英雄》、《惊蛰》、《日出日落》、《情癫大圣》、《爱亦无声》、《雪花那个飘》、《女检察官》、《阿妹的诺言》、《老港正传》等多部影片,部分获奖影片如表 6—2 所示。

---

①百度百科,http://baike.baidu.com/view/6236503.htm.

表6-2 西影获奖的部分影片

电影名称	拍摄年份	导演	获奖年份,所获奖项
《老井》	1986	吴天明	1987年,最佳故事片金麒麟大奖
《红高粱》	1987	张艺谋	1988年,最佳故事片金熊大奖
《大红灯笼高高挂》	1991	张艺谋	1991年,圣马克银狮奖、国际影评人协会大奖、天主教影评人协会大奖、金格利造型特别奖、艾维拉诺塔莉特别奖 1992年,大卫奖、奥斯卡奖最佳外语片奖
《霸王别姬》	1993	陈凯歌	1993年,最佳故事片金棕榈大奖
《一个都不能少》	1998	张艺谋	1998年,意大利威尼斯国际电影节最高奖——金狮奖、天主教影评人"儿童与电影"最佳影片奖、联合国教科文组织最佳影片大奖等
《我的父亲母亲》	1999	张艺谋	1999年,柏林国际电影节评委会大奖——银熊奖、天主教和基督教联合颁发"人道主义精神奖"等
《盲井》	2003	李杨	2003年,柏林国际电影节最佳艺术贡献银熊奖
《纺织姑娘》	2009	王全安	2009年,蒙特利尔国际电影节评委会特别大奖、国际影评人奖

资料来源:根据百度百科整理,http://baike.baidu.com/view/55655.htm。

二、西安城市营销手段评价与建议

近些年来,西安的城市营销效果成绩斐然,在很多方面已成为中国城市的佼佼者,但在某些方面仍然有不足之处。

(一)城市定位不够全面和现代化

西安作为"帝王之都、华夏源脉",这一城市定位恰如其分且实至名归,具有唯一性、权威性和排他性。但是仍具片面性,城市定位不够立体化、现代化。西安应当加强除了历史文化以外的政治、经济等其他因素,发展现代人文文化,树立城市的现代化品牌。西安在推广自己城市的品牌时若提出定位"西安亚欧国际都会",将强调西安有着丰富的文化,良好社会环境,蕴藏着无限潜力和无穷机遇,鼓励创新思维和不断追求卓越缔造完美。这一核心价值的阐述,既是几千年来古城人奋斗和追求的结果,也是未来它继续保持自己在国际竞争环境中得以生存和发展的精神支柱①。这将产生城市自身文化与其功能结合的一种独特的城市品牌魅力。

(二)旅游营销手段要转换思路

由于旅游要素丰富且历史文化气息浓厚,西安早已声名远扬。但总体来看,更多的旅游营销手段是通过促销和政治型的城市形象展示,依旧尚未达到战略性的城市营销水平。换句话说,西安目前优势的旅游资源还是"祖宗留下的",因此有关部门要转换思路,在体验经济时代,围绕西安之魂——"帝王之都、华夏源脉",定位于"中华文明朝圣地"来实施一系列战略性的旅游营销手段②。中国旅游品牌研究中心高级研究员武义勇认为,西安应顺应潮流,把握机遇,将世界各地的炎黄子孙集聚在西安,寻中华文明之魂。西安旅游应由单一的观光型旅游散点结构逐步转向集观光、休闲度假、文化体验、生态旅游、会议旅游等于一体的复合型旅游构架。

(三)缺乏统一的城市营销领导机构

一个城市的营销手段运用必须立足于地区发展状况、民情的现实环境中。政府应当积极成立专门的城市营销委员会,根据西安目前的城市营销发展现状,制定因地制宜的城市营销发展政策和措施。具体的实施过程中,应由专业的策划机构负责运作,创建一套以西安城市为标本的发展理论,归纳并指引未来发展,甚至可为其他同类城市借鉴,如策划建立西安城市 CIS 系统,从"视觉、听觉、触觉"等层面统领城市系统规范。

---

①浅论西安城市品牌、形象、营销与城市发展[EB/OL].陕西新闻网,http://rexian.cnwest.com/html/content/11126.shtml.

②西安城市营销的策划思路[EB/OL].新浪网,http://city.sina.com.cn/city/2007-09-18/90927.html.

（四）提升西安民众的积极性与参与性

城市营销不是政府的"面子工程"，而是实实在在的城市形象体系和城市价值体系的重塑，是由内而外的营销系统，是全民参与并受益的战略指针。因此，西安在进行城市营销的过程中，在坚持政府主导下的前提下，必须以广大公众的利益为出发点，这样才能积极调动西安市民宣传和建设自己家乡的积极性。

（五）网络营销手段运用不足

根据 2010 年中国电子商务中心对我国 60 个主要的大中型城市的具体数据分析，网络营销指数与城市营销力度指数排名整体上基本一致。在城市网络营销排名前 20 位的城市中，有 16 个城市在城市营销力度指数的排名中也都在前 20 位内。从区域特征上来看，东部沿海城市的城市营销建设相对比较出色，而中西部地区城市的排名则处于 60 个城市排名的中下游[①]。西安城市营销中网络营销方式单一、缺少新意，造成西安城市的主流网站点击率不高、利用率低。

目前，互联网正迅速渗透到社会政治、经济、文化各个领域，进入人们的日常生活，并带来社会经济、人们生活方式的重大变革。作为一种全新的营销方式，网络营销具有传统营销方式无可比拟的优越性，宏观上决定了网络营销必然具有强大的生命力，也必将成为 21 世纪企业营销的主流，全球企业竞争的锐利武器。

综上所述，西安要建设国际化大都市，必须要找准定位和方向。在外人看来，西安的印象过于单调和厚重，西安一直被这样顽固定型，在某种程度上已成为一道枷锁，而城市精神重塑，是开启城市营销之钥。而城市营销不仅需要历史文化的沉淀，更需要现代化的思维与眼界，塑造属于西安的独特创新精神。

[①]60 个城市的城市营销力度点评［EB/OL］. 中国电子商务研究中心，http://www.100ec.cn/detail——4987495.html.

第七章　大连营销

——中国"浪漫之都"的构建

　　大连作为东部沿海的副省级城市,在国内享有较高的知名度、美誉度,在同类城市中也拥有较高的竞争力。在中国社会科学院公布的《2012 年中国城市竞争力蓝皮书:中国城市竞争力报告》中国城市百强名单中,大连市榜上有名,位于第 11 位。根据最新的 2012 年度中国城市综合经济竞争力指数排名结果显示,大连的综合经济竞争力排 17 位,成为中国城市的二十强之一①。大连的快速发展、知名度的迅速提升得益于城市自身的建设与发展,同时也与大连的自身定位和发展战略等密切相关,大连致力于将自己打造成为现代化国际性城市,为此提出"国际导向、全域协作、创新推动、幸福大连"的战略,并且运用各种营销手段不断向这一目标迈进。

一、大连城市营销手段分析

　　提到大连,人们通常把它称为"浪漫之都"、"内陆的香港",还会想到啤酒、服装。大连具有如此鲜明的城市特色,与其所采取的营销手段是分不开的。

(一)关系营销

　　关系营销,是把营销活动看成一个企业与消费者、供应商、分销商、竞争者、政府

---

①中国社会科学院.2012 年中国城市竞争力蓝皮书:中国城市竞争力报告[M].北京:社会科学文献出版社,2012.

机构及其他公众发生互动作用的过程,其核心是建立和发展与这些公众的良好关系。

一直以来,大连与其他城市甚至海外国家加强联系,建立了密切的合作伙伴关系。如2007～2009年,大连与烟台、葫芦岛、牡丹江等多个城市开展了友好合作交流活动,如先后开通了烟台—大连旅游专列,召开大连旅游推介会、大连旅游交易会等,与国内友好城市一起,共同利用各种城市资源,加强合作,推进经济、政治、文化的发展。

除了与国内城市的积极交流与沟通,自1979年起大连也积极与来自世界各国的城市建立友好合作伙伴关系,如表7—1所示。

表7—1　大连国外友好合作城市

国　别	外国城市	结好时间
日本	北九州市	1979年5月1日
美国	奥克兰市	1982年3月30日
日本	舞鹤市	1982年5月8日
德国	不来梅州	1985年4月17日
法国	勒阿弗尔市	1985年11月23日
日本	七尾市	1986年4月13日
英国	格拉斯哥市	1987年11月27日
德国	罗斯托克市	1988年5月16日
俄罗斯	符拉迪沃斯托克市	1992年9月10日
刚果(布)	黑角市	2000年6月9日

资料来源:中国国际友好城市联合会,http://www.cifca.org.cn.

大连在与这些海外友好城市的合作下,开展了一系列的城市宣传和推介活动,如:2002年大连在日本东京举行大连旅游推介会,大连市旅游代表团向日本旅游界、新闻界介绍了目前大连市旅游观光的有关情况,并与日本签署了一项友好协议书①。2003年,大连市旅游局海外促销团先后对塞班、关岛和印度尼西亚、马来西亚进行了促销考察,在塞班岛召开旅游座谈会,在雅加达和关岛举行了大连旅游情

---

①中国大连旅游推介会在日本东京举行[EB/OL].新华网,http://news.xinhuanet.com/fortune/2002—12/10/content_654532.htm.

况说明会,先后散发了近千份大连宣传品①。大连在海外所举行的宣传活动,极大地推进了其打造国际化城市的进程。

(二)形象营销和广告营销

形象营销对于一个城市而言,是通过一系列的市场营销活动,建立城市的良好形象,为城市的发展奠定良好的基础。而广告营销是指城市通过广告对自己展开宣传推广,提高其知名度、美誉度和影响力,不仅吸引广大游客来观光旅游而拉动消费,也能吸引商业投资等,带动城市的发展②。

1. 形象营销

1998 年,当国内大多数城市对"城市形象"、"城市品牌"尚未知晓的时候,大连率先把自己的城市形象定位为"浪漫之都",并提出了与此品牌形象相切合的发展目标,即要把大连建设成为高品位、国际化、大客流、搞创汇的中国旅游名城和国际风景旅游城市,继而向国际海滨旅游名城迈进的城市旅游目标。2003 年,"浪漫之都"在国家工商总局成功注册。此后,大连的众多营销活动都紧密围绕着"浪漫之都"四字来开展和实施,如"大连服装节"、"大连啤酒节"等重要节事活动,都成为诠释"浪漫之都"的重要载体,通过这些活动的开展,成功地将"浪漫之都"的城市形象传达给国内外的游客。

2000 年,围绕"浪漫之都"的城市定位,大连市政府制定了将大连建设成为"海滨花园城市"的战略。大连市环境建设项目荣获迪拜国际改善居住环境最佳范例称号,在全国地产高级论坛会上被评为"全国十佳人居城市",良好的城市环境大大提升了其城市形象。而 2007 年 10 月,大连全市传达贯彻党的十七大精神,市旅游局提出"服务市民、引导消费、激活产业、促进转型"的行业主题,并提出五个工作目标:①构建旅游产业,服务经济转型;②开发工业遗产旅游,推进持续发展;③丰富完善乡村旅游,促进城乡和谐;④打造旅游目的地,提升城市品牌和形象;⑤激活旅游市场,融入国际平台。这些目标的提出不仅给大连的发展指明了方向,也对其公众形象的提升起了很大的促进作用。

---

①大连旅游产品海外受青睐[N].大连晚报,2003-03-05.
②百度百科,http://baike.baidu.com/view/1043027.htm.

2. 广告营销

在明确的城市品牌形象定位的基础上,大连还积极利用各种媒体来对"浪漫之都"的城市品牌进行宣传。2001 年,大连率先迈出城市品牌宣传的第一步,围绕"浪漫之都"的城市定位,大连精心设计并拍摄了相应的广告宣传片,同时借助中央电视台这个广阔的平台,向全国观众展示了大连优美的城市环境、浪漫的城市旅游氛围。广告宣传片的播出,成功颠覆了大连在人们心中作为老工业基地的传统形象,让人们体会到一种充满活力、朝气蓬勃的新大连的城市气息。

随着城市品牌形象的建设,大连对城市形象的推广冲出国门,走向世界。2012年 3 月 1 日,大连城市形象宣传片在被称为"世界十字路口"的美国纽约时代广场精彩亮相,让大连踏上了世界大舞台。大连形象宣传片让世界看到大连、了解大连、爱上大连、来到大连,也让世界看到大连的发展以及中国的发展[①]。

(三)节事营销

节事营销是指城市运用节日以及特殊性事件进行宣传、推广等来达到营销的目的。大连充分运用了市内以及国际上的各种节庆活动。下面以北京奥运会、中国国际啤酒节、大连国际马拉松赛、大连国际沙滩文化节以及大连国际服装节为例介绍大连所运用的节事营销手段。

1. 北京奥运会

2001 年 7 月 13 日,北京申奥成功,8 月,大连向国内外隆重推出"2008 北京—大连奥运观光之旅",以期把"比赛在北京,观光在大连"这一口号在国内外叫响。北京成功申办奥运会之后,大连市委、市政府提出,要以 2008 年第二十九届奥运会在北京举办为契机,做好旅游大文章,把更多的奥运观光客吸引到大连来。为此,大连不仅加强宣传,同时也加紧搞好旅游基础设施建设。大连正成为现代化、具有朝气和活力的区域性旅游中心,被誉为中国的"浪漫之都"[②]。

不仅如此,为了做好"奥运"旅游这篇文章,2002 年,大连举办了以"奥运与旅

①大连城市形象宣传片走向世界舞台[EB/OL].大连海岛旅游网,http://www.0411hd.com/xinwen/daliannews/12179.html ,2012−03−04.

②大连旅游大打奥运牌[N].新华社,2001−08−30.

游"为主题的国际旅游论坛,专程邀请澳大利亚国家旅游培训中心主席和韩国济州岛观光协会会长,介绍两地发展奥运旅游的经验和做法,明确了以环境建设、招商引资和宣传促销等为核心的奥运旅游发展思路,加大了旅游基础设施的投入建设。

2008年,为了实施市委、市政府"奥运在北京,观光到大连"的旅游战略,以奥运为契机,以旅游为纽带,以婚庆为核心,以"中国最佳旅游城市"为背景,以"浪漫之都,牵手奥运"为主题的2008中国大连国际海上婚庆旅游节——奥运婚庆大典,大连市于2008年6月29日在国家级旅游度假区、国家级风景名胜区、国家级滨海地质公园——金石滩隆重举行。

北京奥运会不仅为各个举办城市带来了很大的收益,也为其他城市带来了发展契机。大连紧紧抓住奥运,大力发展旅游业,不仅经济文化等都得到了发展,也让大连走向世界的舞台[①]。

2. 中国国际啤酒节

中国国际啤酒节自1999年开始举办,其中前三届在北京奥体中心举办,2002年起移师大连,2002～2012年的几届举办地在大连星海广场。2004年6月,中国国际啤酒节组委会与大连市旅游局联合召开了"激情啤酒节,浪漫在大连"主题旅游推介会,通过啤酒节与旅游业联手,共同打造啤酒节这一城市节庆活动品牌。为了迎接中外游客的到来,啤酒节主会场设置"旅行社专区";对组织团队和专列参加节日的旅行社和旅游公司,啤酒节组委会还从门票、餐饮、游乐活动等方面给予优惠[②]。

2010年,中国国际啤酒节组委会提出在进一步完善与丰富节日内容的基础上,将把游客的组织作为工作重点,立足东北市场,逐步向东北亚市场拓进,辐射日、韩等国际客源市场[③]。中国大连国际啤酒节的成功举办,不仅对推动城市旅游业和地方经济的发展起到了很好的促进作用,而且进一步提升了城市的知名度和美誉度。以此为基础,中国轻工业联合会与大连市政府提出,要高标准地办好中国国际啤酒节,把啤酒节办成世界性的行业和旅游品牌盛会。

---

①抢抓历史机遇迎"奥运"　大连旅游业大提速[EB/OL]. 东北新闻网, http://www. nen. com. cn/72342401943011328/ 20030123/1063739. shtml.

②大连旅游加盟"啤酒节之旅"[N]. 大连日报, 2004－07－01.

③百度百科, http://baike. baidu. com/view/770327. htm.

3. 大连国际马拉松赛

大连国际马拉松赛是被国际路跑协会、中国田径协会路跑委员会列入国际标准的马拉松赛事之一。大连国际马拉松赛从 1987 年开始举办,是国内历史最悠久的马拉松赛事之一。多年来,在大连市委、市政府的正确领导下,在社会各界及广大市民的大力支持和参与下,大连马拉松事业得到了持续健康发展,目前是我国唯一群众性与竞技性相结合、健全人与残疾人同场竞技的大型体育赛事,每年都吸引了来自世界各地的优秀马拉松选手和近万名马拉松爱好者来大连参加比赛。这不仅彰显出大连国际马拉松赛个性的魅力,又体现出其和谐的完美,同时也为我国中长跑运动员在世界比赛中取得优异成绩搭建了一座桥梁。大连国际马拉松赛现已成为体育的舞台、城市的盛会、人民的节日;成为大连市对外开放、加强国际间的文化体育交流与合作,开创全民健身时代,满足人民群众日益增长的体育文化需求,体现体育为促进经济社会和谐发展,构建和谐社会、和谐世界做贡献的重要载体。

4. 大连国际沙滩文化节

大连,一直以来都是避暑消夏圣地,为发展滨海旅游经济,增加"浪漫之都"的人文魅力,2004 年,大连成立了一个新的节日——大连国际沙滩文化节。大连沙滩文化节不仅包括沙雕、足球、排球、家庭游泳、摄影、市民才艺各项比赛,还有攀岩、飞盘、人体彩绘、环保海报设计、假面舞会、金石小姐大赛等项目。节日期间,10里黄金海岸沿线增设四个演艺舞台和众多海鲜排档,金石广场周边增设了沙滩游乐设施,为市民和游客"吃海"、"玩海"提供了丰富多彩的沙滩文化生活。

"欢乐感动、激爽自然;浪漫大连、心动海滩",一年一度的大连国际沙滩文化节充分发掘了美丽海滨大连丰富的海岸旅游资源,全面展示了大连作为"浪漫之都"的迷人风采,极大延伸和扩展了大连夏季"3S"〔Sun(太阳)、Sand(沙滩)、Sea(海水)〕的文化内涵,以其普遍性、参与性、国际性和拉动性的特点,已成为大连的又一重大旅游节庆品牌和新的城市节日。

5. 大连国际服装节

大连市充满活力的新兴服装城起步于 20 世纪 70 年代末期,脱颖而出于 80 年代,崛起于 90 年代。从 1988 年起,大连市将原来不定期的服装博览会,改为每年举办一次国际服装节。由此声势浩大,大获成功,一鼓作气而成服装名城。大连国际服装节于每年 9 月初举办,是一个集经贸、文化、旅游于一体的国际性经济文化盛会,是目前我国规模最大、档次最高、影响面最广、效益最好的国际服装节之一,大连国际服装节使中国的服装艺术迅速走向世界,为中国服装走遍天下创造了良好条件①。

(四)网络营销

城市网络营销是城市利用当代网络环境来展开的各类营销活动,是传统营销在网络时代的延伸和发展,在实践和具体操作上表现为城市利用网络技术来整合多种媒体,实现营销传播的方法、策略和过程。为了实现自身的发展战略,在新时期,大连充分利用各种网络技术、平台来宣传和营销自我,先后建立的旅游网站、旅游目的地营销系统、诚信信息平台等网络系统和平台在对大连市的宣传和营销上,扮演着重要的角色。

1. 大连旅游商务网

1998年7月,大连开通大连旅游商务网(www.daliantourist.com),共建设了大连旅游、景区景点、网上预订、电子地图等30多个栏目。利用电子业、信息化、多媒体等现代化手段进行旅游宣传促销,取得良好的效果。2000年,大连充分利用"浪漫之都——大连旅游商务网"开展系列促销活动,将大连国际服装节、中国旅游风景区度假区博览会及各种旅游行业动态制成400多条网页在国际互联网发布。2001年,大连借鉴香港旅游网络建设的成功经验,将"浪漫之都——大连旅游商务网"(www.daliantourism.com)不断升级,完成英、韩、日、俄文网站建设,实现网上宣传、网上咨询、网上预订等旅游网络服务项目。同时,大连充分发挥国家旅游局实施的"金旅工程"旅游网络信息中心的结点设在大连的优势,为大连技术以及城市的发展做好准备。

2. 大连旅游目的地营销系统

"旅游目的地营销系统"的概念是世界旅游组织提出的,是利用互联网,结合数据库、多媒体、网络营销等技术手段及方式进行旅游目的地宣传促销和旅游服务的一个综合应用系统。2003年,大连市与国家旅游局信息中心合作,共同开发和建设了大连市旅游目的地营销系统。大连旅游目的地营销系统的建立,对宣传"大

①百度百科,http://baike.baidu.com/view/198188.htm.

连——浪漫之都"的旅游形象,促进大连旅游企业全面发展,对加快大连旅游业的信息化和旅游电子商务的发展和打造大连旅游目的地营销品牌,都具有十分积极的作用。

3.诚信信息平台

2008年,为完善大连旅游行业诚信体系,丰富旅游市场诚信信息资源,引导旅游企业和从业人员诚实守信,推进旅游市场健康发展,大连市旅游局推出旅游诚信信息系统,搭建旅游诚信信息平台。大连市旅游诚信信息平台,是以大连旅游政务网为依托,以全市旅游诚信信息发布和查询为主要功能的信息空间,主要包括诚信查询、诚信公示、诚信榜、曝光台、诚信管理、诚信文献、投诉举报、感谢举荐等子系统。公众可以通过该平台搜索旅游企业或从业人员的名称,以显示该企业或从业人员的诚信情况,实现对诚信信息的有针对性查找,该平台能有效的保障游客的合法权益①。

（五）文化营销

文化营销强调城市的理念、宗旨、目标、价值观、经营管理制度、城市环境、品牌个性等文化元素,其核心是理解人、尊重人,以人为本。

1.文明城市

2005年9月,大连积极参与全国文明城市创建。大连市委、市政府认真贯彻落实党的十七大精神,坚持以邓小平理论和"三个代表"重要思想为指导,贯彻落实科学发展观,紧紧围绕率先实现老工业基地全面振兴、构建和谐社会的奋斗目标;坚持"以评促创、以创促建、重在建设、注重实效、惠及百姓、造福社会"的创建工作指导思想;明确了以党委、政府统一领导,文明委组织协调,党政部门各负其责,人大、政协视察指导,群团组织密切配合,城乡联动,新闻媒体引导推进,广大市民积极参与的创建领导机制与工作机制;不断完善城市管理机制、宣传教育机制、约束和激励机制、社情民意办理机制等长效工作机制;大力巩固和发展了创建全国文明城市成果,文明城市创建工作在巩固中不断创新,在创新中不断提高,在提高中不

---

①王金海,张世安.大连旅游推出诚信信息平台［EB/OL］.人民网,http://society.people.com.cn/GB/1062/8580299.html.

断发展,进一步提高了市民的文明素质和城市的文明程度,形成了文明健康、奋发向上的城市风貌。

2005年,大连被评为首批"全国文明城市"之一,随后,大连又相继荣获"中国最佳旅游城市"、"全国科技进步先进市"、"全球环境500佳城市"、"世界人居奖"城市、"全国双拥模范城"、"国家环境保护模范城市"、"中国十佳金融生态城市"、"中国服务外包基地城市"、"全国社区建设示范市"等称号。不久前,在全国15个副省级城市公共文明指数调查中,大连名列第一。大连市精神文明建设为全市科学发展、和谐发展和率先全面振兴,提供了坚强有力的思想文化保证和精神动力[①]。

2. 金石滩文化博览广场

2010年9月,大连投资建设金石滩文化博览广场,成为大连旅游新看点。金石滩文化博览广场核心区包括旅游开发行政区、中心主题广场、纪念品商业区和旅游休闲区四大单元,拥有文化展示及体验、商业配套、集散服务、广场休闲、会展交易、特色教学和文化创意产业六大功能。

金石滩文化博览广场主要突出文化旅游特色。天文馆以"宇宙漫游"为主题,设有"宇宙之初"、"穿越银河"、"太阳系的家庭"、"登月"、"可爱的家园"等板块。科技馆则囊括了采用多媒体、微电子、语音识别、精密机械、仿真和传感等技术手段,制作形态逼真的机器人可以与人对话、握手,并开设做俯卧撑、鲤鱼打挺、太极拳等各种动作的"机器人"展区;以孩子们熟悉的卡通形象、色彩鲜艳的舞台为背景的"科学互动"表演区;上映360°穹幕影片及炫目惊心的3D电影、动感运动车、灾难仿真、特技表演等的"宇宙剧场放映"区和探寻宇宙的本源的"宇宙探源"区。

蜡像馆根据现有文化内容的优势,以蜡像(超级写实)艺术文化、现代体验文化为主线(包括名人蜡像艺术世界、名人藏宝馆、人的王国馆三部分内容),将当前国际旅游最流行的参与、娱乐以及互动元素融入其中,为游客营造一个极具视觉震撼和心灵冲击的名人蜡像世界。

民俗文化博览园以大连"浪漫之都"和金石滩"后花园"品牌为红线,整合和挖掘世界各地主要的婚庆、婚俗等民俗文化资源,展示承载和中国传统文化及金石滩度假区创建以来接待国外重要人物来访的图片及赠品。

大连市文明城市的创建以及金石滩文化博览广场的建设为大连人提供了良好

---

①大连旅游行业积极参与全国文明城市创建[EB/OL].中国国家旅游局,http://www.cnta.gov.cn/html/2008-6/2008-6-2-14-32-15-4486.html,2005-9-12.

的文化环境以及丰富的文化资源,不仅提升了大连的文明程度,也提升了大连人的文化素质水平①。

(六)体验营销

体验营销对城市而言是指城市通过采用让人们观摩、聆听、尝试等方式,使其亲身体验城市提供的产品或服务,让其实际感知产品或服务的品质或性能,从而促使其认知、喜好并吸引游客旅游观光消费以及商家投资的一种营销方式。

2004年12月,大连旅游促销团出征江浙,带着"请你们到大连来,体验温泉、运动和购物'3S'旅游,感受一个火热而充满激情的冬天!"的宣传语,在江苏省江阴举行说明会,拉开了赴江苏、浙江冬季旅游促销活动的序幕。2006年11月至2007年3月,大连又推出冬购和大连冬季旅游"3S"[Spring(温泉)、Sport(运动)、Shopping(购物)]产品和路线,逐步推动大连旅游"旺季更旺、冬季少淡"的市场效果,让更多的海内外游客"冬游到大连,体验新浪漫"。

(七)影视营销

2007年2月,由大连电视台《中国大连》栏目组拍摄制作的7集反映大连创建最佳旅游城市的系列专题片《旅游在大连》,在新春佳节期间呈现给观众。该专题片在初一至初七播放,具体内容如下:大年初一玩转"农家游";大年初二温泉里泡一泡;大年初三走近陶艺世界;大年初四发现王国找刺激;大年初五普通人的"DV节日";大年初六放飞对生活的热爱;大年初七导游酸甜苦辣咸。此系列专题片以人文的视角,从小故事着手,精彩展现浪漫之都的风情,全方位诠释时尚大连的独特魅力。

2007年,大连旅游业蓬勃发展,离不开大连的影视宣传。2007年,大连接待国内游客量、海外游客量都大幅提高,旅游总收入、国内旅游收入以及旅游创汇也都远高于2006年,旅游宾馆饭店及旅行社数量也在不断增长,如表7—2所示。2007年,大连获得"中国最佳旅游城市"称号。

---

① 百度百科,http://baike.baidu.com/view/6273761.htm.

表 7-2 2006 年与 2007 年大连旅游业对比

指标名称	2006 年	2007 年	涨幅(%)
国内游客接待量(万人)	2150	2480	15.3
海外游客接待量(万人)	70	84	20
旅游总收入(亿元)	260	325	25
国内旅游收入(亿元)	222.9	281.5	26.3
旅游创汇(亿美元)	4.65	5.8	25
旅游宾馆饭店(家)	190	206	8.4
星级宾馆饭店(家)	159	166	4.4
旅行社(家)	373	378	1.3

资料来源:中国统计年鉴(2006,2007).

(八)品牌营销

品牌营销是通过市场营销使公众形成对城市品牌和产品的认知过程,是城市要想不断获得和保持竞争优势,必须构建高品位的营销理念。最高级的营销不是建立庞大的营销网络,而是利用品牌符号,把无形的营销网络铺建到社会公众心里,使消费者在选择旅游及消费时想到这个城市,投资商选择合作时也想到这个城市。为了实现城市形象的塑造与传播,大连市采取了一系列的品牌营销活动。

1."旅游大篷车"

1998 年,大连市政府提出,1999~2001 年大连接待海外游客、旅游创汇每年要以 30%的速度递增,旅游总收入到 2001 年要占全市 GDP 的 9%。要完成这一目标,如何吸引更多的海内外游客来到大连成为关键所在。为此,大连市旅游局改变"守株待兔"的做法,另辟蹊径,把眼光放在国内巨大的客源市场,决定采用"旅游大篷车"形式,向全国各个省(市、自治区)推销大连旅游产品,招徕游客。

大连"旅游大篷车"促销的第一站选择了与大连一海之隔的山东。1999 年 12 月 1 日,大连市旅游局率领 14 家旅行社、5 家酒店和 1 家景点组成的旅游促销团,驱车、乘船、跨海进行宣传促销,此次"旅游大篷车"累计行程 2000 公里,分别在烟台、威海、青岛、潍坊、淄博、东营和济南 7 个城市举行新闻发布会,散发各种宣传资料近 9 万份。当时，由于受"11·24"海流的影响，到山东旅游的游客也很少，大连"旅游大篷车"之行令山东同行刮目相看，并盛赞大连促销团有勇气、有眼光，每到一地都受到了热烈的欢迎，仅此一次就与大连签订互进游客 50 万人次的合同。

2000 年，大连创立了"旅游大篷车"宣传品牌，由此"旅游大篷车"开始了 3 年的促销，先后开赴上海、江苏、广东、四川、重庆、陕西、山西、河南、江苏、海南、广西、湖南、云南、广东、安徽、北京、天津和河北等地，举行大连旅游说明会，宣传大连的旅游产品，与当地旅游界进行交流，以扩大大连的影响，吸引更多的游客来大连旅游观光，在全国刮起了大连旅游的宣传旋风，《中国旅游报》盛赞此行是我国旅游史上的创举。

大连"旅游大篷车"如同一道流动的风景，奔驰在祖国的大江南北，展示着"浪漫之都"的万种风情，吸引着无数向往的目光，为大连旅游带来不尽的客源。正如大连市旅游局局长柳振万所说的：大篷车是大连旅游的宣传队；是浪漫之都深入人心的播种机；是大连城市形象的展示屏；是大连旅游经济发展的推进器；是大连美誉度提高的催化剂。几年来，大连"旅游大篷车"先后出行 20 次，行程 32874 公里，走过全国 31 个省（市、自治区）、110 座城市，签订游客互换协议 97 份、互换游客 518 万人次，带来直接经济效益 31 亿元。并且，"旅游大篷车"让"浪漫之都"、"北方明珠"、"世界环境 500 佳"、女骑警、金石滩、旅顺、中山广场、友好广场等这些大连旅游的品牌，不仅旅游界，普通游客也能耳熟能详。大连在推销自己的同时，也联合其他地区，共同发展，实现多赢，极大地促进了大连经济的发展①。

2."两张牌"战略——特色牌、联合牌

2001 年，大连全面实施"两张牌"战略，推动大连向长远发展。具体做法是：其一，打特色牌，独树一帜。大连的特色是城市优美、环境宜人，特色牌是以大连优美的城市为品牌，把城市本身作为一个整体旅游产品向海内外推销，提升了旅游业的吸引力和竞争力，收到良好效果。在 2001 年末全国 24 个城市综合竞争力排名中，大连的城市美誉度名列第一。同时，大连独创的女骑警之旅、观光农业之旅、体育之旅、工业之旅等极具地方特色的旅游线路，都深受海内外游客欢迎。其二，推联合牌，捆绑经营。大连把现代与历史、人文景观与自然景观相结合，把城市与农村相结合，把大连与辽宁各城市相结合、把大连与全国相结合，使旅游内容更加丰满，旅游线路更为多

---

①大连旅游大篷车三年走遍祖国大地［EB/OL］. 大连旅游网，http://bg. dltour. gov. cn/jf_news/hot-news. neiye. asp? newsid=1438.

样也更具特色,以达到"没来大连的人想来,来过大连的人想再来"的效应。

3. 浪漫之都

2005 年 4 月,为了进一步打响"奥运在北京、观光在大连"的大连旅游招牌,大连召开了"浪漫之都——大连旅游说明会"。在说明会上,北京市旅游局与大连市旅游局签订了奥运旅游战略合作协议,承诺共同开发奥运旅游新产品,3 年内,北京市旅游局将更多地组织国际游客到大连旅游,并共同进行海外促销。大连市旅游局与首旅集团、中旅总社、康辉总社、中青旅等旅游企业签订了奥运旅游合作协议;国旅总社与大连国合集团签订了增资扩股协议。

近年来,大连抓住机遇,以"奥运在北京、观光在大连"为主题,积极开展形象宣传、旅游产品促销,推动了大连旅游向更高的目标迈进。经过 3 年的努力,2006 年 11 月,大连在国家工商总局成功注册了"浪漫之都"旅游城市品牌和 43 个类别的"浪漫之都"系列产品商标,开创了世界旅游史的先河。大连的"六大浪漫"、"五张牌"和"50 最"闻名天下。北京申奥成功后,大连提出的"奥运在北京、观光到大连"的口号又响彻海内外;同时,大连旅游促销团不断出现在日本、韩国、东南亚、中国港澳台、欧美澳等国家和地区,使大连的海外客源持续增长。大连的城市旅游形象设计推广形成了"大连模式"并被各地效仿。

2012 年 1 月,中国旅游协会和中国旅游报社在广州主办首届中国旅游产业发展年会,会上发布了中国旅游产业网络推选榜结果,大连市旅游宣传口号"浪漫之都、时尚大连"荣获"旅游宣传口号"第一名;老虎滩海洋公园和发现王国两家旅游景区进入"网友喜爱的主题公园"前三甲,这一殊荣再次叫响"浪漫之都"的宣传品牌。

4. 温泉旅游带

在辽宁省提出建设"中国温泉旅游第一大省"的目标下,大连找到了新的发展契机。2011 年,大连提出"温泉成为大连旅游新招牌,将打造滨海温泉旅游带"的目标。辽宁省拥有规模温泉旅游点 20 多处,大连占了半壁江山。同年 12 月,投资 5 亿元、历时 4 年建设的大连成园温泉山庄嬉水乐园二期馆正式开门纳客,该项目创造了世界上建筑面积最大的室内温泉嬉水乐园、世界室内场馆最大直径树木等 11 项世界纪录,这为大连打造建设"温泉旅游带"旅游品牌打下了坚实的基础。在建设"温泉旅游带"旅游品牌的目标下,大连市政府在北部地区建设总占地面积达 21 平方公里的 3 个温泉旅游经济区,分别为瓦房店龙门温泉旅游经济区、普兰店安波温泉旅游经济区和庄河步云山温泉旅游经济区,并计划用 3～5 年时间把这 3

个温泉旅游经济区建成东北亚知名的温泉旅游目的地，在大连北部形成国内具有辐射力和吸引力的"温泉走廊"①。

温泉旅游品牌的打造给大连带来了丰富的客源、创造了巨大的旅游收入和经济价值的同时，对国民经济的发展具有较强的关联带动作用。温泉旅游具有较强的关联性，除了直接带来旅游收入的快速增长外，还纵向带动了沐浴、桑拿、按摩、健身、体验等行业的发展，推动了餐饮、娱乐、地产等相关产业的发展，温泉旅游已成为推动大连经济发展的新增长点。此外，旅游业作为服务业中最有活力、最具发展潜力的龙头产业，是调整产业结构的重要因素，而温泉旅游的发展又构成了大连优化产业结构的重要载体。

二、大连城市营销手段评价

大连运用各种营销手段，不断向现代化国际性城市迈进，在其前进途中充分发挥其营销特色，但也存在很多不足之处。下面就其特色及不足之处进行分析。

（一）城市营销特色分析

大连城市的营销特色主要可以归纳为以下三个方面：

1. 城市定位明确

城市定位是一个城市崭露头角的关键，明确、正确的城市定位是一个城市快速发展的目标指引。每个城市都有其自身独特的人文、文化、资源、环境等要素，只有将所有资源围绕着城市的定位有机地整合起来，才能发挥协同作用，挖掘出城市的吸引着力点，探索出最适合城市发展的道路，打造鲜明的城市形象。大连的品牌形象为"浪漫之都"，其城市定位是"时尚大连"。这一定位让大连的形象在繁多的沿海城市中一跃而起，知名度显著提升。

---

① 温泉成为大连旅游新招牌 将打造滨海温泉旅游带［EB/OL］. 中华人民共和国旅游局，http://www.cnta.gov.cn/html/2011-1/2011-1-1-10-27-80159.html.

2. 营销主动出击

大连一直采用积极主动的营销策略,在城市品牌形象的塑造和传播过程中,一直走在全国城市的前列。例如利用中央电视台宣传平台、推出"旅游大篷车"的宣传形式、登上纽约时代广场的大屏幕等做法,让"浪漫之都"、"北方明珠"、"世界环境500佳"、女骑警、金石滩、旅顺、中山广场、友好广场等这些大连旅游的品牌,不仅在旅游界,连普通游客也能耳熟能详。

3. 政府主导作用发挥较好

近年来,大连市政府提出"要用经营的手段来管理城市"。政府不仅是城市的管理者,更是经营者。大连市政府亲自组团带队参加国内外的旅游推广活动。不仅如此,大连市政府还对旅游项目给予很大的支持,指导、鼓励民营资本和外资的投入,在土地和税收等方面给予优惠政策。而且,大连市设立旅游专项基金,用于旅游促销、重点旅游项目开发、旅游信息化建设和旅游基础设施建设。

4. 促销方式多样化

大连不断采取多种营销方式进行宣传促销。北京申奥成功后,大连随即向国内外隆重推出"2008北京—大连奥运观光之旅",将"比赛在北京、观光在大连"这一口号在国内外叫响;2005年4月,为了进一步打响"奥运在北京、观光在大连"的大连旅游招牌,大连又召开了"浪漫之都——大连旅游说明会";2003年1月24日,国家旅游局信息中心与大连市旅游局在京举行了开发大连市"旅游目的地营销系统"的签约仪式,大连旅游目的地营销系统正式启动;2012年3月1日下午5:30,在被称为"世界十字路口"的美国纽约时代广场,大连城市形象宣传片精彩亮相,让大连走向了世界舞台。

(二)城市营销不足之处

虽然大连在城市营销上取得了很多成果,形成了自己鲜明的特色,但依然存有不足,有许多需进一步改进和完善的地方。

1. 整体城市形象鲜明,但细节有待雕琢

大连是最早将城市作为一个整体形象推出的,适时地提出了要把大连建设成

为国际性、现代化城市的目标。2003年，大连将"浪漫之都"作为自己城市的魅力定位。但提出城市形象的塑造和打造并不能仅仅靠一句口号，还需要配以相应的品牌标志、品牌符号、品牌形象代言人、品牌传播方式等核心内容。

2.传统营销过多，现代营销方式有待完善

大连虽然运用了很多种营销方式，但是大部分为事件营销、关系营销等传统营销方式，像品牌营销、文化营销等现代营销方式运用较少。一直以来，大连与其他城市甚至海外国家加强联系，建立了密切的合作伙伴关系。不论是世界性的节日还是市内节日都举办得有声有色，像北京奥运会、中国国际啤酒节、大连国际马拉松赛、大连国际沙滩文化节、大连国际服装节以及大连樱花节、蓝莓节、樱桃节等，大连都紧紧抓住了这些节日庆典进行各种营销推广，也取得了很大的收益。相比之下，品牌营销、文化营销、网络营销等现代营销方式，还有较大的提升空间。

3.营销区域有待扩大，客源市场不均衡

大连位于欧亚大陆东岸，中国东北辽东半岛最南端，其特殊的地理位置使其在客源市场上发展不均衡。大连的国内游客多是东北地区，国外游客也多是我国东北附近的几个国家，如俄罗斯、日本、韩国等。大连一直在致力于把自己打造为现代化国际性城市，显然大连目前还远远没有成为全国性、国际性的旅游目的地。

4.愿景描述及沟通不足

城市营销的主体是多元化的，政府则处于主导地位。大连市政府在很多地方都发挥了良好的主导作用，但是却没有给城市一个清晰的愿景描述，并且在沟通上略显不足。城市政府不仅是城市营销活动的组织者和指挥者，还是城市公共利益的维护者和公共产品的提供者。像大连市政府所提出的"要用经营的手段来管理城市"，政府既是管理者，也是经营者。一个城市的发展更重要的是政府的有效经营。因而，政府要合理地制定城市的愿景，并且要将该愿景有效地传递给城市各个营销主体及市民，只有获得了各个营销主体及市民的认同与支持，城市营销才能良好地运行。而大连市政府在描述愿景和有效沟通上尚有不足之处。[①]

---

①马林，李雪丽，祁洪玲.大连市旅游营销策略探讨[J].商业研究,2008(8).

5.缺乏规范的促销效益评价系统

大连对旅游宣传促销活动投入大,但没有对其效益进行及时的测评,从而无法对各种促销手段进行有效的评估以及及时反馈,对以后宣传促销手段的选择势必造成影响,也会进一步对大连的发展造成影响。

三、大连城市营销相关建议

针对大连城市营销的现状,结合大连城市营销的不足,笔者认为在今后的城市营销工作中,大连可以从以下几个方面进行:

1.对城市形象精雕细琢

大连的城市形象要在现有整体形象的基础之上进一步细化发展,关注细微处的设计和完善。城市形象的塑造和宣传可以设计出与城市品牌相符合的品牌符号、品牌口号、品牌精神等要素,并通过城市的路牌、广告、候车亭、路标、城市地图等城市形象的识别物加以体现,使其具有人文特色。更为重要的是,在城市形象的塑造上,要以高标准追求艺术的高境界,使城市景观形象成为城市精神气质的"表意符号"。

2.整合营销

大连在继续保持其对传统营销方式良好运用的同时,要不断加大利用现代化营销手段。提及大连,人们想象到的多为其广场绿地、喷泉、骑警以及各种节庆活动等,这也是大连一直致力于宣传的城市形象,然而人们却没有对其城市文化、经济发展及科学技术有太大印象。因而大连在建设文明城市的进程中,要加大其城市文化底蕴的构建与宣传,让人们知道大连的文明、文化与精神。

不仅如此,现代科学技术飞速发展,各种以科学技术为依托的促销方式更是层出不穷,世界各地都在紧抓这一机遇,大连也应该紧紧抓住科学现代的营销方式。尤其是网络促销,网络具有传播速度快、传播范围广、反馈速度快的优势,网络促销正在发挥着越来越大的促销作用。大连旅游目的地营销系统已投入运营,但还应该进一步加大对网络的有效利用,如:建立更多的具有特色的网上营销网络平台;

运用虚拟技术加大与世界各地的联系交往，而不仅限于现实中的访问、交易会等。

3. 发展世界各地客源及品牌城市推广

大连客源市场发展不均衡，多为中短途的游客。如何吸引长途游客甚至国际游客，大连还应继续加大宣传促销力度，并针对目标客源地，选择恰当的宣传方式和促销手段。目前，大连相对以前的知名度已经有了很大的提高，如果继续实施"旅游大篷车"的促销策略，收益甚微，因而，大连应改变其宣传促销策略。根据目前市场状况，大连应针对客源市场进行促销，提高促销效率。具体措施：着力树立城市品牌，深化品牌形象；选择目标市场，对目标客源进行集中性促销[①]。

4. 制定准确的发展愿景并有效沟通

愿景对公司来讲，体现了企业家的立场和信仰，是企业最高管理者头脑中的一种概念，是这些最高管理者对企业未来的设想，是对"我们代表什么"、"我们希望成为怎样的企业？"的持久性回答和承诺。企业愿景也不断地激励着企业奋勇向前，拼搏向上。然而不仅企业需要愿景，一个城市甚至一个国家也需要愿景。何谓城市愿景？城市愿景是指一个城市的长期愿望及未来状况，未来发展的蓝图，体现一个城市永恒的追求。大连市政府起到了很好的主导作用，但却没有为其描述一个精确的愿景。因而为了给大连的未来发展有一个清晰的指向，政府应该针对大连现阶段的发展状况以及未来世界发展趋势制定一个清晰的愿景，并将其准确地传递给大连市民，带领所有人少走弯路，共同建设现代化、国际性的大连，以期更好、更快、更稳的发展。

5. 建立完善的营销评价体系

大连采取了很多营销手段并且对城市营销大量投入，但却没有一个完整的营销评价体系，无法测量营销效益，对以后的营销势必有所影响。大连应建立一个完善的旅游目的地营销评价体系。旅游目的地营销评价，就是探索旅游目的地各项营销活动对目的地的影响及对营销生产力进行测量，以了解营销活动对旅游者、旅游企业、目的地形象和社区造成何种影响及这些影响的大小。其中，主要探索营销活动是否会影响目的地的经济效益。旅游目的地效益评价，主要是说明目的地营销主体与资源之间的关系，这里的资源主要是指人力、时间和资金。旅游促销效益

---

① 马林，李雪丽，祁洪玲. 大连市旅游营销策略探讨[J]. 商业研究，2008(8).

评价可以通过很多指标来衡量,如表7-3所示。

表7-3　旅游目的地营销绩效评价指标体系

准则层	指标层	因子层
营销活动效果	旅游者	旅游者满意度
		旅游者抱怨度
		投诉答复率
	促销效果	旅游目的地知名度
		旅游目的地美誉度
		游客对目的地广告质量的评价
		游客对于旅游营销的满意度
		居民对于目的地形象的满意度
	网站效果	网站知名度
		点击率
		访问者增长率
		客户咨询量
		更新频率
		网站的交往性
	市场效果	旅游人次增长率
		旅游者逗留时间增长率
		旅游者人均消费增长
		国际旅游人次增长率
		旅游酒店年均住房出租增长率

续表

准则层	指标层	因子层
营销活动效益	经济效益	目的地旅游总收入增长率
		单位营销旅游收入增长率
		旅游外汇收入增长率
		目的地旅游企业收入增长率
		旅游营销投资回报率
		营销经费占旅游总收入的增长率
		旅游电子商务交易额的增长率
	社会效益	旅游税收年均增长率
		旅游上缴税收占目的地税收的增长率
		旅游对目的地人均 GDP 贡献率
		旅游经济容纳就业量的增占率
		旅游从业人员年均增长率
		旅游从业人员人均旅游收入增长率

资料来源:妥艳娥,白长虹,陈增祥.旅游目的地营销绩效评价指标体系构建初探[C].2012年中国旅游科学会议论文集,2012。

运用以上指标,从目的地营销活动效果和效益两方面入手,对旅游目的地营销绩效进行评价,不仅可以及时反馈营销效果,更重要的是为城市今后的城市营销手段的选择与投入提供良好的依据。因而,建立一个完善的营销评价系统对大连城市营销发展有很重要的意义。

第八章　成都营销

——展现休闲之都的独特魅力

近年来,传统思维里"偏安一隅"的西部城市成都正不断地以变化多样的词语刺激着人们的神经,从"天府之国"、"中国第四城"、"休闲之都"、"东方伊甸园"、"成功之都"、"一座来了就不想离开的城市",到"幸福指数最高的城市"、"超女诞生的地方"、美食节、三国文化节……成都一直试图通过各种城市营销手段让世人认识到属于这座西部城市的独特魅力。经过多年的营销实践,成都的城市营销做得越来越出色,从"养在深闺人未识"变成了中国最具魅力的城市之首。一边是踏踏实实的城市战略转型,另一边是"润物细无声"的营销传播,虚实结合、虚实相通,成都的实践为更多城市的营销提供了极具参照意义的范本。

一、成都城市营销实践

改革开放以来,成都经济和文化的发展速度不可小觑。在如今现代化发展过程中,成都正在试图寻找并探索具有自己特色的城市发展道路,成都也是中国开展城市营销活动最早、最积极的城市之一。

从表8-1看出,2010年,成都的城市营销指数在100个城市中位列第三,仅次于北京、上海。而城市品牌指数更是超过上海,位居第二,城市营销力度则位列第九。在城市营销建设指数、城市营销沟通指数、城市网络营销指数方面,成都分列第六、七、九,均位列前茅。然而在营销效益指数中,成都表现稍差,仅列第二十一位[①]。

---

①刘彦平.中国城市营销发展报告(2009～2010):通往和谐与繁荣[M].北京:中国社会科学出版社,2009.

表8-1 成都城市营销指数得分与排名

营销效益指数	得分与排名	营销沟通指数	得分与排名	营销建设指数	得分与排名
效益得分	0.824	沟通指数	0.851	营销建设指数	0.865
效益排名	20	沟通排名	7	营销建设排名	6
投资效益排名	22	本地支持排名	10	公共服务排名	10
出口效益得分	0.656	节会营销得分	0.648	人居建设得分	0.434
出口效益排名	24	节会营销排名	10	人居建设排名	27
旅游效益得分	0.423	旅游推广得分	0.607	产业质量得分	0.281
旅游效益排名	17	旅游推广排名	8	产业质量排名	12
		投资促进得分	0.589	创新建设得分	0.283
		投资促进排名	4	创新建设排名	7
		国际推广排名	17	旅游建设排名	5

(一)会展营销——展会扩大成都影响力

成都是一个天然的会展地。尤其是"十一五"期间,成都市会展业取得了长足发展,会议、展览、节庆活动举办的数量、规模和影响力明显提升,品牌培育成效明显,体制机制改革走在全国前列,会展业在推动产业发展、提高城市知名度、带动城市经济发展等方面发挥了显著作用。集中体现在①:①会展产业规模日益扩大。"十一五"时期是成都会展业发展最快的时期。会展项目数量大幅增加,2010年举办各类会展项目数量达382个,较2005年增加206个,吸引参会参节人数达8100万人次,其中外地参会参节人数达1320万人次。会展经济效益不断提高,"十一五"时期会展业直接收入年均增速达32.27%,间接收入年均增速达33.23%,2010年会展业直接收入达到32.39亿元,间接收入达到272.87亿元,促进经贸合同签订金额达2880.74亿元。②会展品牌项目持续增加。"十一五"期间,成都在培育会展品牌方面取得重大进展,高端会议、专业展览、特色节庆实现同步发展、整体提升。中国西部国际博览会、成都国际家具工业展览会、成都国际汽车展览会等自办展和春季全国糖酒商品交易会、全国药品交易会等大型来展规模明显扩大。大型

---

①成都市人民政府.成都市会展业发展"十二五"规划.2012.

国际会议数量不断增多,先后举办了中国—欧盟投资贸易合作洽谈会、中国国际软件合作洽谈会、中国(成都)新能源国际峰会、中国(成都)国际物联网峰会等大型会议。中国成都国际非物质文化遗产节、中国国际美食旅游节等特色节庆活动影响力不断提升。③会展影响力不断提升。2008 年,成都被中国国际贸易促进委员会列为中国五大会展中心城市之一。2009 年,成都被业界权威刊物《中国会展》和亚洲财富论坛评为"中国十大展览城市"、"中国十大节庆城市"、"中国十大会议旅游目的地城市"。2010 年,成都被商务部中国会展经济研究会推选为"中国会展名城",在首届中国会展业年会上被评为"中国十佳品牌会展城市",陆续荣获"中国会展之星·最佳城市奖"、"中国最佳绿色会议城市"、"中国十大魅力会议目的地城市"等荣誉,成都作为知名会展城市的影响力不断提升。

2011 年,被誉为中国会展经济发展"风向标"和"晴雨表"的 2011 年"中国会展指数"(CCEI)发布,成都会展指数居全国 20 个重点会展城市榜首,高出中国会展指数(190.3)121.2 点,这标志着成都会展经济在全国 20 个重点会展城市中发展速度最快①。仅 2011 年,成都市举办的具有中国和世界影响力的会展有:2011 年全国(春季)糖酒商品交易会,全国药品交易会及中国国际医药原料药、中间体、包装、设备交易会,中国海外交流协会理事大会,灾后救援及恢复重建红十字国际研讨会,第九届中国国际软件合作洽谈会,第二十八届中国国际体育用品博览会,2011 香港时尚购物展,第四届国际化工新材料峰会,中国企业 500 强发布暨中国大企业高峰会,第三届中国国际循环经济产业博览会,第七届泛珠三角省会城市市长论坛,2011 年全球汽车论坛,第四届中国商标节,中国(成都)新能源国际峰会暨太阳能展览会,第十二届成都国际家具工业展,第十四届成都国际汽车展览会,第八届中国国际美食旅游节,第十二届中国西部国际博览会,2011 年中国国际农产品交易会,全国医疗器械区域博览会,2011 年中国国际创意设计推广周等。成都作为会展之都的形象已经明显确立起来。

《成都会展业发展"十二五"规划》首次将会展业纳入"十二五"重点专项规划并将发展会议、展览、节庆三大会展业态作为发展会展业的重点,制定了到 2015 年把成都建成"具有国际影响力的中国会展之都"的目标。借助会展这一平台,成都积极通过会展营销手段来营销城市,将这个城市介绍并推广到全国乃至全世界。

目前,成都市比较典型的会展活动有:

---

①汪洋.中国会展指数"风向标"剑指成都[N].经理日报,2012—08—24(A01).

1.中国西部国际博览会

中国西部国际博览会简称西博会,从 2000 年至今已经成功举办十多届,每一届西博会都在成都举行,对成都这个城市的经济、文化以及城市营销宣传都具有相当大的作用,如表 8－2 所示。

表8－2　西博会开展成果

届次	日期	参会国家和地区(个)	签订合作项目(个)	项目总金额(亿元)
第一届	2000 年 5 月 25～28 日	17	98	137.6
第二届	2001 年 5 月 25～28 日	20+	165	140
第三届	2002 年 5 月 25～28 日	30+	267	197.97
第四届	2003 年 9 月 25～28 日	37	220	251.65
第五届	2004 年 5 月 25～28 日	48	270	254.58
第六届	2005 年 5 月 25～28 日	45	198	230.67
第七届	2006 年 5 月 25～28 日	53	263	369.95
第八届	2007 年 5 月 22～28 日	24	542	557.20
第九届	2008 年 10 月 27～31 日	56	795	3004.52
第十届	2009 年 9 月 16～20 日	88	1339	5911.39
第十一届	2010 年 10 月 22～25 日	44	1581	7523.16
第十二届	2011 年 10 月 18～22 日	105	1565	9451.7

资料来源:根据相关新闻报道整理。

从上述西博会的参会国家和签订项目数目及金额来看,西博会的影响力越来越大,其参会的国家越来越多,而签订的项目以及总金额呈现出飞速的增长,尤其是第九届西博会。第九届西博会受"5·12"汶川地震影响不得不延迟开展,但是这并没有影响西博会的顺利开展,它不仅产生了良好的经济效益,同时也得到社会各界的高度赞扬和广泛认同。它向全世界人民昭示着四川人民顽强的生命力、执着的热情以及感恩的心。此外,西博会的开展向全世界昭示,四川依然是安全的、美丽的、日新月异的,成都依然是一个值得投资的城市。由于"5·12"汶川地震,第九届西博会受到了国内外很多主流媒体的高度关注与报道,在国内外产生了强烈反响,进一步推动西博会作为重要的经济合作平台的同时,也让世界更好地了解、认识了成都。第九届西博会顺利开展后,此后的西博会无论是在参会国家还是项目签订方面都有一个质的提高,相比较而言,第十届、第十一届以及第十二届西博会的影响力越来越大,对成都的经济发展以及国际知名度的提高都是一个极大的促进作用。

2. 中国国际软件合作洽谈会

中国国际软件合作洽谈会(以下简称"软洽会")是目前国内规格最高、行业影响力最大的软件行业盛会之一,它对提升国内软件产品品牌、展示企业发展成果具有重要作用,为国内外软件企业交流、合作与共赢提供了一个专业平台,对促进软件和信息技术服务业快速发展发挥了十分重要的作用。2003 年至今,中国国际软件合作洽谈会已经在成都成功举办了十多届,吸引了许多国家的该领域企业家、专家的参加,对推动成都经济发展具有不可磨灭的作用,为成都经济发展带来了许多新的发展机会,同时让更多跨国公司以及国内外知名专家对成都有了一个更好的了解平台。

3. "天下第一会"——全国糖酒商品交易会

全国糖酒商品交易会(以下简称"糖酒会")由中国糖业酒类集团公司主办,成都市人民政府协办单位承办的大型全国性商品交易会。1955 年,举办首届糖酒交易会,此后每年春、秋两季都举办糖酒会,到目前为止已经历时 50 多年,因其规模大、效果显著,因而被业界誉为"天下第一会"。2003 年至今,已有多届糖酒会在成都成功举办。

表 8—3 糖酒会达成的商品交易总额

名称	成交总额(亿元)	展会会馆	日期
第六十八届全国糖酒商品交易会	——	成都国际会展中心	2003 年 3 月 23~25 日
第七十届春季全国糖酒商品交易会	108.16	成都国际会展中心	2004 年 3 月 21~24 日

续表

名称	成交总额(亿元)	展会会馆	日期
第七十二届春季全国糖酒商品交易会	——	成都国际会展中心	2005年3月25~28日
第七十四届春季全国糖酒商品交易会	113.41	成都国际会展中心	2006年3月22~24日
第七十八届全国糖酒商品交易会	170.58	新国际会展中心	2008年3月17~21日
第八十届全国糖酒商品交易会	173.09	新国际会展中心	2009年3月24~28日
第八十二届全国糖酒商品交易会	189.34	新国际会展中心	2010年3月21~23日
第八十四届全国糖酒商品交易会	197.6	新国际会展中心	2011年3月25~28日

资料来源：根据相关报道整理。

每届全国糖酒会的参展范围都是相同的,凡是从事酒类、食品饮料、调味品、食品添加剂、食品机械与包装的生产或销售企业,均可报名参展,从2003年至今,多届糖酒会都在成都顺利举办,并且每年交易总额都超过往届,呈现逐步上升的趋势,这种变化趋势不仅为糖酒会下次在成都开展提供了更好的依据,同时对成都经济发展、知名度提高以及城市营销的开展具有积极的作用,因为糖酒会就其规模、影响力而言,都对主办城市具有深远的影响,许多企业和公司可以通过这样一个"天下第一会"更好地了解成都,在成都发现更好的发展机会,有利于成都城市形象的宣传。尤其是第八十二届糖酒会展览会,这次展会总面积达13万平方米,刷新了全国糖酒会展览总面积的历史纪录,参会专业观众达18万人次以上,商品成交总额达189.34亿元,引起了国内外媒体的广泛关注,对成都城市起到了免费宣传的作用。相比较而言,这种形式的媒体宣传比单纯的城市介绍宣传更能够引起高度的关注,是现在很多城市正在做的实践活动——通过大型活动提高城市知名度。

4.中国花卉博览会

中国花卉博览会(以下简称"花博会")始于1987年,迄今已相继在北京、上海、广东顺德市举办了5届,是目前我国规模最大、档次最高、影响最广的国家级花事盛会,被称为中国花卉界的"奥林匹克"。2005 年 9 月 28 日至 10 月 7 日,第六届花博会在成都举办,这是我国加入 WTO 后的第一次全国花事盛会,因此受到了国内外许多媒体的关注,对成都城市的形象宣传和知名度提高都有重大的意义。

第六届花博会以"科技兴花、促进经济发展;产业强花、争创一流品牌;以花为媒、扩大内外贸易;以花传情、弘扬花卉文化"为理念,以"花与科技、花与人居、花与文化"等专题馆为载体,充分展示国内外花卉产业的最新成果,广泛开展国际交流与合作,引导花卉消费,弘扬花卉文化,推动花卉产业持续健康发展。这项以花卉展览和贸易洽谈为主要内容的大型专业博览会,开展时,有近 20 个国家和地区以及中国各省(市、区)的近百个展团、600 多家企业、130 多万人次的游客云集成都参加花博会,国内外 80 多家媒体、250 多名记者对大会进行采访报道[①]。巨大的人流、物流、资金流和信息流,为国内外参展商提供了各种发展机会。同时更为重要的是,如此盛大的国际会展对促进国内外对成都的国际形象、经济面貌以及未来发展潜力的认识具有积极的作用。

5. 药品交易会

全国药品交易会(PHARM CHINA)是中国医药领域历史最悠久、规模最大的行业第一品牌盛会。而中国国际医药原料药中间体包装及设备交易会已发展成为中国历史最悠久、规模最大、产品最全的医药原料药及相关领域的品牌展会。其中,第六十五届全国药品交易会、第五十六届和第六十六届中国国际医药原料药中间体包装及设备交易会均在成都举办。

6. 2006 年第二十八届国际摄影艺术联合会大会

国际摄影艺术联合会大会(FIAP)素有"摄影奥运会"之称,是当今世界三大著名摄影组织之一,是迄今为止联合国教科文组织承认的唯一国际摄影组织。自1950 年在瑞士伯尔尼成立以来,每两年举办一次大会,迄今已举办过 30 多届,现在会员遍及世界各地,有 60 多个会员国。第二十八届国际摄影艺术联合会大会在成都开幕举办,这是 FIAP 第二次在亚洲举办,也是第一次在中国举办。在本届FIAP 大会上,来自 80 个成员国的 200 多名国际著名摄影师和近 500 名国内著名摄影师参加,其参会代表规模突破历届大会。在 7 天的大会期间,数百名中外摄影家游览成都锦里、都江堰、九寨沟等风景名胜,记录下四川的美丽瞬间。组委会收

---

①花博会昨闭幕,接待游客 133.59 万为历届之最[N].华西都市报,2005－10－8.

集其中的精品汇编成册,举办了"世界顶级摄影师眼中的成都"世界巡展。

通过摄影这种特殊的方式,摄影家们把美丽的人文成都浓缩成经典图像带到全世界,让世界进一步了解成都。

7. 中国—欧盟投资贸易合作洽谈会(以下简称"欧洽会")

"欧洽会"始创于 1988 年,是欧盟委员会为促进成员国企业同世界其他地区企业进行贸易、投资和技术合作出资创办的,为期 2 天的商务派对洽谈活动,目的是为了建立长期的商务合作关系。这项博览会在欧盟企业中有广泛的影响力。从 1997 年开始,欧盟开始重视亚洲经济发展和市场前景,因此该博览会开始在亚洲举办。2006 年,成都作为第一个非首都城市成功举办了第二届欧洽会,是该博览会在中国举办的第二站,第一站是中国首都北京。此次博览会举办的成功将欧盟国甚至是全世界的目光吸引到了成都,而随着第七届"欧洽会"的成功举办,世界对成都的认识又加深一层,这对中国成都的营销起着重要的推动作用。包括本届欧洽会在内,欧洽会已经连续举办七届,其中有六届都在成都高新区举办。

第七届中国—欧盟投资贸易洽谈会于 2012 年 9 月 25～28 日在成都成功举行,自欧洽会在成都举办以来,中欧中小企业配对成功率每年都保持在 30% 以上。目前,成都高新区已与 57 个欧盟国家组织和机构建立了合作伙伴关系。欧盟已将成都作为其参与中国西部发展、深化与中国共赢合作的重要城市,双方的关系不断得到巩固和深化。

(二)节事营销——让成都更亲民

现代城市的节事营销多通过节事来宣传城市,提高城市知名度、亲民度。节事营销往往具有娱乐性、冒险性、兴奋性的特性,因此往往能够吸引许多人参加。大型节事不仅能大大提高城市知名度,还能让城市更具亲民性。成都近年来在节事营销方面进行许多尝试,事实证明这些尝试在宣传成都文化、增加成都亲民性方面是非常成功的。

"十一五"以来,成都稳步推进"中国西部休闲节庆之都"建设,形成了会议、展览、节庆共同发展的格局。通过系列各具特色的节庆活动,城市的文化张力和内在活力得到了充分展示和演绎,美食、美景、美丽城市、美丽文化让这座城市更加让人们"来了就不想离开"。作为一座集聚文化魅力的城市,成都对美食文化、民族文化、物产文化、旅游文化进行了创意和整合,这几年步入一个节庆城市的时代。

2011 年 11 月 12 日举行的 2011 年中国节庆产业金手指颁奖盛典上，成都荣获"十大节庆城市"奖项，中国成都国际非物质文化遗产节获"十大节庆"奖项，中国国际美食旅游节获"十大饮食类节庆"奖项，中国成都国际樱桃节获"十大旅游类节庆"奖项。

目前，成都已经形成了"全域成都地地有节、一年四季季季有节"的格局。例如，中国国际非物质文化遗产节已定点在成都举办，这是继中国北京国际音乐节、中国上海国际艺术节、中国吴桥国际杂技节后，国务院正式批准的第四个国家级、国际性文化节会活动品牌，是国际社会首个以非物质文化遗产为主题的大型文化活动。中国国际美食旅游节已经连续成功举办八届，对成都荣获联合国教科文组织"世界美食之都"称号发挥了积极作用。都江堰放水节、中国（成都）国际桃花节、中国成都国际通讯节等活动规模和影响力正不断提升。另外，像中国·成都婚庆文化节、成都诗圣文化节、成都竹文化节、中国成都鱼文化节、中国成都"性福"（人口与生殖健康）文化节、成都台湾美食文化节、成都首届樱花文化节等一系列独具特色的节庆活动，使成都成为名副其实的节庆之都。

仅 2010 年，成都举办大型节庆活动 194 个，接待市民和游客 6502.72 万人次，活动直接收入 13.03 亿元，现场商品成交 79.5 亿元，拉动消费 177.01 亿元，共引进投资项目协议金额 1245.55 亿元[①]。其中经典节庆活动有：

1. 传统成都节庆

拥有 3000 年历史的成都，在岁月的变迁中不断蜕变。成都大庙会、中国道教文化节、都江堰放水节、成都灯会无不是对历史的传承。

（1）成都大庙会

2005 年，成都恢复了中断 45 年的成都大庙会，作为对成都传统特色文化的继承与发扬，市委、市政府给予了大力支持。由此，一年一度的成都大庙会重新粉墨登场，蜀锦、蜀绣、糖画、泥塑、棕编、草编、剪纸、根雕、脸谱、陶艺、绳结等大约 70 余项民间工艺再次出现在现代人生活中。大庙会的恢复，不仅带动了庙会经济的发展，并拉动相关产业的发展，形成了品牌效应。从人气指数上看，成都大庙会呈现逐年上升的势头：2005 年，成都大庙会 7 天接待游客 37.4 万人次；2006 年，17 天大庙会游客 73 万人次；2007 年，大庙会仅 9 天就有游客 60 万人次；2008 年，庙会开张 8 天，游客突破 50 万人次；2010 年，历时 21 天的成都大庙会共接待游客约 110

①尹婷婷.成都跻身全国十大节庆城市[N].成都日报,2011-11-13(001).

万人次；2011 年，成都大庙会持续 21 天，共接待游客约 120 万人次；2013 年，短短 18 天内参观成都大庙会的就达到 131 万人次。凭借时尚创意的三国动漫灯组、数百场的民俗民间表演、"洋味"十足的异域风情表演、美味的小吃、乡土民俗的手工艺品、精彩的文化展览和讲座，成都大庙会已经成为成都一张闪亮的文化名片。在人民网第三届中国节庆创新论坛上，成都大庙会从全国众多节庆庙会中脱颖而出，顺利荣获"最佳传统文化传承庙会"荣誉称号。

成都大庙会还走出大陆，登陆台湾。2010 年 5 月 22～24 日，历时 3 天的"四川·成都大庙会"在台北中山纪念馆前广场举办，众多台北市民和游客慕名而来，听川音、看川艺、尝川味、赏川景、观川灯、品川茶……一睹天府之国的独特魅力。作为"天府四川宝岛行"的重要内容之一，"四川·成都大庙会"以"锦绣天府，人文四川"为主题，在短短 3 天时间内，吸引了 20 多万台湾民众参与，游客好评如潮，得到媒体的强烈关注。

(2)中国(成都)道教文化节

成都有着深厚的道教文化底蕴，这里是道教文化的重要发源地，历史悠久，宫观众多，高道辈出。道教祖天师张道陵开宗圣地鹤鸣山、青城山及二王庙、青羊宫、老君山等道观在海内外都有着深远的影响。杜光庭、孙思邈、陈清觉、张三丰以及近现代的彭椿仙、易心莹、傅圆天等高道都在这里修持修行。成都作为文化古都，道教文化资源已成为其重要的人文资源之一。青城山——中国道教发祥地，中华仙道思想策源地，天师道的祖山祖庭，世界文化遗产地，其悠久的历史与深厚的文化底蕴，丰盈的自然与人文景观，在中国乃至世界的名山文化中都具有独树一帜、唯一、不可再造的文化特征。

2004 年 6 月 5 日，以"自然、生命、和谐、发展"为主题的首届中国道教文化节在成都青城山及青羊宫、新津老君山、大邑鹤鸣山分会场开展了一系列的道教文化活动。浓缩了道教文化精髓的"紫气东来"、"神仙茶会"、"仙踪侠影"、"鹤舞人欢"、"长生道宴"、"福灯辉映"、"天籁之音"、"大道有像"、"仙山对弈"等 11 个文化活动项目陆续登台亮相，把许多人们过去感到神秘莫测、难以触摸的道教文化具体化、形象化了，并以音乐、音像、图片、文物、茶艺、武术、膳食、图书、舞蹈、诗歌等可听、可视、可品、可尝的形式与内容，与青城山秀美丰富的自然和人文景观有机交融，让人们从视觉、听觉、味觉上感受到一种气势磅礴的独特全新的文化震撼。首届道教文化节，是国内第一个涉及宗教的大型文化活动，吸引了来自世界 20 多个国家、地区的专家学者、道教界人士及国内外嘉宾共计 2000 多人出席开幕式并参加了相应的文化活动。首届中国道教文化节还吸引了境内外 20 多万人次的游客前来成都青城山观光、旅游,体验和感受道教文化博大精深的文化内涵和与现代社会相适应的先进文化理念;同时道教文化节也进一步确立了成都作为中国道教发源地的地位和青城山作为中国道教开宗圣地的地位。

第二届中国道教文化节于 2006 年 8 月 25 日开幕,历时 5 天,其间举行了一系列丰富多彩的文化旅游活动。主要有成都·道教文化国际论坛、第六届道教音乐汇演、"万人太极拳表演活动"、大型原生态实景表演《太极神韵》等,首次在道教界发起的帮助低保学子上大学的"中华道教慈善行·帮困助学"从该届道教节开始,将成为中国道教文化节重要活动内容之一。

第三届中国(成都)道教文化节,于 2010 年 9 月 15 日举行。该届道教文化节以"自然、生命、和谐、发展"为主题,推出太极神韵——开幕式暨《道韵青城》大型文艺晚会、祈福众生——老君阁灾后重建落成典礼暨感恩祈福大法会、论道青城——"中华之道"中国传统文化巅峰论坛、天籁之音——蜀派古琴表演、仙山新姿——名人书画暨摄影作品展、道在养生——道家养生体验与展示活动、仙山对弈——围棋邀请赛、道解都江堰——闭幕式暨《道解都江堰》实景演出等系列专题活动。整个道教文化节以关爱生命内涵为主线,体现道法自然、上善若水、天人合一的重要理念,启迪人们"养生、养心、养性"思想境界,是一次具有广泛参与性和体验性的文化盛会。

经国家宗教局批准,中国道教文化节将永久落户成都。

(3)成都年

春节是我国民间最隆重、最热闹的传统节日。在这重要的时节里,成都强势推出了"成都年"大型文化旅游活动,力图通过对成都市新春活动的有效整合,联动全市的主要旅游景区为广大市民及来蓉游客奉上一道旅游大餐,营造喜庆祥和的新春氛围,有效提高成都知名度。据统计,2009 年春节期间,成都共接待游客468.16 万人次,同比增长 13.3%,实现旅游收入 14.42 亿元。其中,西岭雪山接待游客 8 万多人次,门票收入 834.91 万元,名列全省第一;成都大庙会在春节期间掀起了新的高潮,共接待游客·51.39 万人次,门票收入 373.38 万元;在塔子山公园举办的第四十一届成都灯会规模空前,美食荟萃,7 天共接待游客 48.8 万人次,门票收入 370.62 万元;宽窄巷子的"Happy 牛 Year 闹春活动"为市民献上了丰盛的假日大餐,2009 年春节共迎来游客 52 万人;而平乐古镇也吸引了 25 万游客到平乐体验"成都年"①。

---

① 震后成都游,春节进账 14 亿[N].华西都市报,2009-2-2.

到 2011 年,"成都年"已经成功举办了 4 届,通过"金沙太阳节"、"成都灯会"、"成都诗圣文化节"、"南国国际冰雪节"等系列活动的展开,其品牌作用日益凸显,对成都城市形象的提升和冬季旅游的发展起到了积极推动作用。

2. 时尚成都节庆

成都是新与旧的结合,就如宽窄巷子所传达的生活理念,它有老成都的"慢"情怀,也有新成都的动感与时尚。成都购物节、成都啤酒狂欢节等都彰显了它时尚的一面。

(1)成都购物节

成都是一座具有千年历史的名城商都,自古享有"市虞所有,万商之渊"的美誉。作为西南地区最重要的商品集散地和货币回笼区域,其社会商品零售总额、商业购进总额和购买力等多项商业经济指标都在中国各大城市中名列前茅,被称为"中国最具经济活力的城市"之一。成都市委、市政府通观成都两千多年的历史文化演变,将"商业之都"确定为成都最鲜明的城市名片之一,通过打造内涵丰富、影响深远的"成都购物节",展示成都商业景观、张扬成都城市文化和民情风貌,使成都"万商之渊"的古誉得到传承和发展。

成都购物节自 2004 年创办以来,作为连续举办的大型城市商业文化主题活动,以"购物"为核心,以"全市联动"、"行业轮动"、"企业齐动"的方式,通过"政府、商家、百姓互动"形成了以"秀、展、卖"为基本框架、政府强力主导、媒体深度参与"为基本模式的较为成熟的办会机制,实现了"政府搭台、企业唱戏、百姓实惠"的效果,对促进第三产业快速发展起到了积极作用,也成为"时尚成都"一张独具特色的名片(见表 8-4)。例如,2010 年,成都购物节自从 6 月 23 日开幕以来,以"时尚成都、购物天堂"为主题,吸引了本地和外地消费者共计 875.45 万人次到场,其中本市消费者 697.38 万人次,外地消费者 178.07 万人次。活动期间销售总额达到 21.08 亿元;2011 年,购物节上,各大参节商家在"名品时尚购、缤纷百货购、家居装饰购、数码家电购以及通信快乐购"五大板块主题下,安排了丰富多彩的购物节活动,各项活动都重点突出"成都品牌、品牌成都"的理念,提升了成都西部商贸中心地位,打造了成都"时尚成都,购物天堂"的形象。

表8—4 历届成都购物节的主题

举办时间	购物节主题
2004 年(首届)	成都购物,玩转四川
2005 年	时尚成都 2005
2006 年	欢乐天府,购物成都
2007 年	时尚与品牌
2008 年	爱成都、爱生活
2009 年	时尚成都,快乐消费
2010 年	时尚成都,购物天堂
2011 年	时尚成都,夏日幸福购
2012 年	时尚成都,购物天堂

(2)成都啤酒节

炎炎夏日的夜里,最让人愉悦的味觉享受,莫过于三五成群的朋友谈天说地时,举杯畅饮冰爽啤酒。"成都啤酒节"是在成都作为"中国最佳旅游城市"及"休闲之都"的大背景下产生的,自 2004 年首次举办以来,已经成功举办多届,成为成都的重点节庆之一,并已经逐步演变成了一张市民休闲消夏的城市名片(见表8—5)。每届啤酒节均吸引了众多媒体的高度关注。中央电视台、中央人民广播电台、新华社、香港商报、香港大公报、香港文汇报、四川电视台体育频道和第四频道、成都电视台 33 频道与第五频道等多次对啤酒节盛况予以详细报道。众多媒体的关注与报道,为成都形象的宣传提供了契机,更加强化了"休闲之都"称号,推动了城市营销的运作。

表8—5 历届成都啤酒节的主题

举办时间	购物节主题
2004 年(首届)	成都启子,打开快乐
2005 年	激情狂欢,蓉城同醉

续表

举办时间	购物节主题
2006 年	成都启子,开启欢乐
2007 年	成都启子,开启欢乐
2009 年	共享欢乐,干杯成都
2010 年	畅享美食,干杯成都
2011 年	举杯畅饮,醉美成都
2012 年	畅享美酒美食,品味成都生活

(3)成都国际美食节

"中国国际美食旅游节"是成都市政府全力打造的一个具有鲜明地方特色、国际化、全民性的盛大民俗节日,自 2004 年首届中国国际美食旅游节在成都举办以来,截至 2012 年底已经举办了 9 届,已成为一个举城欢庆的节日,一个成都展现城市魅力的舞台,一个企业提升品牌形象、扩大市场的传播平台,成都市第一节会品牌和"成都生活方式"城市名片(见表 8-6)。

表 8-6 历届中国国际美食旅游节

届次	举办时间	活动主题
第一届	2004 年 10 月 26 日至 11 月 2 日	吃在成都
第二届	2005 年 10 月 18 日至 10 月 26 日	成都美食想吃就吃,美食嘉年华
第三届	2007 年 1 月 27 日至 2 月 4 日	缤纷美食,欢乐成都
第四届	2007 年 10 月 26 日至 11 月 8 日	时尚美食,成都生活
第五届	2008 年 9 月 26 日至 10 月 26 日	知恩天府,美食汇川
第六届	2009 年 9 月 26 日至 10 月 10 日	创美食之都,享多彩生活
第七届	2010 年 9 月 26 日至 10 月 20 日	美食之都,多彩生活
第八届	2011 年 9 月 28 日至 10 月 8 日	中国美食,国际盛宴
第九届	2012 年 10 月 26 日至 11 月 4 日	麻辣四川,世界味道

资料来源:根据相关新闻报道整理。

　　首届中国国际美食旅游节于 2004 年 10 月 26 日至 11 月 2 日在成都举行,历时 8 天,由政府、企业、媒体等举办了 11 个子项目,一并构成了美食节的宏大规模和完美图景,包括盛大的开幕大游行、别开生面的法国焰火音乐晚会、特色街区美食周、国际美食展、美食题材电影周等活动。特别是"川菜送全球"、"川菜北京宣言"等活动,让"吃在成都"叫响全国。由刘仪伟、张国立、马明宇等十余人组成的川籍明星阵容制作的美食节宣传片,在中央电视台及全国 30 多家省市电视台播放。省市 16 家媒体开辟专栏和专版密集报道美食旅游节新闻,跨度 2 个月的"魅力总评榜"、"美食形象小姐评选"等活动充分调动成都市六城区及周边市县市民的参与热情,达到了万人空巷的狂欢效果,同时邀请了 100 对大使参赞夫妇及全球 500 强企业驻华代表,以及 2000 个旅行团和 200 个境外团参加了主会场项目。美食节期间,前往主会场参观和就餐的人数达 65 万人次,仅各分会场人流量就超过 300 万人次,参与企业营业额近 2000 万元。其间,还有近 10 万境内外游客前来观光游览和品尝美食。

　　2012 年 10 月 22 日的第九届美食旅游节以"麻辣四川·世界味道"为主题,围绕川菜、川酒、川茶、川景等四川特色资源,举办了"全球美食联展"、"品牌农产品惠民直销",以及"乡村旅游精品展"等系列展示展销活动。市民不仅能够品尝到来自世界各地的美食,主办方还首次邀请了"五国皇家大马戏团",打造集节目表演、娱乐与惊险体验于一体的"美食嘉年华"。

　　成都节事营销活动依托自身丰富的资源,如成都国际桃花节依托于当地自然景观,成都道教文化节依托于当地历史文化传承和独特的地域、宗教活动。国际美食节以地方特产和特色商品及本土特色餐饮文化为主,辅以其他主题活动而展开,不仅充分拉动了旅游经济的发展,对工业经济的发展也起到了一定的推动作用。

(三)网络营销——提升成都形象

　　近年来,成都的城市营销实践突破了传统的营销方式,开始借助各种现代媒体技术营销成都,将成都作为一个产品推向全国乃至全世界。

　　首先,2008 年,成都全面整合政府资源,更新旅游政府网络信息,建立"熊猫之家"成都旅游网站,同时面向成都的主要客源国家,进行针对性推广,并结合热点,实时更新搜索关键词。网站开通一个半月,有效点击达 10 万人次,访问者来自全球 72 个国家和地区。

　　其次,2009 年初,成都和新浪合作,共同打造"魅力成都"宣传方案,依托新浪平台,进行全方位的年度整合传播。①通过英雄谭东事迹和"5·12"后成都人民"一起创造、共同分享"的主题传播,树立成都良好的精神风貌;②借助张靓颖粉丝团的力量,进行《I LOVE THIS CITY》翻唱大赛,以歌曲为背景,进行 DIY 主题MV 参与大赛,通过图片、视频展现成都风光和精神风貌,通过这种参与性较高的活动加深人们对成都的印象;③利用新浪平台,大范围宣传"中国经济 50 人论坛走进成都"活动、新浪盛典·回顾成都 2009 以及新中国成立 60 周年成都发展巡礼,让接触到该新闻的网友对成都有一个更深刻的印象,对成都的城市形象宣传有非常重要的意义。

"魅力成都"整合传播中的每一个环节都取得了良好的效果,并且形成了强大的合力,全面塑造了成都城市形象。1 个月内,成都活动在新浪平台共产生曝光量75 亿次,帖子关注度及参与量继奥运后创下新高。软性宣传及硬性广告共产生579 万次点击量,其中硬性广告 430 万个,软性宣传 149 万个[1]。

再次,2011 年,以"典型中国,熊猫故乡"为主题的成都城市形象广告片在美国有线新闻网以及英国广播公司等西方主流媒体播出。这部宣传片分为海外篇和国内篇,是继 2009 年中国商务部"中国制造"以及 2010 年中国首部国家形象宣传片之后,中国第一部在美国有线新闻网以及英国广播公司等有国际影响力的媒体上播放非首都城市形象宣传片。该宣传片集中凸显旅游旺季的 8 月、9 月以及正值西方圣诞节和传统新年的 12 月以及 1 月,获得关注度很高。据不同媒体报道,此次宣传片获得了广泛的好评,对宣传中国形象,尤其是成都城市的形象起到了非常重要的作用,国外民众也开始意识到中国除了北京、上海等一线城市对他们具有吸引力以外,成都也将是他们来到中国的原因之一。

（四）影视营销——让成都无处不在

影视营销是近年来发展较快的一种营销手段,是企业利用影视媒体对企业形象、产品、品牌等进行宣传的新营销手段。自《非诚勿扰》植入中国工商银行等企业的广告后,许多企业甚至是政府都将影视营销作为一种有效的营销手段加以利用。实际而言,影视营销较其他的营销手段更能引起受众注意,尤其是当该影视作品的受众面广泛、话题热点时,这种营销手段带来的效应是无法用经济效益衡量的。所谓影视营销,一方面是指企业利用电影如植入式广告、赞助等方式来展开营销活

---

①《成功营销》杂志社.2009 创新营销案例手册[J].2009 年 12 月。

动;另一方面是指电影自身的营销,电影在拍摄和制作过程中需要进行定位,利用营销的思维来展开运作。城市的影视营销不局限于其中一种,而是充分利用两方面的营销方式,将城市与影视相结合,吸引更多对城市或城市的某一部分的关注。

1. 2005 年,电视剧《芙蓉花开》在成都电视台 33 频道首播

这是国内第一部以一座城市为背景,反映一座城市历史、文化变迁的主题电视剧。这部电视剧借助川菜和宅院文化展示了成都,其片名也是以成都的芙蓉花为题。四川新闻网——《成都日报》报道称:任何一部影视作品都会存在遗憾,尽管这部剧还有不少地方可以进一步打磨,但《芙蓉花开》的运作手段和思路让人耳目一新,在全国都是创新,可以说,《芙蓉花开》为成都城市营销树立了新标杆!

2. 2006 年,首部成都主题电影《成都之恋》

此片是继电视剧《芙蓉花开》之后再一次以城市为主题的电影,相比较《芙蓉花开》,这部电影更真实地展示了城市风貌和细节。

3. 2008 年夏,《功夫熊猫》在全球热播

这部影片的播出引起了国内外对熊猫的狂热。在这部影片中,成都的担担面、火锅、鸡公车(黄包车)、宽窄巷子、青城山等著名的饮食和景点都表现得非常传神,虽然制作方没有真正见过熊猫,神龙大侠"阿宝"的形象也是从网络上获得,但这并不影响观众对"阿宝"的热爱。此电影在国外上映后,"熊猫热"迅速席卷全球,带动了以熊猫为主题的各项活动,尤其是对成都以熊猫为主题的旅游起到了非常重要的作用,对成都城市形象的宣传也具有突破性的贡献。此次的影视营销被许多媒体称为"零成本"的"熊猫策略"。此后,成都趁热打铁,邀请创作团队到成都,探访了大熊猫基地、金沙遗址、青城山、都江堰和宽窄巷子等,并与大熊猫进行了亲密的接触,为《功夫熊猫 2》的拍摄提供了最贴切的素材。而受《功夫熊猫》的影响,许多观众都期待《功夫熊猫 2》的上映。2011 年,《功夫熊猫 2》上映。据统计,该片全球累计票房收入超过了 6.3 亿美元,其中中国贡献了超过 1.8 亿元,超越 13 年前的《狮子王》,成为中国最卖座的动画片。在这场完胜的影视营销活动中,成都以最低的成本获得了最大的受益,一部影视不仅让中国人民更清楚地认识了成都,还促进成都走向了国际化,以熊猫的形象风靡全球。不得不说,影视营销具有传统营销不可替代的作用,甚至比传统营销更具有煽动性。

4. 2012 年 2 月,《林师傅在首尔》正式上映

这是继《功夫熊猫》后另一个以成都特色为贯穿现实的影视作品。相比较影视作品《功夫熊猫》,《林师傅在首尔》的经济影响力没有那么明显,但是这部作品重点突出了成都饮食文化以及成都人民的热情和美德。在这一点上,《林师傅在首尔》给观众带来了一个更深入了解成都的平台,人们认识成都不再局限于成都的面貌,而是开始欣赏成都的内涵。

成都的影视营销可以说是非常成功的,尤其是从成本和收益比例分析,成都影视营销可以说是几乎零成本,这有别于企业通过投入大量资金来植入广告。同时,成都的影视营销突破了传统的硬性广告植入的手段,将成都的文化融入影片当中,让观众自然而然地接受了这种隐式广告植入,避免观众的抵触情绪,在城市文化宣传方面具有非常显著的效果。加之影视影响宣传范围的广泛性,这种宣传手段对城市的国外宣传有非常重要的作用。

(五)事件营销——提高成都知名度

事件营销在英文里称做 Event Marketing,国内有人把它直译为"事件营销"或者"活动营销",是近年来国内外非常流行的一种营销手段。事件营销是企业通过策划、组织具有影响力的事件来达到提高企业知名度、宣传企业形象、提高品牌形象等,并促成最后销售实现的营销手段。这种营销手段最初应用于企业,在后来的发展过程中,尤其是当网络已经成为了现代不可或缺的重要传播手段以后,它也被许多非营利组织以及政府使用。由于它集新闻效应、广告效应、公共关系、形象传播等于一体,因此在提高城市知名度、宣传城市形象方面具有更加显著的作用。近年成都通过事件进行城市营销的案例很多,这些事件对提高成都知名度有非常显著的作用。

1. 超级女声

2005 年,"超级女声"风靡全国,让人们记住了许多"超女",也让人记住了主办方所在地——成都,有人称成都是一场选秀点燃的城市。实际上,"超女"快速提高了湖南卫视以及成都的知名度,甚至在比赛的过程中,超女的粉丝们就纷纷表示要去他们偶像的城市看一看。直至现在,每一届的超级女声都引起了许多人的关注。成都这个城市也借势提高了自己的知名度,同时也引起人们重新认识成都。成都

一直以红色城市为人们所知,超级女声的选秀活动不仅让成都的知名度更高,还将成都的时尚、创意、文化产业推向新高度。此次事件之后,成都文化产业的发展更快。当然,这次事件营销成功除了话题新颖以外,节目的广告营销、品牌延伸营销、衍生品牌的营销、短信营销、网络营销在整个事件营销活动中具有重要作用,正是这些营销的整合使用才让此次事件营销效果更胜。

2. 中国最具幸福感城市

2007 年,在首次"中国最具幸福感城市"评奖中,成都荣获此称号,2009 年,成都荣获新中国成立 60 周年"中国最具幸福感城市"大奖。由于现在许多城市生活压力大、节奏快,从中国国家统计局与中央电视台联合主办的第一届"中国最具幸福感城市"评审开始以来,许多人开始关注"中国最具幸福感城市",2008 年金融危机让人们更加关注严峻形势下哪个城市是"最具幸福感城市"。此时,成都在新中国成立 60 周年之时荣获"中国最具幸福感城市"无疑将许多目光吸引过来,此后,成都在 2010 年、2011 年、2012 年均荣获"中国最具幸福感城市"。这些荣誉的获得巩固和提升了成都城市形象。

3. 地球一小时

2010 年 3 月,在成都熊猫基地的大熊猫美兰,带领中国 30 余个城市一起关灯 1 小时,成为"地球一小时"全球推广大使。27 日 20 时 30 分,北京、上海、广州、长沙等各大城市不约而同地熄灭了各大地标性建筑的灯光,平日灯火通明的城市以这样的方式加入 2010 年"地球一小时"全球活动中去。"地球一小时"熄灯活动是世界自然基金会应对全球气候变化所提出的一项倡议,即希望个人、社区、企业和政府在每年 3 月最后一个星期六 20:30~21:30 熄灯 1 小时,以表明他们对应对气候变化行动的支持。这项活动具有广泛的国际影响力,美兰成为全球推广大使,不仅告诉世界中国在应对全球气候变化的积极态度,同时对成都的城市形象宣传也有积极作用。自《功夫熊猫》开播以来,熊猫已经成为成都这个城市的代表,人们看见熊猫必然想到成都,因此美兰作为此次的代表大使对成都城市的形象宣传具有非常深远的影响。通过美兰,世界各地人们看到了成都这个城市在应对全球气候变化的积极性,对成都的国际形象建设具有重要作用。

4. 成都熊猫出租车跑奥运

2012 年 6 月 1 日至 8 月 31 日,50 辆具有英国特色的黑色出租车上被喷绘成大熊猫图案,驶上了伦敦街头。这是成都第二次将"成都元素——熊猫"植入到营销中,为了提高这次事件的效果,成都政府与爱丁堡动物园展开合作,利用该动物园的官网平台进行营销传播;同时也利用 Facebook、Twitter 上的成都官方账号进行宣传和推广本活动,以期形成联动效应。2012 年,奥运会在伦敦举办,这项赛事将吸引全球数百万的游客前往伦敦,成都此时将融入"成都元素"的出租车投放于伦敦街头是一项极具眼光的事件策划,对提高成都的知名度以及宣传成都文化具有相当显著的作用。据国家旅游局统计,2012 年到中国旅游的外国人次数为 2212万人次,其中欧美是其中最重要的客源地,而来自欧洲和北美的旅游人数达到 900万人次。由此看来,"成都熊猫出租车跑奥运"的事件营销还是非常成功的。

(六)文化营销——丰富成都内涵

文化是人类社会历史实践过程中所创造的物质和精神财富的总和。对于一个城市,文化是它的根基,是它展现其吸引力的基础。城市文化营销是通过将城市文化作为一个产品进行营销,从而提升城市形象,丰富城市内涵。成都通过对文化遗产的打造,吸引了一批又一批的游客,推动了成都市旅游经济的发展,并达到了营销成都的目的。

1. "金沙品牌"

随着金沙遗址被发掘,沉睡了 3000 多年的历史文物呈现在大众眼前,特别是那绚丽的"太阳神鸟",更展示了古蜀国人民的智慧。

2005 年 8 月 16 日,国家文物局正式宣布成都出土的"太阳神鸟"图案为"中国文化遗产标志"。这是新中国第一个用于文化遗产保护的标志,对成都而言,更是一项全国性和永久性的荣誉。同年 10 月 12~17 日,"太阳神鸟"金饰图案蜀绣品搭载"神六"飞船在太空遨游 5 天,随后在西安召开的国际古迹遗址理事会第十五届大会上亮相。以此为契机,2006 年 6 月,首个"中国文化遗产日"在成都被放大为"遗产周",受到全国的广泛关注。

2005 年 4 月 8 日,以金沙为背景创作的音乐剧《金沙》在北京保利剧院举行全国首演,被誉为内地第一部真正的音乐剧。截至 2009 年,音乐剧《金沙》已历经六次改版,累计演出 1000 余场,接待观众近 30 万人次,演出收入上千万元,创造了中国音乐剧演出史上的奇迹,也是成都发展文化产业的一次成功探索。

"金沙文化"的打造,为成都面向世界的营销提供了新的机遇——为成都提供了城市营销的丰富素材,面向全球展示这些未解之谜,成为成都向全世界发出的邀请函。2006 年 11 月 29 日,文博会开幕。当天,音乐剧《金沙》登陆新加坡,展开世界巡演之旅,这证明《金沙》已被国际市场认可。整个新加坡为之轰动,甚至有新加坡观众因《金沙》而成为成都的"粉丝",专程赶往成都,参加体验魅力成都的文化之旅。截至目前,《金沙》已连演 400 多场,接待了 20 多万国内外观众,票房达 1000 余万元,并衍生出"金沙"茶叶、"金沙"文化服饰等相关产品。

2. 非物质文化遗产节

非物质文化遗产节暨联合国特别会议的举办,对成都来说是一次难得的展示城市文化魅力、塑造城市品牌的契机,全球的目光又一次聚焦成都,聚焦于成都的独特文化魅力,有效地提升成都城市品牌竞争力。

从 2007 年 5 月 23 日起一周内,首届"非遗节"在成都掀起了强劲的"非遗风潮"。全面展示了中国政府高度重视非物质文化遗产保护和取得的积极成果,有力推动了四川省、成都市的非物质文化遗产保护,积极推进了国际间文化交流与合作。同时,有效提升了四川省和成都市的知名度,推动了文化建设和经济社会发展,参加"非遗节"的联合国教科文组织的官员将成都誉为"世界非遗之都"。

第二届中国成都国际非物质文化遗产节于 2009 年 6 月 1~13 日在成都举行。第二届"非遗节"以"多彩民族文化,人类精神家园"为主题,开展街头巡游、国际论坛、集展示展销于一体的博览会和剧场演出等 160 个(次)活动,有 40 多个国家代表参加。据权威专业机构的统计,第二届"非遗节"吸引了 520 万名群众直接参与,拉动各类社会消费 54.2 亿元。整个会展期间,共接待中外嘉宾超过 30 万人次,现场销售非遗文化产品 50 余万元,签订货单达 200 余万元[①]。

2011 年 5 月 29 日至 6 月 11 日,成都举办了第三届中国成都国际非物质文化遗产节。第三届非遗节精心策划组织了七大类 286 项活动,9000 多名国内外代表,1900 多个非遗项目参加了各项活动,从规模、质量和影响等方面都呈现出一系列新面貌:国际化程度进一步提升,72 个国家和地区的 1200 多名外宾出席有关活动。非遗传承与群众生活进一步融入,420 多个展示、展演、展销项目,570 万人次参与,比第二届增加近 10%,拉动各类消费 61.5 亿元,比第二届增长 11.8%。成都"非遗之都"的基础进一步夯实,建成开放了中国乃至世界第一个非遗主题博览

---

①成都:不断放大的文化影响力[N].四川日报,2009-9-18(12).

园,为四川搭建了永久性的国际文化交流平台①。

3."成都文化四季风"

自 2011 年起,按照"打造群众文化活动大品牌、搭建群众文化活动大平台、促进群众文化活动水平大提升"的思路,以遍布城乡的 600 多个文化广场为活动场地,以市、县、乡、村"两馆一站一室"为依托,以城乡群众参与为主体,以"民俗闹春、音乐消夏、欢歌庆秋、劲舞暖冬"为季节性活动主题,由下至上,在全市持续深入组织开展了"成都文化四季风"系列群众文化活动,取得了明显成效。截至 2011 年 11 月 30 日,"成都文化四季风"四季系列主题活动共在市、县一级组织开展了 100 余场大型集中示范性活动、1 万余场广场小型文化活动,累计吸引 300 余万人次直接参与②。

4. 扶持旅游剧目

演艺产品已成为旅游项目中重要的利润延伸产品。近几年的四川旅游市场中,如《天府蜀韵》《金沙》等大投入的演艺产品渐增,备受游客欢迎,但由地方剧目为创作元素的旅游演艺产品一直没有好的市场口碑。而从 2010 年 5 月开始策划制作,一期投资 1500 万元、由成都市川剧院倾力打造的旅游演艺剧目《川剧秀——传奇变脸》不仅填补了川剧的空白,更致力于打造国内最好的川剧旅游演出剧目。成都旅游部门将大力扶持该旅游演出剧目,以求在成都旅游市场形成"到四川,进成都,看《川剧秀——传奇变脸》"的口碑。

(七)品牌营销——提升成都认知度

城市品牌营销是城市营销的重要手段之一,通过借助品牌将城市作为一个产品推广出去,让人们一提到某一品牌就能想到某个城市。在这方面,成都以实践证明着城市品牌营销在城市营销方面具有相同作用。

1. 中国"第四城"

2002 年,《新周刊》推出"第四城"专题,将成都列为中国"第四城",旨在强调成

---

①2013 我们再相约成都[N].成都日报,2011—6—12(1).
②成都文化四季风[N].中国文化报,2011—12—23(2).

都这个天府之都的休闲气质和人文特点,有别于京、沪、穗的生活方式,是第四种城市。希望通过这样一个名片向人们传递一个讯息:成都是有别于北京、上海、广州的城市,在这个城市你能体验到不同的生活气息和方式,能感受到不一样的盆地文化。2004 年 7 月 18 日,由《新周刊》与《华西都市报》、新浪网联手主办的"再说第四城"论坛在成都牧马山举行,来自北京、上海、广州、香港及成都本地 30 多位专家学者和文化名流参加了这次论坛。在这次论坛中"第四城"成为"成都十大名片"之首,其他九大名片分别是:中国白酒第一坊——水井坊、都江堰、最休闲的城市、太阳神鸟、麻辣烫、变脸、春熙路、熊猫娇子、成都美女。

2. 休闲之都

2003 年,王志刚工作室提出"西部之心、魅力之都"和"西部之心、休闲之都"的发展战略。王志刚工作室认为"西部之心、魅力之都"这八个字,并不是一句简单的广告语,它既是对成都发展战略的一种形象概括,同时也蕴涵着一种新的发展模式。为了早日成为真正的"西部之心",成都必须扬长避短,强化成都的"造血"、"聚合—辐射"功能,大力发展服务业,构建适合第三产业发展的新产业体系[①]。确立了"西部之心、休闲之都"的战略定位之后,成都几乎每两天就有一场大型会展、节庆活动举行,揽下了"中国十大最具经济活力城市"、"中国城市品牌营造大奖"、"中国内地十佳商务城市"等多项殊荣。

3. 东方伊甸园

2003 年底,子德先生写了一篇题为《东方伊甸园——天府之国》的文章,认为成都极有可能就是传说中的伊甸园。1920 年,美国《国家地理》刊发了《东方伊甸园——中国西部》,文中描绘了四川的神秘和美丽,并认定那里就是东方伊甸园。因此,成都确定以"东方伊甸园"为宣传口号宣传成都。为配合"东方伊甸园"城市新品牌塑造,成都旅游开展了"东方伊甸园之旅"系列宣传促销活动:2004 年 3 月 12 日,"走进魅力成都,体味百姓生活——'东方伊甸园之旅·百架包机游成都'"活动新闻发布会在北京举行,4 月 4 日举办了"放水盛典——2004 中国都江堰清明放水节",5 月 1～7 日举办了"七天七夜爱情海"和"2004 年中国西部花园水城游乐节"等一系列"东方伊甸园之旅"大型旅游活动;推出了以"山圣水"、"奇风异俗"为主题的"远古圣水·东方仙山游"、"熊猫大世界·人与自然和谐游"、"民族风情·

①王志刚工作室.城变[M].北京:人民出版社,2007.

冰川奇观游"等 15 条"东方伊甸园之旅"特色精品旅游线路。

4. 一座来了就不想离开的城市

2003 年,继"东方伊甸园"的城市品牌之后,张艺谋拍摄了片长 309 秒的城市宣传片《成都,一座来了就不想离开的城市》,展现了成都这座城市画面,让人对成都的古与今、动与静有了一个很形象的概念,并传达了"成都是一座来了就不想离开的城市"以及"成都是一座宜居的城市"。

二、成都城市营销评析

通过一系列的营销手段——会展营销、主题营销、节事营销、文化营销、品牌营销、网络营销、旅游营销——成都在城市形象营销方面获得了令人欣喜的成就:继荣获"2009 年度中国艾菲奖"之后,成都城市营销在"2011 年沈阳中国国际广告节"上,摘取"2011 年度中国艾菲实效奖"、"2011 年城市品牌卓越营销奖"两项桂冠①。然而,目前成都的城市营销实践中仍然存在着不足:

1. 缺乏长期规划

做城市营销需要进行一个长期战略规划,首先明确城市的发展方向,其次按照城市的不同发展阶段设置阶段性目标和任务,最后根据阶段性规划选取城市营销的手段。一个城市的实力分为软实力和硬实力:硬实力是一个城市既有的基础平台和目前发展情况的具体体现,这是很难通过传播渠道得到提升的,只能通过政府的作为;相反,城市的软实力是可以通过宣传推广来提升的,包括提高外界对这一城市的认知、它对周边地区的辐射影响力等。

成都是一个拥有深厚文化底蕴的城市,古蜀文化、三国文化等为成都的文化营销与品牌营销提供了展示平台。然而,由于缺乏科学合理的有效整合,使得两种营销手段"各自为政":成都推出了各种城市名片,其中最为人所熟知的是"休闲城市"这张名片,然而它却和成都三国文化、金沙文化相去甚远。

---

①成都城市形象营销连获两项大奖[N].成都日报,2011-9-28(5).

2. 品牌营销实践缺乏理性

成都城市品牌建设，广泛采取概念营销、"里应外合"的方式，取得了一定的成效。然而，从战略的角度看，这种方式并不利于成都城市营销的长期发展。

一个城市在其形象传播过程中，必须确保传达给受众的城市形象是正面的，才能积极推动品牌价值的提升。成都相继推出"第四城"、"东方伊甸园"、"粉红第一城"的称号，虽然博得了一时的关注，却也招来了反对的声音——一些学者和媒体人士认为，成都的品牌建设具有"排他"倾向，宣传过程中的感性色彩浓厚。

成都的城市品牌虽然多，但有些未经过深入考察盲目推出，经受不住市场的考验，例如"第四城"等品牌都已经开始被人们遗忘。此外，成都城市品牌也缺乏后期支持，品牌没有做大做强。2003 年，张艺谋提出了"一座来了就不想离开的城市"的城市品牌，在这之后的近 10 年，这个城市品牌并没有进行再次的宣传。

3. 缺乏精准的受众定位

成都品牌变化频繁，拥有十张城市名片，他们分别是："第四城"、中国白酒第一坊——水井坊、都江堰、最休闲的城市、太阳神鸟、麻辣烫、变脸、春熙路、熊猫娇子、成都美女。虽然，成都品牌营销做了很多，但是这些品牌营销缺乏内在的联系，甚至缺乏核心品牌支撑。成都过多的城市名片使得成都城市形象定位模糊，并让成都被外界戏称为"定位最多的城市"，不免让人疑惑成都究竟想传达一个怎样的形象。这主要是因为缺乏长期的规划，受众群体不明确。

4. 缺乏科学有效的评估机制

成都的城市营销缺乏科学合理的评估机制，盲目借鉴其他城市，缺乏对营销效果的评估与反馈。以节事营销为例，"龙泉国际桃花节"是一个旨在促进区域（龙泉驿区）经济发展的国际盛会，一年一度的国际桃花节确实推动了龙泉驿区的经济发展，特别是其农家乐业态的发展；然而其招商引资、带动经济发展的具体效果如何，我们只能从相关的报道中窥见。缺乏具有权威性的统计数据，使我们缺乏对国际桃花节的实际营销效果认识，不利于"龙泉国际桃花节"的长远发展，更不利于成都的区域规划与阶段性发展。

延伸阅读　　　　汶川大地震后成都的品牌营销

【背景】2008～2009 年的成都城市品牌营销，始于举世黯然的汶川大地震，却依靠全体成都人的奋起与令人尊敬的成都精神,在今天给我们留下醇厚的回味以及心灵的震撼。尽管大难突至,尽管百事待援,但如何保障成都社会经济不受到重大冲击,如何再度焕发四川旅游的品牌光芒,如何恢复成都城市品牌的价值、完成城市形象重塑,是关系到每个成都人生活、利益和未来的大事。在震后第一天即由成都市政府主导启动的"城市危机公关"历时一年,其战略之高度、计划之详备、规模之浩大、执行之有力、效果之显著,在中国城市营销史上尚无先例。成都一年来的品牌价值恢复与城市营销实践借助了大量专业资源,远远超越了以往的国内城市宣传形式,不仅可以成为中国城市展开品牌战略管理、进行现代城市营销的借鉴样本,更印证了总理温家宝所说的"一个民族在灾难中失去的,必将在民族的进步中获得补偿"这句话的意味深长。为此,我们有理由向品牌成都致敬,向成都人民致敬!

2008年,中国在改革开放的第30个年头,用行动向世界展示了具有中国特色的国家品牌。而成都,在遭遇了千年不遇的大地震后,城市形象对于灾后重建、改革发展等显得尤为重要,城市形象提升成了关系到每个成都人生活、利益和未来的大事。如何向全国乃至全世界展示震后成都独特的城市品牌形象,如何成就城市营销的新型模式——"成都模式",成都开始了一场从上到下的总动员。

(一)成都战略——书写城市营销新模式

2008年,成都在许多人的记忆中是休闲旅游之都。成都的城市营销品牌一直都是以文化概念来打造的,从宽窄巷子的老成都建筑到春熙路之类的时尚休闲观光地,集聚成了一个个旅游品牌线路,从而最终形成独具个性的城市旅游品牌和城市文化底蕴。

5月13日,汶川大地震后第一天,"城市危机公关和城市营销"应急方案就开始启动,成都市投资促进委员会(以下简称"成都市投促委")给正在洽谈成都投资项目的国内外企业发送邮件,告诉投资者成都"仍然安全"。正是这种"城市危机公关"的反应速度,书写了属于成都自己的"模式"——大震后城市品牌营销的新模式。

在成都市政府启动的"城市危机公关和城市营销"应急方案中,为避免地震对成都的城市品牌、城市形象和招商引资、产业重建等工作造成消极影响,同时减少汶川大地震对成都城市形象造成的影响,维系和提升成都城市形象,成都市委、市政府成立了"成都城市形象提升协调小组",成都市委常委、宣传部长何华章出任"协调小组"组长,下设综合、城市、旅游、投资、都江堰、国际民间组织联络、宣传、策划组等工作部门,其中由策划组负责对项目效果把关。机构成员除了来自成都市委宣传部的工作人员之外,还包括数百名市政府各经济部门以及知名公关公司、文化公司的专业人员。国际知名公关公司英国 WPP 公司成为签约公关公司。

由成都市政府主导，危机公关与城市营销借助专业人士的做法突破了惯常的国内城市宣传形式，为中国城市品牌营销走出了一条新道路。

地震之后，成都面临许多新的困难，特别是城乡统筹发展和灾后重建的任务很重，加上金融危机的爆发，作为中国西部最重要的中心城市之一，如何最终实现"把成都建设成为中西部地区创业环境最优、人居环境最佳、综合竞争力最强的现代特大中心城市"的"新三最"目标，对成都的短期战略、长期战略、策略方式、手段、平台、队伍建设等都有新的要求。

2008 年 6 月初到 8 月初，成都以"安全成都"为主题，让成都市民恢复到安居乐业的正常状态，使外界充分了解并形成"成都安全"的清晰定位和认知印象。重点公关对象是本地市民、国内外游客以及投资者。在联合国工业发展组织中国技术与投资促进处《成都市汶川地震后开展投资促进工作的调研报告》中可以看到，不仅成都市原有的六大优势产业没有因地震而削弱优势，相反，还在保险业、医药业、食品饮料业、电力业、水泥业、建材业、有色金属业、机械制造业八大产业上显现出新机会。

从 6 月 18 日开始，成都市投促委分赴长三角、珠三角、环渤海等重点区域，对在谈项目进行跟踪促进，大力宣传成都市灾后重建所带来的投资机会，同时借鉴国际国内发生重大灾害后城市营销的成功经验，力争将地震灾害后成都的"高知晓度"转化为崭新的正面形象。

（二）成都旅游——提升城市形象的序幕

作为中国最佳旅游城市之一，成都的旅游品牌与城市品牌息息相关。2008 年 6 月 12 日，地震后 1 个月，由成都文旅集团与亚太旅游协会联合举办的"旅游危机公关与恢复研讨会"在成都举行。该活动是灾后四川首次邀请外国专家为成都的旅游恢复出谋划策。专家建议，成都旅游业界要团结起来，重新组合自己的产品，政府部门要向外界传递正面消息，改革传统的营销方式。

6 月 14 日，国家旅游局发出通告，除都江堰、彭州、崇州等地的景点外，成都其他旅游景点可以开放。根据成都振兴旅游的相关办法，从 6 月起，每个月都有主题性的节庆活动，市领导还要到旅游城市介绍成都恢复重建情况，传递"成都安全"的信息。同日，由成都市政府主办，市委宣传部、市旅游局、青羊区委区政府、成都文旅集团承办的"守望家园"活动，在宽窄巷子举行，向境内外传递成都安全、旅游环境依然优越的信息，标志着灾后成都国内旅游市场正式启动。

"守望家园"活动启动 3 天后，成都市政府印发的《关于灾后促进旅游产业恢复发展的暂行意见》称：包括熊猫基地、金沙遗址、杜甫草堂等成都市属及以下国有旅游景区,对外地旅行社组团到成都旅游的门票按现行价格下调50%,优惠执行至2008年12月31日。

2009年春节黄金周,四川省旅游市场基本恢复,旅游经济同比创出新高。据统计,全省共接待游客1656.59万人次,同比增长21.9%;全省实现旅游收入47.25亿元,同比增长32.8%。成都危机公关的应对在振兴四川旅游方面实现了"开门红"。

2009年3月24日,成都首次面向全国游客发放旅游消费卡——熊猫卡,持卡人可在年内免费或半价游览成都11个国有重点景区,此举理论上可减免门票金额120亿元。

成都这座古老与现代相结合的城市,在震后表现出了它独有的姿态。成都整合全市资源,启动城市形象提升工作,降低地震给投资、旅游、房地产及相关服务业带来的冲击,取得了明显的成效,"安全的成都、感恩的成都、美丽的成都"得到广泛传播。94.4%的受访市民表示信任媒体传达的"成都安全"的信息,实现了从地震当周房屋交易几乎止步,到下半年的秋季房交会5天共成交3134套的巨大涨幅。旅游业迅速恢复,2009年春节期间,累计接待外地游客69.5万人次,不降反增,同比上涨25.36%。成都震后投资也出现"井喷"现象,2008年5月23日至7月23日,共签署投资项目257个,签约总额高达1863亿美元。

(三)成都精神——感动中国的形象重建

成都经历大震后变得更加坚强,为了让外界更充分了解并形成"成都安全"的清晰定位和认知印象,2008年7月,"因为有你,成都明天更美好"大型活动签约仪式在成都锦江宾馆隆重举行。此次活动是成都市人民政府主办、康辉集团发起和承办、相关景区支持、各媒体关注的旅游主题活动,旨在发挥大型旅游集团拥有的资源与接待优势、客源与营销优势,共同恢复启动旅游市场,促进成都旅游发展。

从2008年7月中旬开始,宣传震后成都"因为有你,成都明天更美好"的城市形象广告和"成都——最中国"的旅游形象广告在北京地铁沿线900个灯箱与多个液晶屏上亮相,最新城市宣传片也在北京国际机场T3航站楼投放;另外杭州、深圳、上海黄金路段都出现了大型户外广告。

成都对外城市营销的另一部形象片力作,同时也是国内第一个MV城市宣传片,由成都策划并组织的《I LOVE THIS CITY》成都城市形象宣传片正式开拍。《I LOVE THIS CITY》围绕震后的"成都依然美丽"这一主线展开拍摄,歌中充满了感谢和鼓励,表达了因为有来自全国各地的志愿者和援建者的爱,成都美丽依然的理念。

6月8日,歌词创作完成之后,成都用1周的时间制作了这个新的形象宣传片。

6月9日,成都著名音乐人苟伟开始作曲创作,6月11日,伴奏曲录制完成,6月13日,张靓颖受邀为成都录制这首形象歌,她安排了助理搭飞机从北京将自己最好的私人麦克风空运过来。回忆这首歌的录制过程,张靓颖说,在4个小时的录制时间里,自己从没有坐下,一直站在录音室里,为了保证嗓音清透,晚上11:00前,除了喝水,没吃过一点东西。为了让自己更好地沉浸在对家乡的感怀之中,开始录音时她都是闭着眼睛,一遍遍聆听那如都江堰水一般宁静平和的前奏,同时酝酿对成都的挚爱之情。张靓颖非常喜欢歌词里的一句"I love you, I love my city。就像你永远爱我一样!"

而成都这次的形象宣传片中的另一个主角就是作家洁尘。洁尘说:"我发现成都人的精神状态与成都的地质结构几乎一致,临危不乱,以柔克刚。"身为成都人的她,在参加一个活动时,跟记者们聊起了经历地震的成都人民面对灾难时所体现的坚强乐观的四川精神:"地震过后,成都人很快恢复了镇定。在躲避余震时,许多人开始在空地上打麻将,并开发了许多非常有意思的黑色幽默,舒缓自己的神经。他们还是善良的,一边打麻将一边听着收音机,一旦广播里说哪儿需要人帮忙,肯定立即撂下麻将奔过去。"

发生在震后的那些细节、那些真实的小故事,让人们感受到了一种前所未有的成都精神,一种不屈服懂感恩的精神。成都人的精神,成就了成都城市的新"品牌"。

(四)成都视野——全球整体在线营销

2008年7月22日上午,成都文旅集团、谷歌公司签署了《全球在线营销成都城市形象和旅游品牌合作协议》,推出"天府之国,熊猫故乡"全球推广行动。从8月1日起,双方正式就成都市城市旅游形象品牌推广、成都旅游目的地资源及旅游产品营销等众多内容展开广泛而长期的合作,充分运用谷歌公司国际化的搜索引擎体系、全球化的内容联盟网络平台以及先进的网络技术手段、丰富的产品资源,面向全球各主要入境客源国及地区市场,全面启动在线网络营销,打造城市旅游品牌、振兴成都旅游。同样,这也是我国首个以一个城市为主题的全球整体营销方案。

谷歌公司全球副总裁刘允博士介绍,此次全球在线营销将分"三大步"进行,第一步,运用大量定义关键词搜索技术,在关键词搜索页面的右方加入成都城市品牌推广和旅游线路及产品。只要在谷歌搜索中输入人们不断更新的"热词",比如奥运、熊猫,就会在页面右方出现成都旅游相关的宣传和推广。第二步,通过谷歌的内容联盟网络平台,在世界知名网站和目标客源国合作网站,大范围地定向投放成都的旅游信息和城市形象宣传信息,让宣传覆盖面尽可能最广泛。第三步,谷歌热榜还将增加成都旅游榜单,添加信息导航,利用谷歌地图、Youtube国际主流视频网站等各类产品渠道及内部资源，向海外及国内广大网络用户大力推广成都旅游品牌及重点旅游景区、酒店、交通、旅行社等资源和服务设施。谷歌搜索引擎的语言有 160 多种，仅协议签订当天，搜索关键词"成都"就达 1.7 亿人次。

2008 年 12 月 23 日，由成都市人民政府主办的冬季大型文化旅游营销活动"冬日暖阳·成都年"正式启动。成都也因此成为了中国首个把"年"字号"注册"为品牌的城市，并以此展开了又一次全新的成都城市形象的推广。

2009 年开年，成都市危机公关活动和成都形象塑造、推广进一步推进。1 月 20 日，作为中国首个以整体城市为定位的全球在线营销方案，"成都主题"5 个月内在全球互联网已获得超过 7000 万次的展示机会，访问用户来源涉及近 70 个国家和地区，其中英文用户达到 76%。

（五）成都代言——熊猫搭起友谊桥梁

"全球在线营销"以一种前所未有的宣传方式向外界推广成都城市品牌新形象。2008 年 8～12 月，"机遇成都"在前期"安全成都"理念推广的基础上，将成都在震后所呈现出的投资机遇、巨大商机向国内外进行系统推介，将国内外商业团队、游客群体作为重点公关目标。而《功夫熊猫》成都行"正是该阶段的一个标志性事件，也成为城市营销史上的典型示范。

在 2008 年的戛纳电影节上，杰弗瑞·卡森伯格和安吉丽娜·茱莉向全球媒体表示，很关心这个发生在熊猫故乡的灾难，并希望有机会能亲自来四川看看大熊猫。茱莉还很希望为灾区的孩子做些事情。

2008 年 9 月初，成都向《功夫熊猫》的出品方美国梦工厂动画公司发出邀请函，邀请杰弗瑞·卡森伯格和 Ann Daly 在适当的时候带领《功夫熊猫》续集的创作团队到成都，感受成都的文化，亲密接触大熊猫，寻找"功夫熊猫"续集的创作灵感。9 月 26 日，梦工厂方面发来回函，表示接受成都的邀请。同时，梦工厂方面希望能用镜头记录此次来蓉活动的全过程，作为《功夫熊猫》续集的花絮，在全球公开放映。

就在这次"功夫熊猫中国行"的活动中，为了熊猫，梦工厂 CEO 杰弗瑞·卡森伯格 10 月 19 日深夜 11:40 从印度飞往成都，下榻酒店时已接近 20 日凌晨 1:00，他的睡眠时间只有两个半小时。凌晨 4:00，他就起床晨跑，天刚亮就去听取一位专家关于对大熊猫保护的学术报告。

2008 年 10 月 21 日上午，杰弗瑞·卡森伯格和剧组成员到达熊猫基地，与熊猫进行合影后，参观了大熊猫别墅，接下来在新闻见面会上接受了 20 多家媒体的采访。见面会结束后，他们还赶赴金沙遗址，感受四川悠久的历史和文化。

作为熊猫的故乡，《功夫熊猫》成都行"串联起了成都与世界的桥梁。而受邀参加美国总统奥巴马就职仪式的 16 岁成都中学生李紫子,同样成为了沟通的桥梁。为更大范围地提升成都城市品牌形象,做大、做强熊猫品牌,成都市对外文化交流协会、成都旅游协会在宽窄巷子授予了成都女孩李紫子"熊猫使者"称号。在赴美参加观礼活动的同时,掀起了一股熊猫热。并为家乡带回了一份礼物——美国前副总统戈尔等十多名政要亲笔签名的熊猫蜀锦。

　　"5·12"之后,我们看到了成都城市危机公关、城市营销的种种新创举,大震后具有成都特色的城市营销模式展现在了我们每个人的眼前。而这一次成都城市品牌在经历考验后的蝶变,也成就了"成都模式"的诞生,"成都模式"的经验也会成为中国城市营销的新转型点。

　　资料来源:成都城市品牌营销案例分析[EB/OL].中国城市发展网,http://www.chinacity.org.cn/cspp/csal/64003.html.

第九章　杭州营销
——打造"生活品质之城"

杭州,简称杭,浙江省省会,毗邻上海、南京,是长江三角洲重要的中心城市之一。杭州自秦时设县至今已有 2000 余年历史,是中国七大古都之一,历史悠久,文化厚重。杭州市有西湖、钱塘江等著名风景区,环境优美,旅游资源丰富,是中国著名的旅游城市之一。杭州市曾先后被授予"中国最佳旅游城市"、"中国十大品牌城市"、"中国国际形象最佳城市"等称号,2012 年,在"中国最具幸福感城市"排名中名列第二位①。

2007 年,杭州决定把"生活品质之城"作为杭州的城市定位和城市品牌,2008年,进一步将其定位表述完善为:中国特色、时代特点、杭州特征,覆盖城乡、全民共享,与世界名城相媲美的"生活品质之城"。其中,"生活品质"包括经济生活品质、社会生活品质、文化生活品质、环境生活品质、政治生活品质"五大生活品质"②。

一、杭州传统营销手段分析

(一)关系营销

杭州地处"长三角"地区,既是浙江省的省会城市,又是上海与东南地区联系的重要通道,经济发展活力强,水平高,是东南沿海的重要城市中心之一。改革开放

---

①中国城市竞争力研究会 2012 年报告.
②杭州市国民经济和社会发展第十二个五年规划纲要.

以来,杭州十分重视与国际城市的交流和互动。通过与国际城市建立友好关系,加强了杭州与国际城市的沟通及交流,便于杭州借鉴其他城市的发展经验和优点,同时宣传杭州市的城市文化与城市形象。自 1979 年至今,杭州已先后与 24 个国际城市结为友好城市,如表 9—1 所示。

表 9—1　杭州友好城市一览

时间	数量(个)	城市
20 世纪 70 年代	1	岐阜(日本)
20 世纪 80 年代	4	波士顿(美国)
		碧瑶(菲律宾)
		利兹(英国)
		福井(日本)
20 世纪 90 年代	4	丽水(韩国)
		尼斯(法国)
		帕拉马里博(苏里南)
		布达佩斯(匈牙利)
2000~2009 年	10	贝特谢梅什(以色列)
		阿加迪尔(摩洛哥)
		库里蒂巴(巴西)
		喀山(俄罗斯)
		开普敦(南非)
2000~2009 年	10	奥维耶多(西班牙)
		坎昆(墨西哥)
		比萨(意大利)
		德累斯顿(德国)
		水原(韩国)

续表

时间	数量(个)	城市
2010～2012 年	5	楠迪(斐济)
		蒙特哥贝(牙买加)
		奥鲁(芬兰)
		西归浦(韩国)
		卢加诺(瑞士)

资料来源:中国国际友好城市联合会,http://www.cifca.org.cn/Web/SearchByCity.aspx?HYCity=％ba％bc％d6％dd&WFCity=.

此外,杭州市下属各区县也积极进行关系营销,与国际城市和地区建立友好城市关系。例如,杭州市萧山区先后与日本山梨、日本富士、俄罗斯喀山、波利尼西亚巴耶、韩国济州等城市结为了友好城市关系。

(二)形象广告营销

1. 直接形象广告宣传

目前,杭州已经拍摄了系列的纪录片。在"中国杭州"网站上,包括《走向大都市》系列,《人文杭州》系列,《梦想天堂》等纪录片。其中,《走向大都市》系列宣传片包括了世纪抉择、华美天城、创业高地、文化都会、绿色家园、都市通衢、城市经纬及携手世界八个版块。《人文杭州》系列分为了序篇、山水篇、霓裳篇、佳肴篇、学养篇和人居篇等。此外,还有《梦蝶》、《欢迎来西湖》、《人间天堂》、《梦想天堂》等。通过纪录片,杭州展示了城市、商业、文化、旅游资源等方面的优势,既体现了优美的环境,又体现了良好的商业环境,还体现了深厚的文化底蕴。①

除政府网站的宣传片外,杭州早在 2006 年就开始在中央电视台的中文、英文国际频道分别投放形象广告,并于同年与中央人民广播电台合作开设《东方休闲之都——杭州》专栏,宣传杭州形象。同时,杭州还邀请国际媒体到杭州采访,并向欧洲及中国台湾、中国香港等国家和地区的媒体投放杭州旅游形象广告,如 2007 年

①中国杭州,http://www.hangzhou.gov.cn/main/zjhz/spzl/.

杭州便分别在中国台湾东森电视台和香港凤凰卫视发布了形象宣传广告"中国最佳旅游城市——杭州"①,并连续多年在CNN、BBC、WORLD等国际媒体上投放杭州旅游广告,宣传杭州形象。为方便国外游客了解杭州旅游情况,杭州还先后建立了德文网站、法文网站、日文网站等外文网站。2009年,杭州邀请韩国、日本的20余家主流媒体现场采访报道杭州旅游消费券的发放;邀请国内外知名媒体及组织的记者和代表团到杭州进行采访和考察;并在央视中文国际频道、央视英语新闻频道以及台湾年代电视台投放杭州旅游专题片。②

2. 间接形象广告宣传

杭州采取各种方式,积极推广杭州城市及旅游形象,提高杭州知名度。如2010年,杭州市通过"航线"战略、"事件营销"战略、"借力合作"战略等方法开拓了杭州的旅游市场,宣传了杭州的城市形象。

(1)"航线"战略

杭州一直以来秉承航线开到哪里,促销跟到哪里的原则。2010年,杭州开通了杭州—阿姆斯特丹直航航线,杭州以此为契机,在阿姆斯特丹举办了"杭州(阿姆斯特丹)之夜"大型旅游推介会,吸引了荷兰旅游管理部门和旅游企业的参加,提高了杭州在荷兰的旅游形象,推动了杭州旅游在欧洲市场的快速发展,有效地撬动了欧洲的远程市场,杭州当年欧洲市场的增长率达到22%。③

(2)"事件营销"战略

巴塞罗那大师级网球公开赛是西班牙最大的网球赛事。2010年,杭州以此赛事为平台,组织欧洲促销团赴欧洲进行城市营销活动。杭州市相关领导带队赴巴塞罗那举办了"巴塞罗那杭州日"活动,向赛事现场的数万名观众进行了城市宣传。同时,还面向西班牙旅游同业者开展了"杭州(西班牙巴塞罗那)之夜"大型旅游推介活动。借助这一赛事,杭州扩大了城市的宣传效应,提高了杭州城市影响力和旅游品牌的知名度。④

---

①杭州年鉴 2008 版[EB/OL].旅游营销,http://www.hangzhou.gov.cn/main/zjhz/hzlj/2008/ly/T289897.shtml.

②杭州年鉴 2010 版[EB/OL].旅游营销,http://www.hangzhou.gov.cn/main/zjhz/hzlj/2010/lyy/T350585.shtml.

③杭州市旅游委员会.2010 年杭州市旅游业发展情况[EB/OL].http://www.gotohz.com/sy/xwzx/xwdt/201101/t20110127_49312.shtml.

④杭州市旅游委员会.2010 年杭州市旅游业发展情况[EB/OL].http://www.gotohz.com/sy/xwzx/xwdt/201101/t20110127_49312.shtml.

（3）"借力合作"战略

2010年6月，杭州市于台湾省台北市设立了杭州旅游（台北）服务中心，包括咨询销售中心和特区展两部分。服务中心的主要职责是向台湾同胞宣传杭州优质的旅游资源，吸引台湾游客，并提供台湾游客赴杭州旅游的相关服务。[①]

此外，杭州还委任了与杭州内涵相符的名人来彰显城市文化。2004年，女子十二乐坊成为杭州的城市代言人，代表了杭州的人文艺术以及浪漫气息。2006年，杨澜作为世界休博会的形象大使，更是代表了杭州的传统与现代、民族与世界、柔情与豪放。[②]

（三）节事营销

创造或利用节事开展城市营销，是杭州城市营销的一大特色。杭州的节事活动主题多样、举办频繁，市民的参与热情也很高，比较经典的节事活动有：

1. 杭州国际马拉松赛

自1987年起，杭州便开始举办马拉松赛事，至今已有20多年的历史。如今的杭州国际马拉松是在原西湖桂花国际马拉松赛和杭州国际友好西湖马拉松赛两大赛事的基础上联合举办的，现已成为中国最重要的马拉松赛事之一。杭州十分重视杭州国际马拉松赛的组织和开展，希望将杭州国际马拉松打造为城市的新名片，借此向世界展示杭州的人文风景与城市建设。杭州国际马拉松路线途经西湖、茶园、钱塘江等著名风景区，沿途景色优美，风光旖旎，被誉为世界最美马拉松赛道之一。2012年，杭州马拉松赛于11月中旬举办，此届赛事除传统的全程马拉松（42.195公里）、半程马拉松（21.0975公里）之外，还创新性的开设了短程马拉松（13公里）、小马拉松（6.8公里）及家庭跑（1.2公里）、情侣跑（3.5公里）等项目，不仅提高了国内外体育爱好者的参赛热情，更体现了杭州国际马拉松赛的娱乐性和休闲性，凸显了绿色休闲运动的主题，推动了全民健身运动的发展。[③]

---

①杭州年鉴 2011 版[EB/OL]. 旅游营销, http://www. hangzhou. gov. cn/main/zjhz/hzlj/2011/lyy/T402273. shtml.

②季靖, 陈静. 传播与城市品牌塑造——以杭州、上海为例[J]. 消费导刊, 2008(21).

③2012 杭州国际马拉松[EB/OL], http://www. hzim. org/.

2. 世界体育电子竞技大师赛

世界体育电子竞技大师赛(World E－sports Masters,WEM)是世界级电子竞技邀请赛,属韩国 OGN 集团旗下赛事,是中国地区唯一由国家体育总局主办的世界级电子竞技邀请赛,同时也是杭州市人民政府着力打造的世界级电子竞技赛事,一直以来都作为杭州西湖博览会的重点项目。2008～2010 年,WEM 大师赛先后三次在杭州举行。每届 WEM 大师赛都会邀请世界顶级选手参赛,并经由官方网站向全球进行赛事直播,2008 年、2009 年的赛事观众点击率都超过了 1 亿人次。2010 年,该赛事被评为第十二届西湖博览会项目金奖。

2012 年 10 月,WEM 大师赛于杭州经济技术开发区举办,这也是该赛事第四次登陆杭州。此次赛事聚集了来自中国、韩国、德国、美国、新加坡、瑞典、加拿大和中国台湾等国家和地区的众多电子竞技高手,比赛将围绕星际争霸 2(SC2)和英雄联盟(LOL)两个项目进行,此次赛事的总奖金高达 100000 美元。为了提高电子竞技爱好者对于 WEM 大师赛的参与度,赛事不进行门票的售卖,电竞爱好者可以凭有效证件免费观看 WEM 所有赛事。此外,赛事组委会还在赛场外搭建 LED 显示屏,进行赛事转播。[①]

WEM 大师赛连续在杭州举办,不仅符合杭州扶持文化创意产业的战略要求,也提高了世界相关媒体对于杭州的曝光度,向世界展示杭州的城市形象。

3. 女足世界杯

女足世界杯始于 1991 年,是由国际足球联合会建立的一项国际足球赛事。自 1991 年至今,女足世界杯已先后举办 7 届,其中第一届、第五届女足世界杯由中国主办。

2007 年 9 月 10～30 日,第五届女足世界杯在中国举办,浙江赛区(杭州)承办了该赛事的 7 场小组赛和 1 场半决赛,是该届女足世界杯承办比赛最多的赛区,挪威、澳大利亚、加纳、加拿大、德国、日本、丹麦、巴西、美国 9 个国家的女足国家队先后到杭州参加比赛。杭州积极准备,精心安排,在赛事推进、商务开发及贵宾接待等方面做了大量工作,受到女足世界杯中国组委会的高度认可,并被授予"最有魅

---

①世界体育电子竞技大师赛[EB/OL].百度百科,http://baike.baidu.com/view/9503751.htm.

力奖"。① 同时,杭州在女足世界杯进行期间,有效地进行了城市营销,向参赛运动员及来杭观赛球迷宣传了杭州城市文化和旅游资源,推广了杭州的城市形象。

(四)会展营销

《杭州市"十二五"会展业发展规划》指出,会展业是会议业和展览业的总称,广义上的会展业还包括节庆业。会展业主要通过举办各种会议、展览及节庆活动,吸引大量的商务旅客及游客,从而促进产品市场的开拓、技术和信息的交流、对外贸易和旅游观光,同时带动城市的交通、住宿、商业、餐饮、购物等相关产业的发展,被誉为"无烟工业"。随着当今经济全球化程度的不断深入,会展业成为新兴的朝阳产业,是加快经济发展方式转型、推进产业结构优化的重要方式。同时,会展业对于展示城市品牌形象和人文精神,提升城市的知名度和影响力发挥着重要的作用,并日益成为衡量一个城市国际化程度和经济发展水平的重要指标之一。②

杭州十分重视会展业的发展,先后制定了《杭州市会展业"十一五"发展规划》和《杭州市"十二五"会展业发展规划》。杭州大力发展会展行业,不仅符合其打造"生活品质之城"的城市定位,而且符合杭州市的自身条件。其一,1929年杭州举办首届西湖博览会,成为中国最早举办大型会展的城市,具有良好的基础;其二,杭州地处长三角,连接沪宁等重要大中型城市,交通便利,区位优势明显;其三,旅游资源丰富,人文历史厚重;其四,经济发达,经济活力强,对专业人才需求量大,是创业的天堂,能够带动会展经济的发展。③

"十一五"时期,杭州会展业实现了跨越式发展,由弱变强,形成了以西博会、休博会为龙头,会展与城市紧密结合、互动发展、具有杭州特色的"城市会展"发展模式,并获得了"中国十大最佳会展城市"、"中国十大节庆城市"榜首、"中国十佳会议旅游目的地"第一名等多项荣誉。④

《杭州市"十二五"会展业发展规划》中指出,杭州市要以"国际旅游休闲中心"为龙头、西博会与休博会为引领、打造最具潜力的全国展览中心城市、最具活力的中国节庆之都和最具魅力的国际会议目的地。⑤

---

①杭州年鉴 2008 版[EB/OL].体育综述,http://www.hangzhou.gov.cn/main/zjhz/hzlj/2008/TY/T289376.shtml.
②③④⑤杭州市"十二五"会展业发展规划.

1. 会展节庆活动

杭州市每年都会举办大量的会展节庆活动,现仅以 2011 年和 2010 年为例,如表 9－2、表 9－3 所示。

表 9－2　2011 年杭州会展活动

年份	时间	会展名称
2011 年	9 月 17 日～11 月 18 日	世界休闲博览会
	10 月 28 日～11 月 30 日	中国杭州第二届菊花艺术节
	4 月 9 日～5 月 18 日	首届杭州·西溪花朝节
	9 月 17 日～11 月 18 日	千岛湖秀水节
	2 月 10～28 日	超山梅花节
	9 月 10～18 日	第十八届中国国际钱塘江(海宁)观潮节
	9 月 23～26 日	2011 中国国际丝绸博览会暨中国国际女装展览会
	9 月 18～25 日	2011 杭州骑行日暨第四届杭州骑游大会
	6～12 月	2011 中国杭州大学生旅游节

资料来源:笔者根据相关材料整理。

表 9－3　2010 年杭州会展活动

年份	时间	会展名称
2010 年	3 月 4～7 日	花园和户外家具及休闲用品展览会
	4 月 28 日～5 月 3 日	第六届中国国际动漫节
	8 月 26～28 日	侨界海外精英创业创新峰会
	9 月 17 日～12 月 31 日	西湖博览会国际旅游节
	10 月 13～17 日	汽车工业展览会
	10 月 15～18 日	文化创意产业博览会
	10 月 16 日～11 月 6 日	西湖国际博览会
	10 月 28 日～11 月 30 日	首届菊花艺术节
	11 月 2～4 日	国际人才交流与合作大会
	11 月 3～7 日	世界电子竞技(WEM)大赛

资料来源:杭州年鉴 2011 版［EB/OL］. 重要会展,http://www. hangzhou. gov. cn/main/zjhz/hzlj/2011/hzy/T402269. shtml.

2.西湖国际博览会

举办西湖国际博览会的设想,最早是由时任浙江军事善后督办卢永祥、省长张载扬于 1924 年提出的。1928 年秋,北伐胜利后,浙江省政府为纪念统一,奖励实业,决定筹办西湖国际博览会。首届西湖国际博览会于 1929 年 6 月 6 日至 10 月 20 日召开,前后历时 137 天。首届西博会盛况空前,吸引了 2000 余万观众参观,其中不仅包括国内各行业的代表及海外华侨团体,还包括了美国、日本、英国等西方国家的记者及考察团的成员。

首届西湖国际博览会是一次全省乃至全国政治、经济、文教、科技的大会展,轰动了浙江省和全国,影响波及国外,与历史上著名的 1893 年"芝加哥博览会"、1900 年"巴黎博览会"和 1927 年"费城博览会"并称为国际性庆典,在秀丽的西湖山水间留下了永恒的记忆。[①]

杭州复办西湖国际博览会起源于 20 世纪 80 年代杭州筹办建设浙江世界贸易中心,成熟于 1999 年办会思想的创新。

自改革开放以来,浙江省及杭州市的对外关系迅速发展,至 20 世纪 80 年代,杭州承办的国内外大小会议及展览活动日益增多。为了提升自身的办会质量,为各类会议和展览活动提供高水平的场馆和优质的服务,浙江省和杭州市计划筹办一座综合性、高功能、现代化的博览会建筑。为了充分利用 1929 年西湖国际博览会的历史作用和重要影响,决定将筹建的建筑命名为"西湖博览会",位于杭州著名风景区黄龙洞附近。在杭州市政府和浙江省相关部门的共同努力下,筹建的中国杭州西湖国际博览会最终落成,并定名为浙江国际贸易中心,又称杭州西湖国际博览会。浙江国际贸易中心建成后,成为浙江省著名的商务建筑,并成为浙江省和杭州市举办大型会议及会展活动的重要场馆。

20 世纪 90 年代末,杭州市积极探索开发会展行业,在《关于建议开发"西湖博览会"品牌的报告》中,杭州市决定充分利用"杭州西湖国际博览会"的历史影响,开发其无形资产,复办"西湖国际博览会",重新打响这一历史品牌。

1999 年,杭州市开始组织筹办 2000 年西湖国际博览会,并制定 2000 年西湖国际博览会的总体方案,确定以"千年盛会聚嘉宾,西湖博览汇精品"为主题思想。2000 年 10 月,第二届西湖国际博览会胜利开幕,定名为"中国杭州—2000 西湖国

[①]1929 年西湖博览会[EB/OL].中国杭州西湖国际博览会,http://www.xh-expo.com/500/2000/11/12629.html.

际博览会"(简称"中国杭州西湖国际博览会"或"西湖国际博览会")。

西湖国际博览会还推出了具有杭州特色的会标和吉祥物。在西湖国际博览会复办之初,杭州市通过公开征集,确定了西博会的吉祥物金鱼欢欢和会标荷叶水珠(如图9-1、图9-2所示)。2003年,经过新一轮的西博会吉祥物征集与再设计,"三潭印月"卡通造型的新"欢欢"成为新的西博会吉祥物,如图9-3所示。①

图9-1　杭州西湖国际博览会吉祥物——金鱼欢欢

图9-2　杭州西湖国际博览会会标——荷叶水珠

---

　①西湖国际博览会的恢复[EB/OL].中国杭州西湖国际博览会,http://www.xh-expo.com/462/2007/10/856.html.

从第五届（2003年）中国杭州西湖国际博览会开始，西博会开始启用"三潭印月"卡通造型的新吉祥物——新"欢欢"。"三潭印月"是西湖十景之一，也是杭州西湖最具代表性的景观；而荷花是西湖中最具代表性的花卉，莲藕制品又是杭州最具代表性的待客佳品。新"欢欢"的造型由石塔和盛开的荷花组成，都是杭州最具标志性的形象符号。新"欢欢"将"三潭印月"的石塔造型拟人化为可爱的卡通形象，手持莲花，张开双臂，喜迎八方宾客，表现了西博会全方位对外开放。而"欢欢"可爱的笑容，鲜艳的色彩，给人以吉祥欢快的感觉，个性鲜明的形象使人过目难忘。"欢欢"充分体现了杭州山美、水美、城美、人美的形象，展示了"精致和谐、大气开放"的人文精神。

图 9—3　杭州西湖国际博览会吉祥物——"三潭印月"卡通造型

西湖国际博览会的会标由代表杭州与西湖的荷叶与水珠变形设计而成，彰显了杭州的灵秀，又体现了时代的动感。荷叶的叶脉似一根根飘动的彩带，迎接四方宾朋；线条由四周向水珠汇集，象征着"天堂盛会聚嘉宾、西湖博览汇精品"的含义；会标的主色调为绿色，其中深绿象征着西博会70余年的悠久历史，浅绿代表着新时代复办西博会的生机勃勃；整个会标象征了杭州山清水秀、环境和平，映衬出了西湖的和谐之美、活力之美。[1]

自2000年复办西湖国际博览会开始，杭州西湖国际博览会每年举办，至今已

---

① 会标吉祥物释意［EB/OL］. 中国杭州西湖国际博览会，http://www.xh-expo.com/462/2008/04/858.html.

举办至第十四届,见表9-4。2006年4月22日,2006世界休闲博览会和第八届西湖博览会联合举办,两个大会同时举办了开幕式和闭幕式。第二届世界休闲博览会与第十三届中国杭州西湖国际博览会于2011年9月在杭州同时举办。

表9-4 历年西湖国际博览会概况

年份	主题	规模	效益
2012	"创新西博、和谐城市、品质生活"	设14个分会场,分别为南浔、安吉、德清、上虞、诸暨、武义、海宁、江山、朱家尖、龙泉、辽宁铁岭、江苏昆山、安徽徽州、上海枫泾。其中,江苏昆山、普陀朱家尖、辽宁铁岭、安徽徽州为2012年新增的分会场。共举办会展活动项目130个,接待来自40多个国家和地区的来宾观众1487万人次	实现贸易成交额221亿元,协议引进外资超过10亿美元,协议引进内资超过200亿元
2011	与第二届世界休闲博览会同时举办主题为"休闲——提升生活品质"	设立三大主园区、10个分会场,共举办了245个会议、展览、活动项目;在各区县(市)、都市经济圈、分会场推出了十大类型的10条休闲体验线路和200个休闲体验点	实现贸易成交额226亿元;协议引进外资11.36亿美元;协议引进内资133.48亿元;举办国际性项目72个,占项目总数的29.4%;国际展位比例达25.3%;100多家国内外媒体对博览会做了大量深度宣传报道;230多个国家、境内外城市、国际组织,3745万人次中外嘉宾、游客和市民等参加了博览会
2010	以"创新发展,和谐城市,品质生活"为主题,以"服务转型升级,加快经济发展方式转变"为主线	共举办了130个会议、展览、活动项目	实现贸易成交额162.1亿元,协议引进外资10.88亿美元,协议引进内资164.7亿元,举办国际性会展活动项目68个,展览项目国际展位比例达到23.5%

续表

年份	主题	规模	效益
2009	"信心杭州,品质西博"	举办了 124 个会议、展览、活动项目	
2008	"接轨奥运会,办好西博会"	举办了 102 个会议、展览、文体和观光活动项目	
2007	"办好西博会,欢庆十七大"、"和谐西湖,品质杭州"	举办了 72 个会议、展览、文体和观光活动	
2006	与 2006 世界休闲博览会同时举办"休闲——改变人类生活"、"和谐生活,和谐创业"	举办了 240 个会议、展览、文体和商旅活动项目	
2005	"和谐生活,和谐创业"	安排了 53 个(含 18 个期外项目)展览、会议、文体和商旅活动项目	实现贸易成交额(含营业收入)80.84 亿元,引进协议外资 7.27 亿美元,内资 87.28 亿元
2004	"生活与创业"	安排了 55 个展览、会议、文体和商旅活动	实现贸易成交额 89.64 亿元,协议利用外资 7.2 亿美元,协议引进内资 84.83 亿元,直接拉动杭州 GDP 增长 0.51 个百分点

资料来源:历届西博会[EB/OL].中国杭州西湖国际博览会,http://www.xh－expo.com/500/.杭州网.http://z.hangzhou.com.cn/2012/2012xbh/.

3. 杭州世界休闲博览会

世界休闲组织(World Leisure Organization)成立于 1952 年,又称世界休闲与娱乐协会(World Leisure and Recreation Association),简称"世界休闲"。它是一个具有联合国咨询地位的非官方机构,与联合国教科文组织和有关国家及地区的官方、非官方机构有着良好的合作关系。

2006 年,杭州与世界休闲组织共同创立了"世界休闲博览会"的品牌,并在杭州举办了以"休闲——改变人类生活"为主题的世界首届休闲博览会,开启了中国的休闲元年。此后,世界休闲组织与杭州达成协议,将世界休闲博览会永久落户杭州,每5年举办一届。[①]

表9—5 两届杭州世界休闲博览会

年份	主题	内容
2006	休闲——改变人类生活	杭州世界休闲博览园和世界休闲风情园展示、世界休闲用品博览会、世界休闲大会、世界休闲峰会、世界休闲奖评选、休闲管理培训及西湖国际狂欢节等,融休闲、旅游、娱乐、会议、展览、大型活动为一体
2011	休闲——提升生活品质	展览展示板块:文化创意产业博览会、国际汽车工业展览会、电子信息博览会、国际丝绸女装展等38个专业展会 会议论坛板块:休闲文化、休闲产业、休闲体验、休闲养生、休闲度假、休闲美食、休闲生活等各类主题论坛以及休闲发展高峰论坛、中国国际健康城市市长论坛、国际人才交流大会、国际茶业大会等47个品牌会议 休闲活动板块:开幕式文艺晚会、烟花大会、休闲大舞台国际文化交流活动、国际热气球节、休闲运动嘉年华等160项文化、体育、音乐、美食等活动项目 休闲体验板块:各区县(市)、各分会场以及杭州都市经济圈城市推出十大类型的10条休闲体验线路和200个休闲体验点

资料来源:2011杭州世界休闲博览会,http://www.wl-expo.com/zt/wonderful/.

(1)2006年杭州世界休闲博览会

第九届世界休闲大会于2006年在杭州举行,这是世界休闲组织第一次在中国举办国际性会议,也是第二次在亚洲举办此会议。2006年的世界休闲大会采用了博览会的形式,扩大原有的规模,向世界展示休闲的理念与科学。

2006年杭州世界休闲博览会是由世界休闲组织、浙江省人民政府、杭州市政府及国家有关部委联合组织的一届休闲大会。主要内容包括杭州世界休闲博览园和世界休闲风情园展示、世界休闲用品博览会、世界休闲大会、世界休闲峰会、世界

[①]网上休博会,http://online.wl-expo.com/baike/worldleisure.jsp.

休闲奖评选、世界休闲研究和培训及中国杭州西湖国际狂欢节、烟花大会等，是融休闲、旅游、娱乐、会议、展览、大型活动为一体的国际盛会。

2006 年杭州世界休闲博览会、2008 年北京奥林匹克运动会、2010 年上海世界博览会，被誉为 21 世纪初中国的三大国际盛会。[①]

随意的线条勾勒的紫砂壶与三潭印月幻化后的叠影，具有浓郁的杭州休闲文化韵味，体现了休闲生活中的动与静的和谐，是中国休闲文化之魂的高度浓缩（见图 9—4）。其选取的形象：三潭印月和紫砂壶，都是杭州的文化印记。三潭印月是西湖上最璀璨的标志性景致，而紫砂壶则是中华文化的积淀和独特人文精神的展示。这一会标不仅体现了 2006 年杭州世界休闲博览会举办的意义——休闲，让生活保持新鲜和润泽，还体现了中华民族传统的继承和文化的积淀，展示了杭州城大气开放的姿态，向世界彰显了东方文明在张弛之间所体现出的智慧：懂得休闲的人才能更有效率的工作。休闲是一种品位，一个态度，一份动力，这是杭州世界休闲博览会带给人们的惊喜和礼物。[②]

图 9—4　2006 年杭州世界休闲博览会会标

①2006 杭州世界休闲博览会总体介绍［EB/OL］. 杭州网，http://www. hangzhou. com. cn/20050101/ca795739. htm.

②2006 杭州世界休闲博览会会标释义［EB/OL］. 杭州网，http://www. hangzhou. com. cn/20050101/ca795731. htm.

2006年杭州世界休闲博览会的吉祥物叫晶晶(如图9-5所示)。其形象是一个水滴。水是大自然的精灵,象征着西湖的秀美。张开双臂的"晶晶",精神饱满、笑容灿烂、形象活泼可爱,热情地欢迎着四方宾客投入杭州这座水一样柔美的城市。来自五湖四海的朋友,在杭州这座山水城市里,可以自由自在地融入她的意境里,在休闲体验里拥有焕然一新的心境。[①]

图9-5 2006年杭州世界休闲博览会吉祥物

(2)2011年杭州世界休闲博览会

2011年9月,第二届世界休闲博览会如期在杭州举行。2011年杭州世界休闲博览会可以概括为"一个主题、两大盛会、三个园区、四大板块",其中,"一个主题"是指以"休闲——提升生活品质"为主题;"两大盛会"是指杭州世界休闲博览会与中国杭州西湖国际博览会同时举办;"三个园区"是指以杭州为主会场,杭州萧山区湘湖、滨江区白马湖、淳安县千岛湖为三大主园区;"四大板块"是指博览会安排了休闲展示、休闲论坛、休闲活动和休闲体验四个板块。2011年杭州世界休闲博览会同时设立了海宁、上虞、诸暨、德清、安吉、武义、龙泉、南浔、枫泾、江山10个分会场,形成了休闲大杭州的博览格局。[②]

2011年杭州世界休闲博览会,不仅生动深刻地体现了休博会的意义,还推动了杭州城市形象的传播,提高了杭州的旅游形象和城市地位,诠释了杭州作为休闲

①2006杭州世界休闲博览会吉祥物释义[EB/OL].杭州网,http://www.hangzhou.com.cn/20050101/ca795737.htm.

②2011杭州世界休闲博览会概况[EB/OL].网上休博会,http://online.wl-expo.com/baike/intro.jsp.

之都的意义和内涵,有效促进了杭州市旅游经济、会展经济和休闲经济的发展,大大提高了杭州在国际上的知名度和影响力。

2011年的杭州世界休闲博览会会徽与2006年的会徽基本一致(见图9-6),而会标最上端则可以引申为大写的"E",代表了杭州已成为名副其实的"中国电子商务之都",是发展电子商务的"风水宝地",并正努力打造成为"世界电子商务之都"和"世界互联网经济强市"。①

图9-6　2011年杭州世界休闲博览会会徽

2011年的第二届世界休闲博览会,晶晶延续了2010年上海世博会上杭州馆"五水共导"的治水理念,把杭州的西湖、湘湖、千岛湖、京杭大运河、钱塘江、西溪等都串联起来,用水的概念,来诠释和展现杭州独特的休闲文化理念和特色,如图9-7所示。②

图9-7　2011年杭州世界休闲博览会吉祥物

---

①2011杭州世界休闲博览会会徽介绍.网上休博会[EB/OL]. http://online. wl-expo. com/baike/logo. jsp.

②2011杭州世界休闲博览会吉祥物介绍.网上休博会[EB/OL]. http://online. wl-expo. com/baike/mascot. jsp.

4. 中国国际动漫节

中国国际动漫节是我国唯一的国家级动漫专业节展,由国家广电新闻出版总局、浙江省人民政府主办,杭州市人民政府等单位承办,自 2005 年开始,每年春天固定落户杭州举行。中国国际动漫节是目前中国规模最大、参与人数最多、影响最广的动漫专业盛会,被列为《国家"十二五"文化改革发展规划纲要》重点扶持的文化会展项目,是中华文化"走出去"的重要平台。

中国国际动漫节以"动漫的盛会、人民的节日"为宗旨,以"专业化、国际化、产业化、品牌化"为目标,以"动漫我的城市,动漫我的生活"为主题,内容包括会展、论坛、大赛、活动四大板块等 20 多个品牌项目,历届中国国际动漫节见表 9—6。

中国国际动漫节吸引了国内外众多动漫企业及研究机构的关注和参与。如美国最具实力的动漫集团迪士尼、梦工厂,日本最大的漫画出版集团集英社,以及来自法国、俄罗斯、韩国等十余个国家的知名动画机构代表,中央电视台、广州奥飞动漫、深圳环球数码等国内著名基地和企业,中国美术学院、北京电影学院、中国传媒大学等著名高校都是动漫节的常客,各方对中国动漫节的评价见表 9—7。[①]

目前,杭州大力发展文化创意产业,致力于打造"国内领先、世界一流"的全国文化创意产业中心,建设"动漫之都"便是实现这一目标的重要内容。杭州依托中国国际动漫节,不仅发展了杭州的动漫产业,促进了杭州文化创意产业的长足进步,更借助这一国际节事向世界推广了杭州的影响力和知名度。随着中国国际动漫节的逐步扩大,不仅吸引了越来越多的国际企业来杭,也将越来越多的杭州制造动漫产品推向了世界。

---

①中国国际动漫节情况介绍. 中国国际动漫节［EB/OL］. http：//www. cicaf. com/zhgg/content/2012－12/26/content_4537878. htm.

表9-6 历届中国国际动漫节成果

时间	国家/地区数 (个)	参观人数 (万人)	交易总额 (亿元)	博览会展览面积 (万平方米)	展商数量 (家)
2005年(第一届)	/	12	8	2	120
2006年(第二届)	24	28	22	4.6	130
2007年(第三届)	23	43	41	4.6	260
2008年(第四届)	37	67	41	6	280
2009年(第五届)	38	80	65	6	300
2010年(第六届)	47	161	106	6	365
2011年(第七届)	54	202	128	6	425
2012年(第八届)	61	208	146	8	461

资料来源:历届回顾.中国国际动漫节[EB/OL]. http://www.cicaf.com/zhgg/content/2012-12/26/conten_4537880.htm.

表9-7 各方对于中国国际动漫节的评价

最富有想象力的事业,在世上最美丽的地方。

——世界动漫学会创始人波尔多

中国国际动漫节虽然年轻,却充满活力,尤为难得的是把动漫产业与动漫艺术对接起来,非常成功。

——世界动画协会秘书长芙斯娜·多尼科维奇

日本动博会会场在东京湾,地方非常狭窄,4天时间最多只能容纳12万人次的客流,市民经常会排很长的队。这是我第三次参加中国国际动漫节,却发现本届动漫节有如此宽广的空间和精彩的表演,既吃惊又美慕,政府的这种重视与支持力度,在日本难以想象。

——日本动画博览会秘书长松谷孝征

如果用一个字来概括各国的动漫特点,美国是"大",日本是"小",韩国是"新",而中国是"合"。中国集合了56个民族的智慧与力量,而杭州是美丽风景与尖端动漫技术的融合。

——韩国富川国际学生动画节执行委员长李廷旻

　　杭州中国国际动漫节在这几年内起飞,取得巨大效益,这里面,国家对动漫业发展的推动力量,政府对动漫的鼓励,这些都很重要。

　　　　　　——香港地区漫画教父,香港玉皇朝集团董事长黄玉郎

　　去年,我第一次参加了中国国际动漫节,第一次感受到一场动漫的盛会所搭建的平台,可以让作品产生超越出版物的传达力量。杭州搭建了一个很好的平台,给所有动漫人提供了展示才华的空间。

　　　　　　——台湾地区漫画界四大才子之一朱德庸

　　杭州把国家级的动漫盛会放在自己的口袋里长达四年,而中国国际动漫节因为在杭州举行,就像一只股票每年都在翻倍地增长。

　　　　　　——凤凰卫视资深评论员杨锦麟

　　杭州的中国国际动漫节对于加深动漫院校间的交流起到很好的促进作用。

　　　　　　——中国美术学院传媒动画学院院长吴小华

　　资料来源:历届回顾.中国国际动漫节[EB/OL].http://www.cicaf.com/zhgg/content/2012-12/26/content_4537880.htm.

5. 会展场馆

　　根据《杭州市"十二五"会展业发展规划》,杭州在"十二五"期间,将努力提升展览设施水平,努力形成"一主五副多馆"布局结构,即以杭州国际博览中心为主,以和平会展中心、动漫广场会展中心、休博园会展中心、浙江世贸国际展览中心、海外海国际会展中心为辅,从而整合杭州市的会展展馆资源,提高杭州市办展的硬件水平,提升承办国内外高级展会的硬件支撑能力。[①]

　　会展场馆规划规模及作用:

　　(1)一主——杭州国际博览中心

　　杭州国际博览中心是杭州市"十二五"期间提升会展设施的重要着力点,是杭州市打造"一主五副多馆"会展场馆布局的"一主"场馆。杭州国际博览中心地理位置优越,位于钱塘江南岸,与钱江新城CBD隔江相望,处于杭州市的中轴线附近。杭州国际博览中心建筑面积为84万平方米,国际标准展位7500个(其中1000个为室外展位),设展览中心、会议中心、综合物业、屋顶花园(城市客厅)、地下商业及

――――――――――
　①杭州市"十二五"会展业发展规划.

车库五大功能区。其目标是建设成为"国内领先、城市一流"的,能举办国内外大型专业会展和较大规模综合性会展的现代化国际博览中心,并与周边的其他建筑及设施相结合,打造具有时代特征、杭州特色、钱江特点的大型城市综合体,发挥其在全市乃至全省会展发展中的龙头带动作用。①

(2)五副

杭州打造"一主五副多馆"会展场馆布局的五个副馆分别为和平国际会展中心、动漫广场会展中心、休博园会展中心、浙江世贸国际展览中心、海外海国际会展中心,这五个会展场馆功能各异,各具特色(见表9-8)。

表9-8 杭州会展场馆

场馆	位置	规模	主要作用
杭州和平国际会展中心	位于杭州市中心	总建筑面积 80000 平方米,展馆面积 41396 平方米,可容纳标准展位 1670 个,拥有绿地面积 10000 平方米和室外广场 10000 平方米	西湖博览会主会场
动漫广场会展中心	杭州白马湖生态创意城	一期总建筑面积约 21 万平方米,地下停车库 1150 个。会展中心总建筑面积 68048 平方米,其中展示区面积 46000 平方米。二期项目作为一期配套和补充,包括中国动漫博物馆、2 万平方米的标准展馆以及 IMAX 影院。	国际创意设计展、世界休闲博览会、国际创意产业化永久论坛等展会承办地,重点承接动漫、设计、创意类大型展会
浙江世贸国际展览中心	杭州 CBD 中心黄龙商圈	有 6 个室内场馆,室内展厅 12800 平方米,室外展厅 7000 平方米	杭州市政府举办行业导向性展会以及西湖博览会主要场馆之一。定位以高端消费类产品展示为主,兼顾工业产品的展示

①杭州市"十二五"会展业发展规划。

续表

场馆	位置	规模	主要作用
杭州海外海国际会展中心	上塘路和德胜路交叉口	中心室内展览面积约15000万平方米,能容纳500多个国际标准展位。室外广场约3000平方米,有近5000平方米的地下停车场	西博会分会场所在地。定位为辐射主城北部的会、展结合的国际化高端会展场馆
休博园会展中心	位于萧山区湘湖区块	总建筑面积56680平方米,可容纳2000个标准展位,室内以及室外的停车泊位近2000个	中国国际动漫节、杭州2011世界休闲博览会指定场馆。定位为集会议展览、商务休闲服务和餐饮购物、游乐表演配套的现代化、综合性场馆

资料来源:杭州市"十二五"会展业发展规划.

由"一主五副多馆"的会展场馆规划及其布局可以看出,杭州对其城市会展业的发展有了总体的规划和方向,为把杭州打造为会展城市做好了充足的准备,这与杭州建设"生活品质之城"的城市定位是一致的,体现了杭州城市营销的目标性与行动的一致性。

二、杭州现代营销手段分析

现代营销手段是指借助现代互联网技术、移动通信技术等传播媒介,进行营销传播的方法,包括影视营销、网络营销、微电影营销等。

(一)影视营销

影视制作业是杭州市发展文化创意产业的一个重要组成部分,对于丰富市民的精神文化生活、提升杭州城市软实力具有突出作用。此外,影视行业的发展也将极大地带动杭州市旅游业及会展业的发展。

2008年,冯小刚导演与葛优再度合作推出的贺岁片《非诚勿扰》受到了广大影迷的期待与追捧。《非诚勿扰》的成功，不仅是"冯氏幽默"的成功，也成就了杭州的旅游业。《非诚勿扰》这一电影共在杭州取景 20 余处，这些景点与电影完美契合，实现了电影所要达到的效果，与电影相得益彰，同时生动形象地展示了杭州丰富的自然文化内涵，体现了杭州的休闲特质。例如在电影中频繁出现的西溪，不仅完美的与电影情节相契合，同时也充分体现了杭州西溪优美的风景和杭州特有的人文地理环境，向中国乃至全世界的电影观众传递了杭州西溪的美。电影播出后，"西溪，且留下"这一台词成为经典，而网络上关于杭州西溪湿地的搜索也快速增长，西溪湿地成为当时的网络热门词。据统计，在电影上映后的半年内，西溪湿地国家公园的游客数量和旅游收入均增加了超过 300%。除了西溪湿地外，冯小刚导演还选择其他的杭州景点作为电影的取景地。如葛优与舒淇吃饭的玉玲珑餐厅，葛优与徐若瑄"相亲"的心源茶楼，葛优、舒淇和方中信喝茶的江南会所，葛优与胡可见面的西子湖畔等，无一不体现着杭州独特的美与文化。冯小刚的《非诚勿扰》将杭州的美生动形象地展现给了国内外观众，宣传了杭州的城市形象，体现了杭州特有的旅游资源、茶文化和休闲文化，彰显了杭州作为休闲城市和"生活品质之城"的内涵。[1]

继冯小刚的《非诚勿扰》之后，黄百鸣的《家有喜事》、曾志伟的《老虎棒子鸡》也先后到杭州取景。杭州优美的自然环境和深厚的人文积淀一次次的展示在全国乃至世界观众面前。冯小刚导演的主旋律电影《唐山大地震》再次将外景放到了杭州，更是彰显了杭州在著名导演心目中的重要地位。影视作品的追捧无疑会极大带动杭州旅游的发展，推动杭州的城市营销，同时也丰富了杭州的人文内涵。[2]

此外，杭州还开展了《青年文艺家发现计划》，政府每年出资发现、培育和引进涉及文学、书法、影视等领域的文艺人才和艺术创意人才。根据规划，这些引进的青年文艺家将被安置在西溪创意产业园内。目前，冯小刚、杨澜、麦家、余华、邹静之、刘恒等影视文化名人均已入驻产业园，在园区内开办了创作室和工作室。

(二)网络营销

为了做好杭州市的网络宣传工作，杭州除政府网站外，还建立了部分专业性网站，对杭州市的相关情况进行介绍和宣传。杭州相关网站的建立为杭州做好网络

---

①观非诚勿扰 品杭州元素[EB/OL].杭州网,http://ent.hangzhou.com.cn/08fcwr/index.htm.
②全市影视制作产业情况汇报.

营销做了良好的铺垫。这些网站不仅为杭州市民办理日常事务提供了便利,更为外来游客提供了了解杭州、走进杭州的一个窗口,是杭州展示城市形象、传播城市文化、彰显城市魅力的重要手段。

1. 政府网站

杭州市的政府网站内容丰富,不仅包括了市委、市政府的日常工作及杭州新闻,还包括了大量的便民服务信息,为城市居民办事提供了便利。如"中国杭州"网站上除了纳税申报、社保信息、房源出租等信息查询服务外,还包括了我要就业、我要就医、我要上学、我要买房等场景导航,为城市居民提供了全面的服务和信息支持。此外,"中国杭州"网站介绍了杭州市简介、杭州市志、旅游信息等内容,便于外地访问者详细了解杭州情况,而英文网站的设立也为国外游客了解杭州提供了及时有效的信息。

2. 特色网站

杭州除了建成便于公众使用的政府主网站之外,还建成了诸多特色网站,以有效地传播杭州形象。这些网站包括:

(1)杭州旅游网

杭州旅游网是杭州作为杭州旅游宣传的一个重要窗口,网站涵盖了"品味杭州"、"吃在杭州"、"住在杭州"、"行在杭州"、"游在杭州"、"购在杭州"、"娱在杭州"、"旅游咨询"、"旅游互动"等版块,较全面地介绍了杭州的旅游资源,为游客提供了丰富翔实的旅游资料,而繁体中文、英语、日语等语言文字的选择,也便利了港澳台地区及国外游客的访问,如图9-8所示。

图9－8 杭州旅游

资料来源:http://www.gotohz.com/index.html.

(2)中国杭州西湖国际博览会

该网站详细介绍了西湖博览会的历史传承,及时传递西湖博览会的最新消息,是普及"中国杭州西湖国际博览会"知识的窗口,也是参展方获取参展信息的重要信息来源,如图9－9所示。

图9－9 中国杭州西湖国际博览会

资料来源:http://www.xh-expo.com/.

(3)2011年杭州世界休闲博览会

2011年杭州世界休闲博览会建立的官方网站,详细介绍了2011年杭州世界休闲博览会的概况,及时更新休博会的新闻事件,从休闲展示、休闲论坛、休闲活动、休闲体验等方面普及推广休博会的情况,而最具特色的就是网站上的"网上休博会"功能(如图9-10所示)。"网上休博会"以主园区休闲体验为核心,开辟了休博新鲜资讯、休博百科浏览、休博在线参观、休博动态直播、观众服务中心、展商服务中心、网上新闻直播等版块,在3D导览全景图中,涵括了白马湖园区、湘湖园区和千岛湖园区,网民可以通过三个园区的入口进入相关场馆,在网络上参观休博会主要场馆,进行休闲体验。此外,市民还可以通过在线注册,在网站进行展馆预约、网购门票等活动。①

图9-10 2011年杭州世界休闲博览会

资料来源:http://online.wl-expo.com/.

(4)其他网站

除了上述两个网站外,杭州还建立了很多其他类型的专门性网站,如介绍杭州市会展信息的"杭州会展网"、介绍杭州市精神文明建设的"杭州文明在线"以及"杭州生活品质网"、"杭州市公共自行车服务系统"、"杭州之江国家旅游区"、"杭州西湖风景名胜区管理委员会"、"杭州市京杭运河(杭州段)综合保护委员会"等,如图9-11、图9-12所示)。

---

①2011年杭州世界休闲博览会,http://online.wl-expo.com.

图 9—11　杭州会展网

资料来源：http://www.mehz.cn/.

图 9—12　杭州文明在线

资料来源：http://www.hzwmw.com/.

3. 电子游戏

杭州不仅风景优美，而且有着丰富厚重的历史文化底蕴，因此杭州的风景也常常被用作游戏的场景，如著名游戏《古剑奇谭》中，便有取自雷峰塔的图片，如图

9－13所示。

图 9－13　游戏《古剑奇谭》中的雷峰塔

4.微博营销

微博营销是企业以微博作为营销平台,针对每一个听众(粉丝),通过更新自己的微博向网友传播企业、产品的信息,从而树立良好的企业形象和产品形象的过程。[①] 有数据显示,随着微博的发展,新媒体的格局和营销方式正在逐渐改变,微博对社会各个领域的介入和渗透日益增加,社会影响力也与日俱增。而微博的发展也必然引起营销活动和营销方式的变革,促使企业从利用微博进行社会化营销。[②]

根据由中国旅游研究院和艾瑞咨询集团共同完成的《旅游官方微博运营效果评估及案例分析》(2011 年 12 月)中指出,"杭州旅游局微博粉丝数已达 30 万规模,活跃粉丝数占比高达 7.6%;近一个月(注:截至 2011 年 11 月)内新增粉丝达 2 万左右"。该材料同时指出,在城市旅游局微博中,杭州一枝独秀,以总分 85 分的高分位居第一,而在微博覆盖度和传播度两个小项评分中,杭州也都名列第一。[③]

在实践中,杭州采用各种微博营销模式,来宣传城市的品牌活动,扩大城市的

---

①微博营销[EB/OL].百度百科,http://baike.baidu.com/view/2939221.htm.

②2012 微博营销研讨会[EB/OL].网易新闻,http://news.163.com/12/0627/18/851DDI0000014AEE.html.

③中国旅游研究院,艾瑞咨询集团.旅游官方微博运营效果评估及案例分析(2011 年 11 月).

知名度，推广城市形象。

比如 2011 年，为迎接即将举办的世界休闲博览会和西湖国际博览会，杭州市旅游委员会利用了有奖评论的方式来提升活动的曝光度和知名度，取得了良好的效果，如图 9—14 所示。

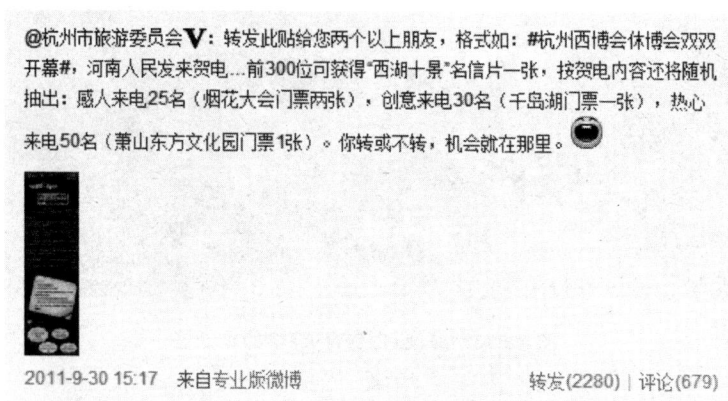

图 9—14　杭州旅委官方微博

资料来源：新浪微博－杭州市旅游委员会，http://e.weibo.com/hangzhoutourism? ref＝.

此外，2012 年杭州在举办"2012 中国杭州大学生旅游节"的过程中，也采用了微博营销的方式。杭州旅游局于 3 月 28 日至 4 月 30 日为全国高校学生、在华外籍留学生、海外中国籍留学生举办"爱上杭州的 N 个理由"的微活动。此次活动分为"春满杭州"、"美食杭州"、"风荷杭州"、"香溢杭州"、"爱在杭州"五个主题，为配合活动的展开，杭州市旅游局还通过新浪微博发布"来杭州必做的 11 件事"（如图 9—15 所示）。①此次活动共获得了 138 人的参与。②

①国家旅游局，http://www.cnta.gov.cn/html/2012－4/2012－4－6－14－14－40413.html.
②新浪微博，http://event.weibo.com/396953.

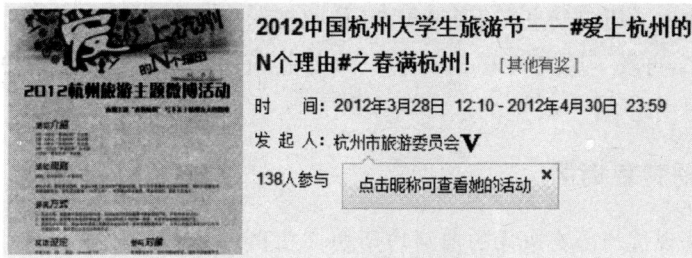

图 9-15　杭州旅游局微博

(三)文化营销

杭州建城至今已有 2000 余年的历史,是我国七大古都之一,积淀了深厚的文化底蕴。为了打造"生活品质之城",彰显杭州文化,杭州先后打造了清河坊历史文化街区、南宋御街·中山路等承载杭州历史的街区。此外,杭州还打造了武林广场 CBD、湖滨路国际名品街、杭州中国丝绸城等现代街区,体现杭州时尚的一面。

1. 清河坊历史文化街区

清河坊历史街区是杭州历史上最著名的街区,也是杭州唯一保存完整的旧街区,是杭州悠久历史的一个缩影。清河坊曾是清河郡王张俊的住宅所在地,故被称为清河坊。河坊街新宫桥以东是南宋时期宋高宗寝宫。南宋时,清河坊是杭州最繁华的地段,商业繁荣,是商贾的聚集地,也是杭州的政治文化中心。历经元、明、清和民国,直至新中国的建立,清河坊一直是杭州的繁华地带。杭州许多著名的百年老店都集中在这一带,如王星记、张小泉等。①

2. 南宋御街·中山街

中山路曾是南宋都城临安的南北中轴线,一直以来都是杭州重要的商业中心和老城的中轴线,凝聚着南宋的文化。自 2008 年开始,杭州市开始对中山路进行综合保护和有机更新。

保护更新后的南宋御街·中山街自南至北,形成了一个清晰的历史序列,全方位地展示了杭州的过去、现在和未来。畅游中山街,就像穿梭于千年的时空,感受

---

①清河坊[EB/OL].百度百科,http://baike.baidu.com/view/167282.htm.

杭州特有的人文历史气息。① 通过御街,杭州展示了杭州的城市风采,重拾了杭州的城市记忆,再现了历史风采,交融了中西文化,充分展示了杭州的历史,丰富了杭州的城市内涵。

3. 其他特色街区

除了体现杭州历史风采的清河坊历史文化街区和南宋御街·中山街外,杭州还打造了数个体现杭州时尚的特色街区,如体现杭州"购物天堂"地位的武林广场CBD、融合旅游观光、时尚购物、国际美食为一体的湖滨路国际名品街,体现杭州"丝绸之府"地位的杭州中国丝绸城等。

三、杭州城市营销手段评价

近些年来,杭州的城市营销效果成绩突出,在很多方面已成为中国城市营销的领先者,但在某些方面仍然有不足之处。

(一)杭州城市营销的经验

杭州作为一个自然资源丰富、历史文化悠久的城市,具有塑造城市形象、推进城市营销的得天独厚的条件,而且杭州市充分利用自身优势,取得了打造"生活品质之城"的初步效果,综合其做法,其经验可以总结为:

其一,定位明确。杭州的城市营销经历了一个从自发到自主的过程。在以前,杭州致力于打造与产业相关的"女装之都"、"中国茶都"等城市品牌。而如今,杭州从自身的条件和未来的发展方向出发,确定了建设"生活品质之城"的城市定位,从而使城市建设及城市营销有了明确的方向。在《杭州市国民经济和社会发展第十二个五年规划纲要》这一文件中,无论从其指导思想、发展目标还是其具体的规划来看,都围绕着打造"生活品质之城"这一目标展开,保证了工作的针对性和有效性。

其二,自然资源和文化历史两手抓。杭州既有优美的自然资源,又有厚重的文

---

①杭州旅游网,http://www.gotohz.com/gou/tsgwj/nsyjzsl/.

化积淀,任何一个方面的内容都足够支撑杭州城市形象的建立和推广。但是杭州并没有顾此失彼,而是将自然资源和文化历史有机地结合在一起,在优美的旅游资源中融入杭州文化,将杭州文化物化到城市的实体环境中,逐渐形成了具有特色的杭州城市形象。

其三,城市营销理念先进,营销手段全面。杭州市政府很早就认识到城市营销是一个系统工程,所以杭州对城市营销进行了系统的规划和资源的整合,如构建"生活品质之城"目标的确立,2012 年杭州提出了实现从"提供我们所有"向"提供游客所需"转变等,都表现出了杭州营销理念的先进性。此外,杭州充分利用各种营销手段,如关系营销、节事营销、影视营销、网络营销等,从各个方面进行城市形象的塑造和推广,让更多的人接触到杭州的城市营销信息,提高城市知名度。

(二)杭州城市营销的不足及对策

杭州市城市营销取得了非常大的成绩,但是也还存在着一定的问题和不足。

其一,杭州的城市营销工作更加侧重杭州市区,而相对忽视了郊县地区的营销,造成了城乡发展的不平衡。如杭州传统的城市营销的工作重点集中在西湖,先后打造了西湖十景和新西湖十景,而对于郊县地区的旅游资源开发和营销相对落后,城市营销的效果也表现出了巨大的城乡差异。根据 2009 年的数据,杭州主城区占全市旅游接待总人次的 53%,萧山、余杭占 16%,而占据全市版图超过 80%、占据全市人口近 40%的五县(市)的接待总人次仅占 31%,旅游收入仅占 22%,发展极不平衡。由此导致了主城区交通、住宿等压力很大,"黄金周"等客流高峰期情况更加严重,从而导致旅游服务品质下降。[①]

为了解决这一问题,杭州市应该有计划地开发下属郊县的旅游资源,将杭州市的城市营销扩展到大杭州的范围,将主城区与下属郊区郊县捆绑式销售,将大杭州地区统一包装、统一形象、统一运作树立起大杭州旅游形象。如打造富阳"运动休闲之城"、桐庐"潇洒桐庐"、建德"清凉世界新安江"、淳安"心灵的绿洲"、临安"大树王国天目山"等旅游子品牌,加快形成以大杭州"东方休闲之都"为核心,以众多子品牌为支撑的全域化旅游品牌,扩大杭州旅游的影响力和知名度。[②]

其二,杭州的城市营销结果表现为国际国内效果的不平衡,如表 9-9 所示。

①②杭州旅游-2010 年杭州市旅游业发展情况[EB/OL]. http://www. gotohz. com/sy/xwzx/xwdt/201101/t20110127_49312. shtml.

由表中可以看出,杭州市的旅游者中,国内旅游者人数占了绝大多数,虽然国际旅游人数一直在增加,但是所占比重仍然很低。

表9-9　杭州历年旅游人数与旅游收入

项目 年份	国内旅游人数 (万人次)	国际旅游人数 (万人次)	国内旅游收入 (亿元)	国际旅游收入 (亿美元)
2001	2510	81.94	218.9	3.37
2002	2652	108.62	254.8	4.77
2003	2776	86.12	290.9	4.22
2004	3016	123.41	361.2	5.97
2005	3266	151.36	403.6	7.58
2006	3682	182.02	471.2	9.09
2007	4112	208.6	548.6	11.19
2008	455.2	221.33	617.2	12.96
2009	5094	230.4	708.9	13.8
2010	6305	275.71	910.9	16.9
2011	7180.96	306.31	1064.6	19.57

资料来源:历年杭州统计年鉴(2002~2012).

为解决这一问题,杭州必须抓住金融危机后旅游逐渐升温这一趋势,同时在国内、国际两个市场进行营销,努力实现向国内、国际两个市场双轮驱动型转变。根据实际情况,运用创新性的营销理念和营销手段,努力拓展国内外旅游市场,通过实施"大媒体宣传"、"大事件营销"、"大旅行商合作"和"新媒体促进"这"三大一新"入境市场营销攻略,积极推进入境市场的转型升级和城市国际化进程,见表9-10。

表 9-10　"三大一新"入境市场营销攻略

大媒体宣传	继续实施欧美电视、杂志、网络、公关整合营销,加大与美国 CNN(有线电视新闻网)、英国 BBC(广播公司)等全球核心电视传媒,Conde Nast Travelle 等顶级专业杂志、Tripadvisor.com 等国际知名网络的合作力度,大手笔、大力度提升杭州旅游城市形象,提升杭州在国际远程市场的知名度和美誉度
大事件营销	充分利用中美、中英、中德、中荷、中日邦交 40 周年等外交契机,开展重点国家、重点城市的"事件营销"。全年计划赴欧美、日韩等市场举行重点、大型推广活动,并实施"请进来"的市场举措,邀请重点媒体如美国《纽约时报》、《华盛顿邮报》、旅行商团来杭实地体验采风,借势登高,增加杭州的国际曝光度
大旅行商合作	重点推进与全球重量级旅行社合作,全面构架未来杭州全球化市场营销战略布局。以欧美远程市场为重点,努力突破与美国运通国际公司、德国途易旅游公司(TUI)、日本交通公社(JTB)全球前三大旅游企业的全面合作。积极加入并鼓励支持杭州的旅游企业加入各种国际旅游组织、专业协会,联手推广杭州。聘请国际著名旅游组织负责人、旅游集团 CEO 和旅游专家作为杭州旅游产业发展高级顾问,培训、认定国外资深营销人员为"杭州旅游专家",形成覆盖主要客源国的国际营销网络
新媒体推广	面对微博、Facebook、Twitter 等新型传播媒介的出现和兴起,把握市场宣传的新动向,积极寻求新媒体渠道,创新宣传方式。实施新媒体整合营销策划方案招标,举办微博大赛、在线寻宝活动等

资料来源:加快杭州国际重要的旅游休闲中心建设步伐[EB/OL]. http://www.cnta.gov.cn/html/2012-2/2012-2-15-10-41-13959.html.

第十章 青岛营销
——创造品牌城市的世界标杆

青岛位于山东半岛南端、毗邻黄海,是我国最具经济活力的城市之一。青岛是国际著名的港口城市、全国首批沿海开放城市、中国优秀旅游城市、全国文明城市、素有"中国品牌之都"、"国际帆船之都"、"世界啤酒之城"的美誉。2003 年,青岛荣获中国人居环境奖,2012 年,青岛在中国城市竞争力研究会发布的"中国最具幸福感城市排行榜"中名列第一。青岛有着秀丽的景色和丰富的旅游资源,还是中国著名的海洋科技城,拥有全国近一半的海洋科技人才和海洋科研机构。

改革开放 30 多年来,伴随着经济、社会平稳、较快发展,青岛在国际、国内的知名度越来越高,青岛的城市营销实践取得了卓越成就。青岛的城市营销思路就是通过营造良好的产业发展环境吸引投资,培育名牌企业和名牌产品,从而带动城市的基础设施建设和经济社会发展,最终形成城市品牌;城市品牌反过来为城市吸引资源,促进城市产业发展。这样,青岛的城市营销与产业发展就形成了良性互动和相互促进。青岛已开展的城市营销活动主要可以分为关系营销、形象营销、节事营销、网络营销和文化营销五大类。

一、营销手段中的青岛特色

青岛在城市营销传播中,归纳起来,主要采取了如下几种方法:

(一)关系营销

为了促进中国城市与外国城市之间的了解和友谊,开展双方在经济、科技、文化等方面的交流与合作,1992年3月,中国人民对外友好协会在北京发起成立中国国际友好城市联合会。为营造良好的经济发展条件,吸引外商投资,青岛一直积极通过中国国际友好城市联合会开展友好城市活动。截至2011年4月,青岛已经与21个外国城市结成友好城市(见表10—1)。与此同时,青岛也同越来越多的外国城市建立了友好合作关系,目前,已达到40多个(见表10—2)[①]。此外,青岛市所辖市、区也积极同国外同级别城市建立各种层次的友好关系。例如,2000年7月,即墨与日本香川县缔结为友好合作关系城市,这是即墨与国外建立的第一个友好合作关系城市[②];2012年5月,胶南与波兰新松奇缔结友好合作关系城市,标志着两市的友谊与合作进入一个新的阶段,有利于促进两市共同繁荣和发展。[③]

表 10—1 青岛友好城市

时间	与青岛结成友好城市的个数(个)	城市列举(按时间顺序)
20世纪70年代	1	日本下关
20世纪80年代	2	美国长滩、墨西哥阿卡普尔科
20世纪90年代	6	乌克兰敖德萨、韩国大邱广域、以色列耐斯茨奥纳、荷兰威尔森、英国南安普敦、智利蒙特港
21世纪初至今	12	乌拉圭蒙德维的亚、立陶宛克莱佩达、西班牙毕尔巴鄂、法国南特、美国迈阿密、法国布雷斯特、毛里求斯大港—萨瓦纳大区、俄罗斯圣彼得堡、泰国清迈府、新西兰北岸、巴西维拉维利亚、克罗地亚里耶卡

资料来源:中国国际友好城市联合会. http://www.cifca.org.cn/web/ziliaoguan.aspx.

[①]友好合作城市关系经过双方同意可以升级为友好城市关系即结为友好城市。

[②]即墨市外事侨务办公室网站相关报道[EB/OL]. http://www.jimo.gov.cn/jmwaishiban/news/2011121911134053620.shtml.

[③]王志. 我市与波兰新松奇市缔结友好合作关系城市[EB/OL]. 2012—03—18,http://www.jiaonan.tv/gov.aspx?id=F7BF2DCC55A51305.

表 10—2　青岛友好合作城市

结好时间	当年结成友好合作城市个数(个)	国别	友好合作城市
1994 年	1	瑞典	哥德堡
1995 年	2	德国、韩国	曼海姆、仁川广域
1997 年	2	美国、摩尔多瓦	旧金山、基希纳乌
1998 年	2	苏丹、美国	苏丹港、橙郡
1999 年	4	摩洛哥、克罗地亚、韩国、日本	丹吉尔、里耶卡①、平泽、鸣门
2000 年	1	越南	岘港
2001 年	6	赛布路斯、澳大利亚、美国、加拿大	尼科西亚、阿德雷德、奥克兰、洛杉矶、埃德蒙顿
2003 年	6	日本、韩国、澳大利亚、菲律宾	福冈、神户、釜山广域市、群山、凯恩斯、怡郎
2004 年	3	奥地利、美国、德国	布劳瑙、圣路易斯、莱茵内卡三角洲地区
2005 年	2	意大利、日本	威内托、北九州
2006 年	2	美国、俄罗斯	休斯敦、彼尔姆
2008 年	3	加拿大、美国、德国	列治文、达拉斯、杜塞尔多夫大区
2009 年	2	韩国、德国	蔚山广域、雷根斯堡
2010 年	1	葡萄牙	里斯本
2011 年	1	巴西	维拉维利亚
2012 年	2	西班牙、日本	巴塞罗那、京都

资料来源:青岛外事,http://www.qdfao.gov.cn/n20946285/index.html.

　　青岛的对外交往工作做得规范、有效、形式多样。为规范青岛与外国城市建立友好关系的工作,加强与外国城市的交流,早在 1998 年 9 月,青岛第十七次市政府常务会议就讨论并通过了《青岛市与外国城市建立友好关系的规定》。规定详细列出了建立友好城市的条件、原则、程序等细节性要求。

---

①2010 年 8 月青岛与克罗地亚里耶卡市建立友好城市关系。

青岛自 2005 年 10 月 1 日实施《青岛市授予荣誉市民称号办法》,表彰和鼓励在青岛市经济建设、社会发展和促进青岛市对外友好交流与合作等方面做出突出贡献的外国人和华侨。截至 2013 年 4 月,共有 23 位外国人因为对青岛与外国城市之间的交流做出巨大贡献被授予青岛荣誉市民称号①。

青岛对外交往的另一条途径是凭借自身"帆船之都"的特色,开展国际帆船运动交流,从而促进经济发展和文化沟通。2010 年 8 月,青岛与德国基尔、法国布雷斯特在全球首届奥帆城市市长暨国际帆船运动高峰论坛上签订战略合作协议,约定三方今后除帆船运动外,还将在文化、经济等领域进行更深入的合作。这是青岛多年来以帆船运动为平台积极开展国际交流的成果。

每年,青岛都会组织政府代表团出访外国城市,推动城市间务实交流与合作,这些出访取得了良好的效果。例如,2012 年 5 月,青岛市委书记李群率青岛市代表团对西班牙进行了友好访问,与西班牙工商界人士进行了广泛接触和坦诚交流,拜会了中国驻西班牙大使馆,访问了毕尔巴鄂市和巴塞罗那市;2012 年 8 月,青岛市市长张新起率市政府代表团访问了韩国釜山,会见了釜山广域市许南植市长,共同签署了《青岛—釜山经济伙伴关系谅解备忘录》,标志着两市间的友好合作进入了新的阶段。②

(二)形象营销

城市形象营销是指基于公共评价的城市营销活动,是城市为实现城市的目标,通过与现实已经发生和潜在可能发生利益关系的公共群体进行传播和沟通,使其对城市形象形成较高的认知和认同,从而建立城市营销良好的形象基础,形成城市营销宽松的社会环境的管理活动过程。城市塑造和提升城市形象就是期望城市在利益相关公众群体中树立稳固的心理地位,使其对城市有较好的评价,产生认同感和归属感,从而便于城市吸引游客、人才和投资,为城市的长远发展营造宽松的社会环境③。青岛一直注重城市形象的宣传和推广,主要采取以下三种宣传手段并取得很好的效果。

---

①青岛外事,http://www.qdfao.gov.cn/n20946285/index.html.
②青岛政务网,http://www.qingdao.gov.cn/n172/.
③城市形象营销是笔者参考营销学中形象营销的概念给出的。

1. 搭建稳固的宣传平台和渠道

青岛把宣传推介的眼光早早就瞄准了国外。近年来，青岛更是不断加强与海外重点华文媒体、国内重要对外宣传媒体合作，积极开设专版专栏专刊，并主动提供青岛重点工作新闻素材，实现海内外新闻资源的有机整合，从而实现向全球全方位、多角度地宣传青岛。从 2010 年 6 月 8 日起，青岛与美国《国际日报》合作创办了每周一期的《今日青岛》，对青岛市经济社会发展、人文自然及城市形象等各个方面进行了全方位介绍。目前，《今日青岛》中英文版在美国、澳大利亚、印度尼西亚、马来西亚四个国家的不少地区广泛发行，受到当地居民的喜爱，每期发行量各达到 12 万份。除此之外，青岛在国内也搭建了更稳固的平台和渠道。青岛与《中国日报》、《上海日报》、《深圳日报》国内三大英文报纸开展全面深入合作，开设青岛特别报道，形成了海内外媒体联动的态势。除了上述报纸媒介，青岛还注重国际广播的宣传作用，在中国国际广播电台开设了《关注青岛》、《蔚蓝青岛》、《扬帆青岛》等多档品牌栏目，固定向全球播出，展现海滨城市青岛的历史文化、经济社会和人文风情。[1]

2. 积极开展城市推介活动

青岛积极从政府和民间两个方面开展城市推介活动，借助重大活动加强城市宣传推介，从而扩大青岛的对外影响力，提升青岛的城市形象。

青岛市政府十分重视与国外城市之间的交流与合作，也十分注重推广青岛的城市形象。以 2012 年为例，青岛政府在这个方面做的相关工作包括：2012 年 4 月，为进一步提升青岛城市形象及向海外推介宣传 2014 年将在青岛举行的世界园艺博览会，青岛市市委宣传部常务副部长吕振宇率青岛市政府外宣代表团在中国驻奥克兰总领馆举行"中国青岛城市形象及 2014 青岛世园会推介会"；2012 年 5 月，青岛市委副书记王伟率团对阿根廷、巴西、墨西哥三个国家相关城市进行访问考察，开展城市形象、旅游宣传和 2014 年青岛世园会宣传招展活动，这是青岛第一次赴拉美国家宣传推介城市形象，产生广泛良好的影响。访问考察期间，青岛在巴西里约热内卢圣杜蒙特机场举办了中国青岛图片展，在墨西哥内政部地方发展总署会议室举办了中国青岛城市形象、旅游宣传和 2014 青岛世界园艺博览会推介会，

---

[1]向世界展示"青岛之魅"——"十一五"我市强化国内外宣传推介提升城市形象[N].青岛日报,2010−12−08(1).

青岛首次在拉美国家进行城市形象宣传推介,推动了与有关城市的友好交往,塑造了青岛的国际化海滨城市的形象;2012 年 7 月,青岛市长张新起率青岛市代表团出访中国香港,开展城市推介和经贸交流活动,在港期间,青岛代表团开展了一系列有特色、有成效的城市推介活动。①

　　除了官方的城市推介活动之外,青岛的民间城市推介活动也一直很活跃。2012 年 9 月,来自中国青岛的 15 位市民代表和媒体人士自发组成"青岛世园会欧洲万里行"自驾车队,在欧洲开展青岛城市推介活动。他们在欧洲历时 29 天,先后自驾穿越法国、摩纳哥、意大利、梵蒂冈、奥地利、德国、比利时、荷兰 8 个国家的 18 个城市,行程 14000 余里,以现场推介、采访、发放宣传品、征集签名等形式宣传 2014 年青岛世园会和青岛,引发世界各地人们对青岛的关注。《人民日报》、新华社、中央电视台、中国国际广播电台、凤凰卫视、欧洲时报等媒体均对此次活动进行了采访报道,在世界范围内掀起了对 2014 年青岛世园会的宣传热潮,青岛的城市形象也得到很好的宣传。青岛市广播电视台作为这次活动的策划者、组织者,历来有发动热心市民自愿参加各种主题城市推介活动的传统,自 2004 年起,青岛市人民广播电台就已开始征召热心市民通过万里自驾这种形式推介青岛城市形象,目前已围绕不同推介主题,先后成功举办过"2004 同江—三亚万里行"、"2007 青藏奥运行"、"2009 丝绸之路万里行"和"2011 云贵青藏高原万里行"四次系列活动,总共历时 162 天,足迹遍及中国大陆所有省份,总行程超过 5 万公里,这些活动的举行对宣传青岛的城市形象起到很好的效果。②

3. 城市宣传片

　　早在 20 世纪 90 年代,青岛就推出了自己的城市宣传片《飞越青岛》,至今,青岛已经推出多部城市宣传片,在优酷网上搜索青岛城市宣传片共找到 769 个结果。从早期青岛电视台拍摄并制作《青岛,开启新生活的一天》、《青岛的路》、《我的青岛》、《帆船之都——青岛》到最近拍摄的《魅力青岛》、《中国·青岛》,青岛的城市宣传片制作水准逐渐提高,城市定位更加明确。透过这些宣传片,我们可以看到充满活力、国际化的青岛。青岛的城市宣传片是平静中透着大气,有一种宁静从容的自信,没有刻意去吸引投资者甚至旅游者,而是注重城市整体形象的宣传。这种自信

①戴谦.推进青港合作共赢[N].青岛日报,2012-07-11(1).
②青岛市民车队自驾游欧洲,推介城市宣传世园会[EB/OL].2012-03-25,http://www.chinanews.com/sh/2012/09-04/4155116.shtml.

源于自身的魅力,这种魅力可以吸引各种资源汇聚而来。可以说,在城市宣传方面,青岛的城市营销工作做得很有成效。我们对 2009～2012 年青岛城市宣传片的内容进行分析,以便了解青岛城市宣传片的特点。为了简化工作,选取 2009 年青岛市人民政府新闻办公室和青岛电视台联合制作的《中国·青岛》作为代表进行详细分析。

表 10－3　青岛 2009～2012 年城市宣传片内容分析

经济发展	青岛是中国的品牌之都;中国最佳的商务城市;世界 500 强、跨国企业纷至沓来;先进制造业基地、高新技术产业基地、现代服务业基地、区域性经济中心、东北亚国际航运中心、国家海洋科研中心;开启了环湾保护、拥湾发展的新航程
区位优势	黄海之滨、山海城浑然一体
城市历史	建制百年、充满朝气的青春之城
文化体育	海纳百川的博大胸襟,追求卓越的进取精神;青岛西部浓郁的欧陆风情,幽静典雅的八大观,东西文化的渗透与融合;东部新城成为中央商务区;包容、开放的城市品格,时尚、从容的城市气质;青岛人热情、豪放、爽直,青岛啤酒节、青岛海洋节、中国国际小提琴比赛、中国国际电子消费博览会;中国的帆船运动起源于青岛,中国的帆船之都
生活环境	红瓦、绿树、碧海、蓝天、青山、白帆的典型特色;青岛人酷爱音乐;青岛是中国的宜居城市,人们在这享受温馨、恬淡的生活
投资环境	良好的投资环境,经济发展充满无限活力
科技教育	中国海洋大学,中国科学院海洋研究所,青岛是中国的海洋科技城
基础设施	世界级的港口城市,太平洋西岸重要的国际贸易口岸和海上运输枢纽;国际机场;现代化的火车站
旅游景点	崂山(中国海上第一名山、中国道教的发祥地)
自然资源	大海

通过对近 4 年的青岛城市宣传片宣传内容进行分析,我们发现,在划分的经济发展、区位优势、城市历史、文化体育、生活环境、投资环境、基础设施、旅游景点、自然资源 10 个方面,青岛重点宣传了自己的经济发展和文化体育方面的成就。在经济发展

方面,青岛并没有列举各种经济统计数据说明城市经济实力和发展成就,而是通过青岛的城市桂冠——中国的品牌之都、中国最佳的商务城市等称号表现青岛经济的活力和对企业的吸引力,通过世界500强、跨国企业纷至沓来表达对城市未来发展的信心。在文化方面,突出了青岛人海纳百川的博大胸襟,追求卓越的进取精神,概括出青岛包容、开放的城市品格,时尚、从容的城市气质;在体育方面,强调了中国的帆船运动起源于青岛,帆船运动在青岛蓬勃发展,青岛是中国的帆船之都。

青岛多次将城市宣传片投放到中央电视台上进行播放。2012年9月25日至10月31日,主题为"蓝色硅谷、宜居青岛"的城市形象宣传片在中央电视台综合频道《新闻30分》和新闻频道并机播出各30次。青岛不仅在国内重要媒体上播放城市宣传片,也努力把城市宣传片展现给国外观众。2012年5月,青岛城市形象高清宣传片亮相美国纽约时代广场。纽约时代广场素有"世界十字路口"之称,青岛选择这个地方播放一段时长60秒的青岛城市形象宣传片,向世界展示了青岛的现代化国际城市新形象。这次青岛城市形象宣传片采用高清拍摄,配英文字幕,在纽约时代广场中国屏滚动播出,每天播出不少于12次,连续播出一年,从而很好地让外国朋友了解和熟悉青岛。

此外,2011年一部名为Big Tiny World—Qingdao China(《大小世界——中国青岛》)的城市宣传片在美国芝加哥主流电视台WGN、CLTV的黄金时段播出,这个宣传片最大的亮点就是以美国人的视角拍摄青岛。中国国内城市宣传片在美国之前也有过播放,但宣传效果甚微,原因在于国内制作的宣传片不太符合美国人的口味,所以此次芝加哥播放的青岛城市宣传片由美国人自己来看青岛、写青岛、拍青岛。5月28日,该片在WGN电视台播出后,其收视率在芝加哥当地17个电视台当天同时段的竞争中排名第三,甚至远远超过了CBS哥伦比亚电视台、福克斯电视台等芝加哥排名前五的主流电视台当日同时段的收视率。许多美国观众看后对该片给予高度评价。这是中国的城市风貌首次以"美国人看中国"的形式在美国播出。宣传片虽然只有短短30分钟,但视角新颖,画面精美,节奏明快,既讲述青岛历史经纬,更突出现实面貌,向美国观众全景介绍了一个朝气蓬勃、现代宜居的青岛。这种由"青岛相关单位提供素材、华人牵线搭桥、外方电视台制作播出"的"三方合作"对外宣传新模式,既有利于从总体上把握电视内容的主题和基调,也使得城市宣传片风格更加本土化,具有"美国口味",便于当地观众接受,为美国民众开辟了一个走进青岛、了解青岛、认识青岛的新窗口。可以说,这部城市宣传片让许多美国人开始重新认识中国、认识青岛。以青岛为榜样,沈阳等城市也开始着手拍摄类似的城市宣传片。①

（三）节事营销

经统计遴选,青岛目前基本确定的 2012 年会展节庆活动计划共 107 项。以下从体育赛事、会展会议和节庆活动三个方面介绍青岛节事营销方面的成就。

1.体育赛事

青岛是新中国的航海运动发源地。20 世纪初,欧洲帆船运动传入中国,青岛成为中国最早开展帆船运动的城市之一。20 世纪 50 年代初,新中国航海运动随着青岛航海运动学校的建立,以青岛为起点向全国普及。1980 年,中国第一届帆船锦标赛就在青岛成功举行。以此为背景,自 2001 年成为北京奥运会帆船比赛城市以来,青岛即着手打造"帆船之都",提出将自身建设成国际帆船运动中心城市的战略目标。青岛市随后全面启动"相约奥运,扬帆青岛"城市品牌环球推介活动,在美国、日本、新加坡、英国、加拿大、澳大利亚、俄罗斯、中国香港等 23 个国家和地区举办了 39 场海外推介,接待海外观众近百万人次。2008 年北京奥运会后,青岛作为奥运帆船项目比赛举办城市,趁热打铁,持续传承奥运遗产,青岛国际帆船周在此背景下应运而生。从 2009 年起,青岛国际帆船周已经成功举办 4 届,青岛逐渐在国际帆船界树立了自己的影响力。

现在,青岛国际帆船周越办越好,在国际上的影响力也与日俱增。2012 年第四届青岛国际帆船周参赛规模创下历届之最。帆船周期间,450 余名来自新西兰、美国、泰国、巴基斯坦等国家和地区的青少年帆船选手,来自中国各地 12 支国内专业队伍以及青岛市本地优秀青少年运动员参加青岛国际 OP 帆船训练营,这是国际上规模最大的青少年帆船训练营。近 800 条帆船、帆板、游艇组成"千帆竞发"的画面,吸引了韩国"高丽亚那"号多桅杆帆船、国内各船东携船倾情加盟,现场蔚为壮观,不仅创造了青岛历史之最,也是中国乃至亚洲地区规模最大、最负盛名的"航海人节日"。1200 名来自英国、美国、新西兰、澳大利亚、法国、韩国等国家和地区的帆船(板)运动员、教练员踊跃参加了青岛国际帆船周期间举办的国际帆船赛事,参赛规模创下中国历史之最。青岛国际帆船周不仅是运动员竞技的平台,更是市民和游客休闲的节庆活动,5000 余名市民和外地游客参加了"欢迎来航海"全民帆

①青岛宣传网,http://www.qingdaonews.com/qxw/content/2011－07/04/content_8846387.htm.

船体验周。通过帆船体验主题活动,青岛引领市民和游客参与帆船体验热潮,让学帆船、玩帆船成为休闲新风尚。

自 2009 年创办以来,青岛国际帆船周以世界的眼光,国际的标准,着力打造亚洲一流,国际知名的高端帆船赛事节庆品牌,不断提高青岛在国际帆船运动领域的知名度和影响力。青岛国际帆船周为青岛提供了在世界航海运动地图上重新标注自身的机会,通过放大帆船运动在对外开放中的窗口作用,成为青岛打造"帆船之都"的城市品牌的重要载体,有助于青岛建设国际知名帆船运动中心城市战略目标的实现,对于推动青岛城市国际化、品牌化具有重要意义。如今青岛国际帆船周已是亚洲规模最大的帆船节庆活动,并获评"中国最具国际影响力十大品牌节庆活动",成为青岛这座品牌之城的崭新名片。①

2. 展览会议

作为现代服务业的重要组成部分,会展业是经贸、科技、文化交流的桥梁,是城市对外宣传的窗口。为了促进青岛会展业的健康快速发展,2007 年 11 月,青岛市政府出台《关于加快会展业发展的意见》和《青岛市会展业管理暂行办法》;2008 年 5 月,青岛市会展业发展办公室正式成立,进一步加强对全市会展业的统筹协调和规划管理。会展业发展办公室主要有以下四个职责:一是研究编制青岛会展业发展中长期规划,拟定有关政策法规和规章制度,并组织实施;二是协调解决会展业发展中的问题,培育会展业市场,规范管理会展、节庆活动;三是会同有关部门管理会展业专项资金,组织开展有关交流与合作,引进会展项目和机构;四是负责会展业数据统计、信息发布,指导、协调会展行业协会制定并组织实施行业规划和行业标准。2011 年,青岛市政府实施《青岛市扶持展览业发展专项资金管理暂行办法》,设立 5000 万元会展专项资金,充分发挥四两拨千斤的作用,带动青岛会展业的发展。

青岛市会展业具有广阔的发展前景,形成了独具特色的会展产业发展优势。①区位优势。区位条件是影响会展活动的重要因素之一,从我国会展经济产业带的分布状况来看,会展经济发达地区,一般也是经济和制造业发达的地区。青岛处于以北京为龙头的环渤海会展经济带上,与山东半岛内其他会展城市相比,青岛与北京互补、协同发展区位优势明显。②产业集群优势。青岛是山东省经济发展的龙头和中心,也是我国重要的外贸口岸之一,区域内各具特色的产业集群发展。青

---

①青岛国际帆船周,http://www.qingdaoweek.com/.

岛已初步形成重化工业、装备制造业、高新技术产业为主导的现代化工业体系,海洋、石化、汽车、造船、家电、电子、纺织等骨干产业集群增长较快,对经济的支撑和带动作用非常显著。① 目前,山东半岛蓝色经济区上升为国家发展战略,青岛已经成为我国蓝色经济科学发展的先行区、山东半岛蓝色经济区的核心区以及海洋自主研发和高端产业的聚集区,这为青岛会展业发展提供了新的机遇。③城市知名度优势。青岛会展业发展基础较好,曾成功举办了一系列重大的国际经贸活动。青岛国际帆船周和青岛国际啤酒节给青岛这座城市带来很好的知名度。此外,青岛会议设施和展览设施完善,目前投入使用的会展场馆统计如表10-4所示。

表10-4　青岛展览场馆

场馆名称	所属区域	容纳人数(人)	总展览面积(平方米)	投入使用时间
青岛国际会展中心	崂山区	10000	136000	2000年7月
青岛国际博览中心	即墨市	6000	180000	2011年10月

资料来源:青岛会展,http://www.miceqingdao.com/m/index.php.

青岛会展业经过近几年的发展,已经取得不错的成绩,据统计,2011年,青岛共举办各类会展活动220多项,同比增长7%;展览面积达120多万平方米,同比增长近19%;1万平方米规模以上展会40多个。② 所举办的中国国际电子消费博览会、中国青岛亚太国际旅游博览会、中国国际航海博览会等,在国内外已达到较高知名度。下面分别介绍这三个重要展会:

(1)中国国际电子消费博览会

中国国际消费电子博览会(SINOCES)是目前亚太地区规模最大、专业化程度最高、影响最广泛的消费电子行业年度盛会。每年在展会期间,行业领袖、政府政策制定者、技术专家和行业分析师等会聚一堂,共同探讨产业发展趋势、最新技术方向以及政府政策对行业的影响等热点问题。这些会议历年来都是媒体和业内人士关注的重点。中国国际消费电子博览会通过搭建全球领先的新技术(新产品)发布平台、跨国采购平台和行业交流平台这三大平台,促进了全球消费电子行业的融合与交流,推动着中国乃至全球消费电子产业优化升级。目前,中国国际消费电子

①青岛政务网,http://www.qingdao.gov.cn/n172/n9945907/n9945979/15920359.html.
②刘宁波.如何实现我市会展业发展的"腾笼换鸟"[N].青岛日报,2012-03-01(14).

博览会与全球最大的消费电子展——美国拉斯维加斯消费电子展(CES)的战略合作已全面升级,共同推动着全球消费电子产业交流与融合,在全球消费电子领域进一步巩固了以 CES 和 SINOCES 为核心的"冬美夏中"新格局。SINOCES 自 2001年至 2012 年已成功举办 12 届,展览面积逐年增大,参展企业逐年增多,国际影响力不断增强。

(2)中国青岛亚太国际旅游博览会

中国青岛亚太国际旅游博览会是各国的旅行管理机构、旅游风景名胜区、旅行社、航空公司、酒店、游船、旅游学校、旅游电商等旅游相关部门的大聚会,也是具有各国特色,根据景区特点而制作的旅游纪念品、旅游用品和礼品的展示会。中国青岛亚太国际旅游博览会已成功举办 5 届,每年来自 30 多个国家的上千家展商参与,吸引观众数 10 万人次,为亚太地区旅游经济的发展带来强大动力,在促进旅游业发展的同时,也助力青岛的城市营销。

(3)中国国际航海博览会

中国国际航海博览会自 2002 年在青岛开办以来,至今已经成功举办 12 届。经过多年的精心培育,航博会在业界已经享有了较高的知名度和广泛的国际影响力,同时也逐渐成为青岛市一个特色鲜明的重大节庆会展活动。中国国际航海博览会是目前中国第一个也是最大的国家级水陆结合船艇博览会。航博会不仅促进了船舶制造、现代物流的发展,也推动了水上运动与休闲在中国的普及,更对我国海洋高端旅游的开发做出了贡献。①

总体来说,青岛的会展业围绕打造帆船之都的城市品牌战略,不断突出青岛的城市特色。依托青岛会展业良好的基础条件,青岛以建设"国际知名会展城市"为目标,培育了一批具有国际知名度的品牌展会,组织承办了一批具有国际影响的大型会议。近年来,青岛先后荣获中国最具竞争力会展城市、中国最具魅力会展城市、中国会展业年度大奖、中国十大影响力会展城市、中国十大品牌会展城市、中国最受关注的十大会展城市等称号。青岛会展业如此发展下去,必将成为青岛市的特色产业和城市名片,青岛也会成为国际知名会展城市和会议目的地城市。

3. 节庆活动

节庆活动可以打破人们常规的生活模式,并且伴随着节庆活动往往有各类衍生活动,所以能为城市吸引游客,聚集大量人气,在短时间内达到扩大宣传的作用,

---

①三大展会介绍参考青岛旅游信息网,http://www.qdta.gov.cn/xxw/jieqing.asp.

进而提高举办城市的知名度,促进城市经济社会的全面发展。作为全国优秀的旅游城市,青岛一直注重利用节庆活动提升城市声誉,塑造城市形象。以下是青岛比较重要节庆活动的介绍。

(1)2014年青岛世界园艺博览会

世界园艺博览会(以下简称"世园会")是由国际园艺生产者协会(AIPH)批准举办的专业性国际博览会,是展示世界园林园艺精品和科技成果的非贸易性展会,被称为世界园艺文化和园林科学的"奥林匹克盛会"。自1960年在荷兰鹿特丹举办首次国际园艺博览会以来,至2011年,共举办过30余次世界园艺博览会。2009年9月15日,在国际园艺生产者协会(AIPH)第六十一届会员大会上,青岛市获得了2014年世界园艺博览会的承办权,该活动将于2014年4~10月在青岛市百果山森林公园举行。

世界园艺博览会是最高级别的专业性国际博览会。它是世界各国园林园艺精品、奇花异草的大联展,是以增进各国的相互交流,集文化成就与科技成果于一体的规模最大的A1级世界园艺博览会。会期通常为6个月,自晚春起,经盛夏至中秋。历史上,世界园艺博览会的举办地大都是经济比较发达的欧洲国家和美国,在亚洲,只有日本先后在1970年(大阪)、1975年(冲绳)、1985年(筑波)、1990年(大阪)举办过4届,韩国在1993年(大田)举办过1届。自首届世界园艺博览会以来,世界园艺博览会的举办规模呈不断扩大的趋势。由占地面积几万平方米,参展国家十几个,逐渐发展到占地近500万平方米,参展国家近百个,观众人数达6000多万人次,经济收益最高达4亿多美元。2014年世界园艺博览会对青岛经济的拉动作用和城市品位的提高都将产生深远影响。[①]

(2)青岛国际啤酒节

"百年青岛,百年青啤,在青岛国际啤酒节上完美交汇,以啤酒为媒,架起了青岛与世界人民沟通与交流的桥梁"。这句话生动地表现出青岛国际啤酒节对青岛这座城市的特殊意义。青岛国际啤酒城是亚洲最大的国际啤酒都会,一年一度的青岛国际啤酒节的举行地。它坐落于石老人国家旅游度假区的黄金地段,是一处以大型游乐、啤酒文化为主题的高档次游乐园。每年啤酒节期间,这里就成为万众瞩目的焦点,游客总数超过200万人。

青岛国际啤酒节期间还举行各种大型音乐会、文艺晚会、海上焰火表演等活动。从第一届青岛国际啤酒节的成功举办开始,青岛国际啤酒节逐渐被打造成一

---

① 2014青岛世园会,http://www.qingdaoexpo2014.org/.

个城市节日、一个世界顶级啤酒品牌聚集的盛会,一个世界啤酒消费者的激情狂欢Party。青岛国际啤酒节与青岛这座城市之间早已产生了千丝万缕的关系,被评为"中国十大节庆"之首。

(3)中国青岛海洋节

中国青岛海洋节作为青岛市的重要节庆品牌,是当今中国唯一以海洋为主题的节日,创始于1999年,举办时间定在每年的7月。海洋节依托风光秀丽的海洋风景带,发挥青岛"中国海洋科技城"的优势,荟萃现代节庆之精华,活动内容丰富,涵盖了开幕式、海洋科技、海洋体育、海洋文化、海洋旅游、海洋美食、闭幕式等几大板块数十项活动,成为7月青岛一道亮丽的风景线。

(4)青岛国际时装周

中国(青岛)国际时装周创办于2001年,每年9月举办,定位为"未来时装设计大师的摇篮"、"新锐时尚品牌的诞生地",现已成长为具有国际化、专业化、市场化特色的大型服装服饰国际专业展会和时装盛典。中国(青岛)国际时装周自2001年至今,已有来自中国、法国、意大利、日本、韩国、俄罗斯和中国台湾、中国香港等10多个国家和地区的142位时装设计师举办了专场发布会,共有385位时装设计师新秀参加了16场时装设计比赛,192个时装品牌凭借时装周的平台得到推广。

(5)青岛国际沙滩文化节

青岛国际沙滩文化节自1992年开始,每年9月在第一海水浴场举行,由青岛市沙滩文化协会主办。文化节期间,有沙雕比赛、沙滩婚礼、沙滩排球、沙滩拔河等多种文化体育项目。2002年,青岛市人民政府投入大量财政资金对第一海水浴场进行历史性的改建,面貌一新的汇泉海湾为青岛国际沙滩文化节增辉添彩。青岛国际沙滩节已经形成了独具特色的青岛沙滩文化,在美丽的海滨城市,沙滩文化已经深深地融入了广大市民的文化生活之中,成为岛城一道亮丽的风景线。①

此外,青岛所辖的各个区市,都有各自特色和品牌的地方性节庆活动,并且最近几年蓬勃兴起,在国内外形成了越来越强的影响力。比如即墨的祭海节、四方的糖球会、市北的萝卜会、平度的大泽山葡萄节,包括胶州的秧歌节、黄岛区的电影文化节,都是具有各自特色的地域文化性节庆活动。

---

①青岛会展,http://www.miceqingdao.com/m/index.php.

(四)网络营销

网络营销是以国际互联网为基础,利用数字化的信息和网络媒体的交互性来辅助营销目标实现的一种新型的市场营销方式。2012 年 4 月,瑞典互联网市场研究公司 Royal Pingdom 发布研究报告称,2012 年全球网民总量将达到 22.7 亿人。巨大的上网人数给城市的网络营销提供了广阔的空间,在此背景下,青岛采取了一系列措施对城市产品及活动进行网络营销。

1. 加大政务网站对城市的宣传力度

青岛政务网站除了满足服务百姓的需求外,还注重对青岛的城市宣传,网站为使用者提供简体中文、繁体中文、英语、韩语、日语五种版本选择。网站除了常规的服务功能外,设立了走进青岛部分,点击进入可以看到青岛概括、历史文化、青岛大事、青岛风情、文化遗址、青岛名人、旅游观光以及图说青岛等内容。除了市政府网站设有宣传青岛的部分外,青岛一些专业网站也积极从多方面宣传和介绍青岛。例如青岛投资促进网,该网站青岛概览内容从青岛概况、重点园区、优势介绍、产业群落四个方面介绍青岛的基本情况和投资条件。从地理位置、行政区划、经济发展、基础设施、交通运输、政务环境、金融服务、教育人才、企业评价方面介绍青岛的投资环境;在投资成本栏里给出一般工商业用电、工业用电、非居民用天然气、非采暖用热、旅馆饭店用水等价格以及最低工资标准和工业用地出让最低价标准;在投资程序项目里详细列出了各种投资业务的办理过程。这些介绍方便了投资者和游客,同时有利于他们对青岛产生好感。

2. 建设青岛特色旅游官方网站

青岛的旅游官方网站内容丰富,宣传样式多样,极大地方便了游客了解青岛和游览青岛。青岛旅游官方网站包括旅游信息网、旅游政务网、旅游美图网、旅游体验网和旅游手机 WAP 网五大部分。通过相关信息网站集中展示,方便了游客在网上搜集青岛信息(见图 10-1)。

旅游信息网对青岛景区景点、节庆演出、地方美食等与旅游相关的方面进行了详细介绍,方便游客提前了解青岛。旅游政务网是青岛市旅游局进行政务信息公开、教育培训、网上办公等活动的网站。旅游美图网通过精美的照片介绍了青岛的都市风情、山海观光、文化古迹等热点动态。

旅游体验网包括画说青岛、最美海湾、精彩目的地、完美旅程、乐活青岛等项目。完美旅程给游客提供多条旅游线路，分为青岛一日游、二日游、三日游，并分别给出多条线路供游客选择。精彩目的地下面把旅游分成观光旅游、休闲度假、工农业游、节庆会展四种。其中，观光旅游下面的景点有青岛崂山风景名胜区、青岛海底世界、青岛极地海洋世界等景点。休闲度假下面的景点有青岛滨海风景区、银海国际游艇俱乐部、宝龙广场等。工农业游包括青岛啤酒博物馆、海尔工业园、青岛市蔬菜科技示范园等。乐活青岛分为美食、住宿、旅行社、交通、购物、休闲6个部分。美食分为青岛十大特色代表菜、十大特色小吃、星级餐馆、特色街四部分。其中，购物分别就旅游工艺品、旅游文化纪念品、旅游休闲用品、土特产、特色购物商场给出推荐。旅游体验网几乎就是游客的旅游咨询专家。

旅游手机 WAP 网可以下载青岛旅游软件。

通过上面的介绍，我们可以发现青岛旅游官方网站很实用，也很有特色。

旅游信息网　旅游政务网　旅游美图网　旅游体验网　旅游手机 WAP 网

English　日本語　한국어　中文（繁体）

图 10—1　青岛旅游官方网站首页截图

3. 开展网络营销活动

青岛充分发挥互联网等新兴媒体优势，多次开展"网络媒体青岛行"系列活动，利用互联网方便、快捷、高效的特点，与国内外多家知名网站合作，搭建起对外宣传青岛的固定平台。不仅在国内宣传上使用网络营销手段，青岛也把网络作为新的对外宣传平台和渠道，建立了依托阿根廷中文门户网和巴西侨网等海外推介青岛的新平台。

（五）文化营销

文化营销，简单地说，就是利用文化进行营销，在城市营销的过程中，应该塑造城市的精神和文化个性。青岛一直把文化青岛建设放在突出位置，采取多种方式促进文化繁荣发展。青岛主要从以下两个方面推进城市文化建设：①大力发展文化事业。青岛市政府认为，文化事业发展在青岛城市发展中占有举足轻重的地位。多年来，青岛一直坚持加快建设普惠性文化设施，启动一批重点公共文化设施工程，加快建设区域性文化交流中心。②加快发展文化产业。青岛致力于打造影视传媒等文化产业聚集区，争创国家文化产业示范基地，同时扶持数字出版等非纸介质新兴出版产业发展，争创国家数字出版基地。

2002年以来，青岛市政府投资26亿元兴建或改扩建了青岛大剧院、人民会堂、青岛音乐厅、青岛大学音乐厅、市图书馆、市群众艺术馆、市博物馆、市美术馆、汇泉影城、中国电影院等一大批文化设施，并投资对全市公共图书馆和文化馆进行升级改造。2005～2007年，青岛市财政累计投资3.4亿元，改扩建167处街道社区文化中心、84处镇综合文化站和3600处村文化活动室。2008年，青岛市在全国率先实现了"村村有文化活动室"，并在全国首创文化信息资源共享工程管理系统和全功能文化共享机制，建成文化信息资源共享工程分支中心和基层服务点2707个，文化共享工程"五连线"模式成为全国范本。通过多年努力，青岛市群众文化硬件设施建设发生质的飞跃。

青岛文化品牌蜚声海外。进入21世纪，青岛市政府整合历史文化资源，先后提出打造"音乐之岛"、"影视之城"城市文化品牌的目标。目前，已有三项小提琴赛事永久落户青岛——中国国际小提琴比赛（青岛）、全国青少年小提琴比赛和全国小提琴考级优秀选手大赛，青岛已成为国内重要的音乐比赛和交流基地。除此之外，每年举办的国际音乐大师班、青岛音乐节以及名目繁多的演出季为城市营造了浓厚的音乐氛围。与此同时,一支新兴的专业艺术院团——青岛交响乐团迅速发展壮大,仅仅4年时间就已成为国内外交响乐舞台上一支耀眼力量。"影视之城"也率先在青岛开发区显现雏形。中国电影表演学会"金凤凰奖"永久落户青岛,青岛凤凰岛影视传媒基地正加紧建设。青岛通过音乐、影视等文化活动拓展城市营销方式,利用影视节庆活动进行事件营销,从而增加城市知名度。[①]

为了展现青岛的城市魅力,青岛精心创作了首部反映城市文化特色的大型情景歌舞《蔚蓝青岛》。《蔚蓝青岛》是以古老的神话传说为引线贯穿始终,充分展示青岛独特的深厚海洋地域文化,仅在2008年就连续演出40场,观众达3万余人次,门票收入超过200万元。2009年8月9日开始,青岛市城投集团在奥帆中心推出了一台独具青岛海洋特色的大型全海景演艺节目《蓝色畅想》。《蓝色畅想》是诞生在青岛的一部文化力作,是游客来青岛必看的旅游文化大戏。《蓝色畅想》通过艺术手法对青岛海洋地域文化进行提炼,选取了青岛最为独特的五大城市特征进行演绎,形成阳光海滩、海底世界、崂山道士、碧海扬帆、啤酒狂欢五个章节,共70分钟。每一章都从不同的侧面展示了青岛风貌,将独具青岛特色的海洋文化浓缩其中,一气呵成,让观众感受一个时尚、活力、激情的青岛。《蓝色畅想》作为青岛城市标志性演出,延续着海洋的文脉,浓缩了青岛文化。一个城市,两台大戏,各有千秋,相得益彰,彰显了历史文化名城青岛的魅力与风采。[②] 这也是青岛利用文化营销城市的手段。通过文化演出,大大提升了青岛的城市知名度,丰富了青岛的城市文化内容,塑造了青岛的文化旅游品牌。

二、青岛城市营销评价

目前,青岛处于品牌扩张向知识创新转换的城市发展阶段。改革开放后,随着青岛以企业发展带动城市发展方针的确立,青岛已成功发展了一批全国知名企业,如海尔集团、海信集团、青岛啤酒股份有限公司等。截至2010年上半年,青岛市拥有中国名牌产品68个,中国驰名商标62件。2012年,青岛再次被评为"品牌之都"。如何保持城市的品牌优势,如何利用企业优势带动城市营销是青岛当前要考

[①]李魏."文化青岛"的穿越[N].青岛日报,2011-06-13(7).
[②]青岛新闻网,http://www.qingdaonews.com/.

虑的问题。青岛的城市营销目前存在以下不足：

(一)没有成立城市营销管理机构

青岛没有城市营销管理机构对城市营销进行统一规划和管理。青岛城市营销的相关工作零散分布在青岛市委办公室、青岛旅游局、青岛奥帆委、青岛投资促进局、青岛外事办公室、青岛会展办公室等单位。这些城市营销相关单位没有直接领导关系，很难对青岛城市营销进行统一规划和管理，容易造成城市营销工作的混乱和不连续。

(二)城市营销民众参与不够

城市营销如果没有本地市民、企业和社会组织的深刻认同和广泛参与，就难以取得成效。青岛目前的城市营销工作主要是由政府主导，很少发起、组织各种市民活动，未加深其对城市品牌的理解和认知。青岛的城市营销应该积极动员社会组织参与到城市品牌建设。比如，可以号召青岛主要的"门户机构"如青岛流亭国际机场、青岛港和青岛火车站加入城市营销活动中，将这些机构的建筑、环境和交通工具变成城市营销的平台，甚至可以培训这些机构的工作人员成为青岛城市形象的代表。

(三)缺乏鲜明且被广泛认同的城市口号

一个好的城市口号很容易产生广而告之的效果，比如爱丁堡的城市口号"鼓舞人心的爱丁堡"就让人对爱丁堡这座城市产生了深刻的印象。中国目前很多城市都提出了自己的城市口号，有成功的，也有失败的，而失败的往往是由于没有自己城市特色。青岛在确定成为2008年北京奥运会帆船举办地之后，经过半个月的全球征集和市民投票最终确定了"心随帆动、驶向成功"作为帆船之都青岛的城市宣传口号。这条城市宣传口号虽然紧紧抓住了青岛的帆船特色，却没有起到广泛的宣传效果。青岛2003年公布了青岛的城市精神为"诚实、博大、和谐、卓越"，这是历时1年多对青岛精神的提炼。但这个城市精神口号并没有达到预期的效果，概括方面尚有缺陷，偏向口号化、雷同化，特别是不足以彰显青岛的历史、地域特色，缺乏普遍的市民认同感和共鸣。一条成功的城市口号，可以反映当地的历史文化，可以诠释城市未来的追求目标，还可以吸引眼球推广城市旅游。但最根本的是，城市口号要根植于城市本身,并且取得当地民众的广泛共识。目前,青岛并没有找到这样适合自己的城市口号。①

(四)城市营销没有战略规划

城市营销尤其是城市品牌营销需要制定具体的目标体系,要明确在什么阶段达成什么样的目标以及如何达成这个目标,要设计专业、合理的战略步骤,这样才能使城市营销战略目标的实现有一个切实的保障。城市营销战略规划是一个系统的工程,是城市建设的指导纲领,青岛城市营销目前还没有做这部分工作。城市营销的战略规划包括城市形象的定位,城市品牌的识别、设计和整合传播。一个城市的营销需要进行专业性的规划、管理和营销。从 2001 年开始,香港地区迅速将自己的城市营销上升到战略的高度,随后营销战略的实施也取得了举世公认的积极效果。青岛可以借鉴香港的经验,对自己的城市营销做好战略规划。

(五)节事活动以政府为主导

目前,青岛的主要体育赛事、节庆活动都是由青岛各级政府主办。节事活动最好进行市场化运作,遵循市场规律,注重“成本与利润”、“投入与产出”的理念。青岛的节事活动的资金来源不能过度依赖政府的财政投入,而应建立“投资回报”机制,同时逐步提高节事活动的知名度和影响力。青岛的节事活动可以尝试政府与企业进行合作,让企业营销与城市营销进行完美结合。

2011 年 1 月 6 日,国务院正式批复《山东半岛蓝色经济区发展规划》,这标志着山东半岛蓝色经济区建设正式上升为国家战略,成为国家海洋发展战略和区域协调发展战略的重要组成部分。这无疑是山东半岛沿海城市的发展机遇,在此背景下,青岛迫切需要通过城市营销提升城市竞争力,争取在新的城市竞争中占据有利地位。青岛的城市营销在全国的城市中,还是可圈可点的,足以成为国内多数城市学习的典范。但青岛要想使自己的城市品牌达到北京、上海等国际性大都市的高度,还有很长的一段路要走。青岛的城市发展前景,还是值得期待的。

---

① 刘彦平.中国城市营销发展报告(2009~2010):通往和谐与繁荣[M].北京:中国社会科学出版社,2009.

参考文献

[1]白凯.西安入境旅游品牌意象特征研究[J].人文地理,2011(3).

[2]白森森.城市营销越发讲究润物无声[N].北京商报,2012—07—26.

[3]白世熊.重庆旅游市场营销策略研究[D].西南大学硕士学位论文,2007.

[4]百度百科－清河坊[EB/OL].http://baike.baidu.com/view/167282.htm.

[5]百度百科－世界体育电子竞技大师赛[EB/OL].http://baike.baidu.com/view/9503751.htm.

[6]百度百科－微博营销[EB/OL].http://baike.baidu.com/view/2939221.htm.

[7]巢几.再造形象宣传片 昆明递出新"名片"[N].昆明日报,2005—11—02.

[8]陈明.广东体育产业发展现状分析[J].体育学刊,2005,12(6).

[9]陈茜.政府微博的利民之处——以"上海发布"为例[J].新闻世界,2012(4).

[10]陈卓.西部城市形象广告片的民俗文化元素——以成都、重庆、西安、昆明、桂林为例[J].西南民族大学学报(人文社科版),2007(9).

[11]城市营销下沉[EB/OL].中国城市发展网,http://www.chinacity.org.cn/cspp/csyx/89440.html.

[12]崔凤军.一场政府营销的革命[J].旅游学刊,2006,21(7).

[13]大连旅游大篷车三年走遍祖国大地[EB/OL].大连旅游网,http://bg.dltour.gov.cn/jf_news/hotnews_neiye.asp?newsid=1438.

[14]大连旅游行业积极参与全国文明城市创建[EB/OL].中国大连,http://my.dl.gov.cn/info.jsp?di_id=103608&url_id=2.

[15]代帆,李婧.衡量"世界城市"的指标体系研究[C].北京:世界城市北京发

展新目标——2010 首都论坛,2010.

[16]戴光全,保继刚.99 世博会对昆明城市形象的影响研究[J].人文地理, 2006(2).

[17]戴谦.推进青港合作共赢[N].青岛日报,2012-07-11(1).

[18]杜博.大连与青岛城市营销比较[J].大连海事大学学报,2011(4).

[19][美]菲利普·科特勒.营销管理(第十二版)[M].上海:上海人民出版社,2006.

[20][美]菲利普·科特勒.地方营销[M].翁瑾,张惠俊译.上海:上海财经大学出版社,2006.

[21]付令,袁长富,何雨苗.试谈成都市城市品牌营销的得与失[J].江西青年职业学院学报,2009(2).

[22]付勇.城市营销:政府角色的迷失[J].生产力研究,2007(5).

[23]耿诺.CBD 外企上半年增资 10 亿美元[N].人民日报,2009-08-08.

[24]观非诚勿扰　品杭州元素[EB/OL].杭州网,http://ent.hangzhou.com. cn/08fcwr/index.htm.

[25]2011 年广东省旅游统计年鉴.

[26]杭州旅游网,http://www.gotohz.com.

[27]杭州旅游委员会.2012 中国杭州大学生旅游节——爱上杭州的 N 个理由之春满杭州[EB/OL].新浪微博,http://event.weibo.com/396953.

[28]杭州旅游委员会.加快杭州国际重要的旅游休闲中心建设步伐[EB/ OL].国家旅游局,http://www.cnta.gov.cn/html/2012-2/2012-2-15-10- 41-13959.html.

[29]杭州市"十二五"会展业发展规划[EB/OL].中国杭州西湖国际博览会, http://www.xh-expo.com/408/2011/12/96.html.

[30]杭州市地方志编纂委员会.杭州年鉴[EB/OL].http://www.hangzhou. gov.cn/main/zjhz/hzlj.

[31]杭州市发改委.杭州市会展业"十一五"发展规划[EB/OL].中国杭州西湖国际博览会,http://www.xh-expo.com/408/2007/04/94_1.html.

[32]杭州市旅游委员会.杭州旅游-2010 年杭州市旅游业发展情况[EB/ OL].杭州旅游,http://www.gotohz.com/sy/xwzx/xwdt/201101/t20110127_ 49312.shtml.

[33]杭州市统计局.2012 杭州统计年鉴[M].北京:中国统计出版社,2012.

[34]杭州网,http://www.hangzhou.com.cn.

[35]何元贵.广交会:地位、存在问题及改革方向[J].国际商务(对外经济贸易大学学报,2008(02).

[36]何珍.城市营销研究——以上海世博会为例[D].华东政法大学硕士学位论文,2011.

[37]胡永鸣.推进"五大重庆建设",促进经济社会跨域发展[J].新重庆,2009(2).

[38]黄其新.基于文化体验的城市营销模式研究[J].商业现代化,2006(23).

[39]黄文武.足球赛事营销策略及市场商机发掘[J].中国商贸,2009(19).

[40]黄振国,张伟强.国际都会·文化名城——论广州城市形象[J].云南地理环境研究,2007,19(5).

[41]季靖,陈静.传播与城市品牌塑造——以杭州、上海为例[J].消费导刊,2008(21).

[42]贾云峰.上海城市营销又出一个奇招[EB/OL].新浪博客,http://blog.sina.com.cn/s/blog_59b7078f0102dryb.html.

[43]江南.思考大连市城市营销[J].时代经贸,2008(4).

[44][美]凯文·林奇.城市意象[M].方益萍,何晓军译.北京:华夏出版社,2009.

[45][美]科特勒,凯勒.营销管理[M].梅清豪译.上海:上海人民出版社,2006.

[46]昆明市人民政府办公厅,http://zfbgt.km.gov.cn/structure/index.htm.

[47]李莎莎.重庆城市形象营销[D].重庆大学硕士学位论文,2009.

[48]李魏."文化青岛"的穿越[N].青岛日报,2011—06—13(7).

[49]李新,左仁淑.成都会展与城市营销[J],西南民族大学学报(人文社科版),2005(4).

[50]李枝宏.大连旅游加盟"啤酒节之旅"[N].大连日报,2004—07—01.

[51]李祗辉.大型节事活动对旅游目的地形象影响的实证研究[J].地域研究与开发,2011(2).

[52]林云峰.中华5000运用体验营销的构想[J].上海商业,2009(9).

[53]刘江涛,张波.关注文化创意产业[J].经济问题探索,2006(10).

[54]刘梅.运用体验营销提升品牌竞争力[J].现代商业,2011(6).

[55]刘宁波.如何实现我市会展业发展的"腾笼换鸟"[N].青岛日报,2012—

03-01(14).

　　[56]刘向晖.市级电子政府建设是城市网络营销的关键[J].中国城市经济,2005(11).

　　[57]刘彦平.中国城市营销发展报告(2009～2010):通往和谐与繁荣[M].北京:中国社会科学出版社,2009.

　　[58]刘彦平.奥运"助燃"营销北京——北京城市营销案例分析及建议[J].中国市场,2006(20).

　　[59]刘彦平.城市营销战略[M].北京:中国人民大学出版社,2005.

　　[60]刘艳子,刘艳蓉.昆明城市品牌传播的调查与分析[J].昆明理工大学学报(社会科学版),2011(2).

　　[61]刘源,陈翀.节事与城市形象设计[J].城市设计,2006(7).

　　[62]龙雨萍.E时代重庆旅游网络营销策略探讨[D].西南师范大学硕士学位论文,2005.

　　[63]龙昀光,陈荣群,贾倩,王维新.体验营销理论在主题公园中的应用——以西安世界园艺博览会为例[J].合作经济与科技,2012(1).

　　[64]吕勤,黄耀志.浅谈城市中的广播电视塔类标志性建筑景观——以广州塔为例[J].安徽建筑,2009(2).

　　[65]马林,李雪丽,祁红玲.大连市旅游营销策略探讨[J].商业研究,2008(8).

　　[66]潘鸿,杨柳.以文化软实力提升城市形象传播的思考——以重庆为例[J].新闻知识,2010(6).

　　[67]乔小燕,李文静.上海影视旅游发展初探[J].商场现代化,2010(8).

　　[68]青岛"三方合作"对外宣传片在芝加哥播出取得成功[EB/OL].2012-03-25,http://www.qingdaonews.com/qxw/content/2011-07/04/content_8846387.htm.

　　[69]青岛市民车队自驾游欧洲,推介城市宣传世园会[EB/OL].2012-3-25,http://www.chinanews.com/sh/2012/09-04/4155116.shtml.

　　[70]青岛新闻网,http://www.qingdaonews.com.

　　[71]加快建设世界著名旅游城市[EB/OL].上海市发展和改革委员会,http://www.shdrc.gov.cn/main?main_colid=499&top_id=398&main_artid=19105.

　　[72]上海市人民政府办公厅.上海市人民政府办公厅关于2011年政府网站测评情况的通报[EB/OL].中国上海,http://www.shanghai.gov.cn/shanghai/

node2314/node2319/node12344/u26ai31609. html.

[73]邵海峰.大连城市形象宣传片走向世界舞台[EB/OL].大连海岛旅游网,
http://www. 0411hd. com/xinwen/daliannews/12179. html.

[74]邵龙馥,马刚波,薛希山,田晓霞.大连市未来五年发展的战略取向[J].决策咨询通讯,2011(4).

[75]司若.电影与城市营销[J].当代电影,2011(1).

[76]宋伟.大连旅游产品海外受青睐[N].大连晚报,2003-03-05.

[77]唐恩富.重庆都市旅游形象推广研究[D].重庆师范大学硕士学位论文,2011.

[78]妥艳嫃,白长虹,陈增祥.旅游目的地营销绩效评价指标体系构建初探[C]//2012中国旅游科学年会论文集,2012(1).

[79]王春雷.会展城市营销的几个基本问题[J].旅游科学,2004(6).

[80]王金海,张世安.大连旅游推出诚信信息平台[EB/OL].人民网,大连视窗,2008-12-25.

[81]王娟.体验营销在现代城市营销领域中的应用[J].全国商情(理论研究),2012(20).

[82]王山河,陈烈.西方城市营销理论研究进展[J].经济地理,2008,28(1).

[83]王欣.基于体验经济视角下的重庆会展品牌定位研究[D].重庆大学硕士学位论文,2000.

[84]王志.我市与波兰新松奇市缔结友好合作关系城市[EB/OL].中国胶南,
http://www. jiaonan. gov. cn/n22/n35782/n35790/n35846/c345948/content. html.

[85]王志刚.城变[M].北京:人民出版社,2007.

[86]网上休博会,http://online. wl-expo. com/.

[87]魏小安.北京:建设世界一流旅游城市[R].北京市旅游发展委员会,2011.

[88]温朝霞,何胜男.2010年广州亚运会与广州城市形象的提升[J].探求,2010(5).

[89]文艳.西安城市营销宣传片登陆央视全景式展现新貌[N].西安日报,2012-08-16.

[90]吴红缨,李强.红色重庆的文化实验[J].政府法制,2011(12).

[91]吴喜雁.城市品牌的定位与亚运会效应:以广州为例[J].广东外语外贸大

学学报,2011,22(2).

[92]吴臻,宋云峰.浅论"形象营销"[J].福建学刊,1990(6).

[93]武义勇.西安城市营销的策划思路[EB/OL].新浪博客,http://blog.sina.com.cn/s/blog_3df3fbe601000azv.html? tj=1.

[94]武永春.奥运经济与北京城市营销[J].首都经贸大学学报,2007(4).

[95]夏宝军.基于城市形象建构下的体育赛事传播策略——以2010年广州亚运会为例[J].新闻界,2010(5).

[96]向北.微电影营销来袭[J].广告主市场观察,2011(7).

[97]刑营营."重庆三峡国际旅游节"营销策略研究[D].重庆师范大学硕士学位论文,2010.

[98]熊亢.浅议网络营销[J].决策与信息(财经观察),2008(11).

[99]胥伟.向世界展示"青岛之魅"——"十一五"我市强化国内外宣传推介提升城市形象[N].青岛日报,2010-12-08(1).

[100]央视国际.大连旅游大打奥运拍[EB/OL].中国经贸动态,http://www.china.com.cn/chinese/EC-c/54565.htm.

[101]杨保军,彭小雷,赵群毅,张菁.国际视野下的广州城市定位[J].城市规划,2010(3).

[102]杨顺勇,丁萍萍.会展营销[M].北京:化学工业出版社,2009.

[103]姚宜.简析广州城市形象及定位[J].天津城市建设学院学报,2009,15(2).

[104]叶健.迎"奥运"大连旅游业大提速[N].辽宁日报,2003-01-23.

[105]于兵兵.迪士尼有望每年带动上海服务业近500亿产值[N].上海证券报,2009-11-05.

[106]张保华.借助2008年奥运会营销北京分析[J].北京体育大学学报,2006(10).

[107]张冰.商圈建设的研究[D].重庆大学硕士学位论文,2005.

[108]张翠丽.从人文视角看后奥运时代的北京旅游城市形象塑造[J].商场现代化,2009(8).

[109]张焕利.中国大连旅游推介会在日本东京举行[EB/OL].新华网,http://news.xinhuanet.com/fortune/2002-12/10/content_654532.htm.

[110]张吉存.温泉成为大连旅游新招牌 将打造滨海温泉旅游带[EB/OL].中华人民共和国旅游局,http://www.cnta.gov.cn/html/2011-1/2011-1-1-

10－27－80159. html.

[111]张吉福. 在投资促进中做好北京的城市营销[J]. 中国外资,2005(1).

[112]张竞文. 浅析西安城市品牌的构建与发展[J]. 西安社会科学,2008(12).

[113]张丽. 大连与苏州城市营销模式比较[J]. 现代城市研究,2005,2(3).

[114]张屹卿. 我市会展业发展情况新闻发布会[EB/OL]. 青岛政务网,http://www. qingdao. gov. cn/n172/n9945907/n9945979/15920359. html.

[115]张莹,沈文涓. 昆明城市品牌塑造的思考[J]. 市场周刊(理论研究),2007(11).

[116]长治学院历史文化与旅游管理系. 旅游目的地品牌化初探[J]. 宜春学院学报. 2011(1).

[117]赵方柯. 现代城市营销中的体育营销策略研究[D]. 南京:南京师范大学硕士论文,2005.

[118]浙江旅游部门纷纷新浪微博揽客[EB/OL]. 国家旅游局,http://www. cnta. gov. cn/html/2012－4/2012－4－6－14－14－40413. html.

[119]浙江省发改委规划处. 杭州市国民经济和社会发展第十二个五年规划纲要[EB/OL]. 浙江省发展和改革委员会,http://www. zjdpc. gov. cn/art/2012/10/30/art_95_363287. html.

[120]中国电子商务研究中心. 60个城市的城市营销力度点评[EB/OL]. 中国电子商务研究中心,http://www. 100ec. cn/detail－－4987495. html.

[121]中国国际动漫节官网,http://www. cicaf. com/.

[122]中国国际友好城市联合会,http://www. cifca. org. cn.

[123]中国杭州网站,http://www. hangzhou. gov. cn/.

[124]中国杭州西湖国际博览会官网,http://www. xh－expo. com/.

[125]中国旅游研究院,艾瑞咨询集团. 旅游官方微博运营效果评估及案例分析[R]. 2011.

[126]中国社会科学院. 2012年中国城市竞争力蓝皮书:中国城市竞争力报告[M]. 北京:社会科学文献出版社,2012.

[127]中国西安旅游局网站,http://www. xian－tourism. com/article/? type＝list＆classid＝6;中华人民共和国国家旅游局网站,http://www. cnta. gov. cn:8000/Forms/Search/SearchResultList. aspx? keyWord＝％u897F％u5B89＆pageSize＝20.

[128]钟和晏. 广州塔:城市新象征[J]. 三联生活周刊,2009(4).

［129］周青,赵毅.重庆影视旅游开发的研究与对策[J].西南农业大学学报(社会科学版),2010,8(2).

［130］朱春阳.传媒营销管理[M].广州:南方日报出版社,2004.

［131］2011年杭州世界休闲博览会,http://www.wl-expo.com.

［132］2012年杭州国际马拉松官方网站,http://www.hzim.org.

［133］WEM2012年官网全程直播[EB/OL].太平洋网站,http://wem.pcgames.com.cn.

［134］Matthew W. Rofe, Luke Stein. Shedding New Light on Adelaide? Intersections between Urban Design Projects and City Marketing[J]. Journal of Urban Design,2011,16(3):333-350.

［135］Mihalis Kavaratzis. City Marketing:The Past,the Present and Some Unresolved Issues[J]. Geography Compass,2007,1(3):695-712.

［136］Oliver Tross. Implementation of a City Marketing Strategy[M]. Germany:GRIN Verlag Press,2007.